융의 심리학과 기독교 영성
-신과 무의식-

에르나 반 드 빙켈 지음
김성민 옮김

한국심리치료연구소

De l'inconscient à Dieu: Ascèse Chrétienne et psychologie de C.G. Jung
ERNA VAN DE WINCKEL

융의 심리학과 기독교 영성

발행일 • 2010년 10월 20일
에르나 반 드 빙켈 지음
옮긴이 • 김성민
펴낸이 • 이재훈
펴낸곳 • 한국심리치료연구소

등록 • 제 22-1005호(1996년 5월 13일)
주소 • 서울시 종로구 적선동 156 (쌍용플래티넘 918호)
Tel • 730-2537, 2538   Fax • 730-2539
www.pti21.com   e mail: pti21@pti21.com

값 13,000원

ISBN 978-89-87279-97-8 93230

이 도서의 국립중앙도서관 출판시도서목록(cip)은 홈페이지
(http://www.nl.go.kr/cip.php)에서 이용하실 수 있습니다.
(제어번호: 2010003644)

융의 심리학과 기독교 영성

De l'inconscient à Dieu: Ascèse Chrétienne et psychologie de C.G. Jung

ERNA VAN DE WINCKEL

목차

서문 ……………………………………… 7

제1부 몇가지 개념들

제1장 인간 정신에 대한 분석 ……………… 17
제2장 무의식과 원형 …………………………… 22
제3장 상징주의 ………………………………… 29
제4장 꿈에 대한 연구 ………………………… 35
제5장 개성화와 자기 ………………………… 37
제6장 분석심리학과 종교 …………………… 39
제7장 분석과 금욕수련 ……………………… 47

제2부 융심리학과 기독교 금욕수련

제1장 무의식과 내면적인 삶 ……………… 59
제2장 '"그대 자신을 알라" ………………… 65
제3장 페르조나와 오만 ……………………… 70

제4장 그림자, 선과 악의 문제, 사탄 ················ 74
제5장 부모의 이미지 ···································· 104
제6장 밤의 항해: 영혼의 어두운 밤················ 131
제7장 아니마-아니무스: 에로스와 카리타스 ··· 150
제8장 자기(自己): 통합 ································ 180
제9장 상징으로부터 살아계신 하나님에게로 ······ 205
역자후기 ·· 223

서문

"…사랑하는 사람을 단 한번만 볼 수는 없는 법이다. 왜냐하면 사랑이란 그 힘이 너무 강력해서, 우리들에게 사랑하는 이에 대한 탐구욕을 한없이 증가시키기 때문이다"

-교황 성 그레고리

우리는 지금 스위스의 쮜리히에서 살았던 정신의학자 칼 구스타프 융의 분석심리학 이론을 모두 상세하게 설명하려고 하는 것이 아니다. 단지 그의 심리학을 기독교의 영성과의 관련 아래에서 다루고자 한다.

어떤 관점에서 생각해 보면, 융이 이룩해 놓은 모든 작업들은 여태까지 인류가 쌓아온 인간에 관한 인식의 전체적인 틀 속에서 다시 조명되어야 한다. 그렇게 할 때, 우리는 융을 잘못 해석하는 데서 오는 그 많은 왜곡과 비판 및 잘못된 판단들을 피할 수가 있다. 융은 그 자신이 그렇게 했다. 다시 말해서 그는 그의 모든 학설들을 기존의 인식들 위에서 구축하려고 했으며, 인간의 실제적인 경험 위에서 해석하려고 했다.

융은 인간에 관한 수많은 심리학적인 발견들을 통해서, 그리고 무엇보다도 집단무의식(incondscient collectif)이나 원형(archétype) 같은 독창적인 발견들을 통해서 현대 심리학에 엄청난 발전을 가지고 왔다. 즉 이들 개념들을 통해서 심리학의 영역을 괄목할 만하게 확장시켰으며, 심화시켰다.

오랜 세월 동안의 연구와 그 자신의 경험 및 작업을 통해서 융은 인간의 정신(la psyché)[1]은 의식과 무의식의 전일체(全一體)로 이루어져 있다고 확신하였다. 즉 이 전일체는 인간의 삶의 모든 영역에서 작용하고 있으며, 이 세상이 창조된 이래로 인간이 관여되고 있는 모든 일에 반응하고 있다고 생각했다. 그러므로 우리 인간성과 관계되는 모든 일은 다 심리학의 영역에서 다룰 수 있다고 융은 주장하였다. 여기에서 우리는 융의 작업이 포괄주의적인 특성을 띠고 있다는 사실을 보게 된다. 실제로 융은 그의 이러한 입장 때문에 다른 심리학자들이 다루어 볼 엄두도 내지 못했던 신화(神話)나 연금술(鍊金術)은 물론 영지주의(靈智主義)나 종교의 영역까지도 연구의 주제로 삼았다. 하지만―그리고 이것이 매우 중요한 사실인데―그가 이런 주제들을 다룰 때 그는 이 주제들을 그 자체만을 위해서 다루지 않았다. 오히려 이 주제들이 인간 심리의 어떤 중요한 문제들을 보여줄 때에만 탐구하였다. 인간 심리에 대한 탐구야말로 이 대가(大家)의 모든 작업의 중심에 위치한 초점이었기 때문이다.

그에게는 "정신적인 사실(le fait psychologique)"만이 중요하였

---

[1] 정신(la psych): 융에게 있어서 "정신"이란 인간 존재가 가지고 있는 정신적인 힘의 전체성, 즉 본능적인 힘과 영적인 힘 전체를 표상하는 실체를 의미한다."
영혼(l'âme: 영혼이란 인간 정신의 어떤 특별한 측면, 다시 말해서 영적인 (spirituel) 측면을 가리키는 단어이다.

다. 그것이 생물학적인 측면에서 드러나건, 성적인 측면에서 드러나건, 사회적인 측면에서 드러나건, 그것도 아니면 형이상학이나 종교적인 측면에서 드러나건, 어쨌든 그것이 인간의 정신적인 사실로 나타나기만 하면 그에게는 매우 중요한 사실이고, 연구해 볼 만한 사실이었던 것이다. 그가 이들 문제에서 관찰한 것은 이 문제들이 품고 있는 의미와, 정신적 가치였다. 철학자나 형이상학자, 신학자들이 그들 나름대로의 고유한 관점을 가지고 인간의 정신 현상들을 고찰하였듯이, 그는 한 사람의 심리학자로서 이 문제들을 관찰하였다.

융의 작업은 명실상부하게 현대 심리학의 총화(總和)였다. 그래서 그의 작업을 다른 각도에서 본다면 사람들은 잘못될 수밖에 없다. 우리가 융의 심리학을 올바르게 이해하고, 그 정수(精髓)를 꿰뚫고 들어가려면, 우리는 그의 심리학이 서 있는 지평과 같은 지평 위에 서 있어야 한다. 만약에 우리가 그의 심리학을 순전히 주지주의적인 관점에서만 접근한다면, 우리는 그의 심리학에서 온통 혼돈되고, 뒤죽박죽으로 된 모습만을 보게 될 것이다. 더구나 그의 심리학에는 여러 가지 모순된 진술이 들어 있다고 주장할 수도 있을 것이다. 왜냐하면 그의 심리학이 인간 정신의 엄청나게 복잡한 현상들과 그에 관한 방대한 관찰 결과들을 담고 있기 때문이다.

정신분석은 우리에게 인간의 정신에는 내적 균질성(homogénéité)이 있다는 사실을 알게 해 준다. 그 옛날 테세우스로 하여금 미궁(迷宮) 속을 빠져나올 수 있게 해 주었던 아리아드네의 실처럼 우리 정신의 균질성을 보여 주는 것이다. 융의 심리학은 우리가 단지 그의 책을 읽는 것만으로 모두 다 이해할 수 있는 것이 아니다. 우리가 우리 몸으로 체험해 보아야 알 수 있는 것이다. 또한 그의 심리학은 어떤 체계나 이론의 구성, 또는 하나의 지적 종합(synthéseintellectuelle)이 아니다. 오히려 그가 그의 삶의 각 단계에서 그의 몸으로 직접 겪었던 살아 있는 체험의 한 부분이다.

  그의 심리학에는 정체되어 있는 것이 하나도 없다. 모든 것이 끊임없이 발달되어간다. 왜냐하면 융은 정신에 대한 분석이란 결코 그 끝을 알 수 없는 작업이라고 생각했기 때문이다. 융은 이 사실을 잘 알고 있었으며, 이 사실을 강조하기까지 했다. 그래서 그는 실제적인 연구를 통해서 나온 결과들이 그가 앞서 주장했던 내용과 어느 정도 다를지라도 주저하지 않고 그대로 발표하였다. 융의 이러한 모순된 주장들은 인간에 관해서 깊이 알고 있는 심리학자들의 눈에는 단지 표면적인 문제에 불과한 것이었다. 왜냐하면 그들은 이 모든 문제들이 인간의 삶 전체를 구성하고 있는 한 부분이며, 인간의 삶이란 본래 우리들에게 계속적인 탐구를 촉구하는 것이라는 사실을 잘 알고 있었기 때문이다. 그러나 융의 작업의 본질을 파악하지 못한 사람들은 융의 작업에는 일관성이 결여되어 있으며, 어떤 허점이 있기까지 하다고 생각하였다. 그래서 순전히 철학적이기만 한 사람들은 융의 이론이 불완전한 것이라고 비판하였으며, 순전히 형이상학적이기만한 사람들은 그의 이론이 썩 흡족한 것은 아니라고 비판하였다. 더구나 신학자들은 그의 이론에는 가장 중요한 것이 빠져 있으며, 그래서 잘못된 것이라고 생각하였다.

  그러나 우리는 그의 이론이 가지고 있는 보편성과 계속 발전해 갈 수 있는 역동성이 간혹 그의 이론에 장애물이 되기도 하지만 또한 가장 중요한 가치를 지니고 있는 장점이 될 수도 있다고 생각한다. 즉 융의 이론은 매우 다양하게 전개되지만, 모든 사람들은 그가 가진 지적 배경이나 영적 배경들을 가지고, 융의 이론 가운데서 자기가 동화시킬 수 있는 것만을 동화시키기 때문에 종종 그의 이론을 오해하는 것이라고 생각한다. 그 결과 어떤 사람은 융의 심리학이 무신론적이라고 주장하는 데 반해서, 또 다른 사람들은 그의 심리학이 신비적이라고 주장한다. 어떤 이들에게 있어서 그의 심리학이 영지주의적으로 비치고 있는 데 반해서, 또 다른이들에게는 동양종교적으로 비치기도 한다. 그에 대한 이런 모든 지적들은 옳기도 하며, 동시에 그르기도 하다. 그것이 옳은 이유는 융이 한 사람의 심리학자로서 앞서 지적된 모든 영역들에 관심을 기울이고, 답변을 하고자 했기 때문에 그렇게 비쳐질 수도 있었기 때문이며, 그것이 그른 이유는 융이 이 각각의 영역들을 하나의 전체와 분리시켜서 생각한 적이 없었기 때문이다. 융은 어디까지나 이 모든 문제들을 인간 정신의 전체와 더불어서 연구했으며, 그런 한에 있어서만 이 문제들이 의미 있었던 것이다. 융의 작업에서 상징은 대단히 중요한 역할을 한다. 그런데 상징에 대한 생각은 우리에게 어떤 우화를 생각나게 한다. 이 우화는 우리에게 상징이란 과연 무엇인가 하는 사실을 그 어떤 설명보다도 명확하게 말해 준다.[2] 이 우화의 줄거리는 우리가 잘 알고 있는 것이기도 하다.

"옛날 옛날에 사막 속에 어느 작은 마을이 있었다. 그 마을 사람들은 모두 앞 못보는 맹인이었다. 어느 위대한 왕이 그의 군대와 함께 그 마을을 지나가게 되었다. 그 왕은 무지무지하게 큰 코끼리위에 올라타고 있었다. 그 맹인들은 그 사실을 알게 되었으며, 사람들이 그 무지무지하게 큰 코끼리에 대해서 이야기하는 것을 들었다. 그래서 그들은 그 동물이 어떻게 생겼는지를 알기 위해서 그 동물을 만져 보고 싶은 욕망에 사로 잡혔다.

---

[2] 엘 가잘리(El Gazzali)의 우화. 니코스 카잔차키스(Nikos Kazantzaki)가 《다시 십자가에 매달린 그리스도》속에서 이 우화를 인용하고 있다.

십 수 명이나 되는 그 마을 사람들은 왕의 행렬을 향해서 출발하였다. 그들은 왕 앞에 엎드렸다. 그리고서는 왕에게 그 무지무지하게 큰 코끼리를 만져보고 궁구(窮究)해 보아도 된다는 허락을 받았다. 어떤 이는 코끼리의 다리통을 만졌다. 어떤 이는 코끼리의 발을 만졌다. 또 다른 이는 꼬리를 만졌다. 사람들은 어떤 맹인이 코끼리의 귀를 만져 볼 수 있도록 작은 사다리를 가져다 놓았다. 사람들은 또 다른 맹인을 들어 올려 코끼리의 등에 태우고는 그 일대를 한 바퀴 돌게 해 주었다.

이 모든 맹인들은 자기네들이 알아낸 코끼리에 대한 정보에 의기양양해져서 그 마을로 다시 돌아왔다. 사람들은 그들 주위에 몰려 들었다. 그네들은 모두 그놈의 괴물이 어떻게 생겼는지 빨리 들어 보려고 조바심 쳐댔다. 맨 첫 번째 사람이 말했다. '그것은 커다란 관이다. 그것은 힘차게 들려 올려지며 또 빙글빙글 도는 것이다. 그 놈한테 걸리면 뼈도 못추리게 될 것이다.' 두 번째 맹인이 말하였다. '그놈은 털로 감싸여져 있는 통 같은 것이다.' 세 번째 맹인이 주장하였다. '아니야, 그건 마치 벽과도 같아. 왜 그 털로 덮여져 있는 성벽 같은 것 말이야.' 귀를 만져보았던 네 번째 맹인이 말하였다. '벽 같다니, 어림없는 소리 말아. 그놈은 성긴 털들이 많이 난 양털로 짠 작은 양탄자 같은 것이야. 그리고 그놈은 사람이 손으로 만지기라도 하면 움찔거리곤 하지.' 이런저런 이야기들을 듣고 있다가 마지막으로 다섯 번째 맹인이 일갈하였다. '아니, 지금 무슨 소리들을 하고 있는 거야? 그 놈은 산 같은 놈이야. 그리고 그놈은 이리저리 움직이고 있단 말이야.'"

우리들은 이 책의 앞머리에서 우리들이 앞으로 융의 그 방대한 작업을 상세하게 연구하고자 하지는 않을 것이라고 말한 바 있다. 마치 그 마을의 맹인들처럼 우리들은 그 많은 관점들 가운데서 어느 한 관점만을 골라서 살펴보게 되는 것인지도 모르겠다. 우리들은 우리들과 또 다른 많은 사람들이 했던 분석 체험의 결과를 일반 사람들에게 전하게 될 것이다.

    이러한 체험은 우리들을 기독교(특히 가톨릭)에로 회심하게 이끌었다. 그래서 우리들은 분석체험의 과정과 기독교의 금욕수행 사이에 있는 관계 —그 유사하고 다른 관계성—8를 비교 분석하고자 한다.

제1부

몇 가지 개념들

제1장
인간 정신에 대한 분석

 본론으로 들어가기 전에 우리는 먼저 융 심리학에서 다뤄지고 있는 몇 가지 본질적인 개념들에 대해서 살펴보아야 한다. 먼저 정신분석에 관해서 살펴보자.
 정신분석이란 과연 무엇인가? 정신분석을 받아야 하는 사람들은 과연 어떤 사람들인가? 정신분석을 해서 좋은 일이란 무엇인가? 정신분석은 사람들을 어디로 데려갈 것인가?
 많은 사람들은 지금도 여전히 정신분석이란 오직 신경증환자에게만 필요한 것이라고 생각한다. 즉 정신분석이란 신경증을 아예 없애버리거나 증상을 완화시키는 데 그 목적이 있을 뿐, 다른 어떤 기능도 없는 것으로 믿는다.
 모든 종류의 정신분석이 가지고 있는 가장 중요한 기능 가운데 하나가 정신 상태에 혼란이 온 사람들에게 균형을 잡아주는 것임에는 틀림이 없다. 우리는 프로이드와 애들러의 정신분석이 인간의 정신을 얼마나 효과적으로 치료시키고 있는가 하는 사실을 알고 있다. 그러나 융의 정신분석은 인간의 정신과 정신분석에 관한 새로운 장을 밝혀주고 있다. 왜냐하면 융은 정신분석에는 두 가지 측면이 있는데, 하나는 치료적인 측면이고, 다른 하나는 성숙의 측면이라고[1] 주장하기 때문이다.

정신분석의 치료적인 측면은 잘 알려져 있고, 일반적으로 받아들여지고 있다. 이 경우 정신분석은 환자들(신경증 환자들)을 대상으로 한다. 그러나 정신분석이 인격의 성숙에도 관여하고 있다는 사실은 잘 알려져 있지도 않고, 선뜻 받아들이기도 어렵다. 하지만 정신분석이 인간의 영적인 발달을 가져오는 것은 사실이다. 그래서 우리가 누차 강조하고 있듯이 융은 그가 발견해 낸 많은 심리학적 사실들을 토대로 해서, 정신의 분석을 통하여 사람들을 성령(Esprit)에로 되돌아가게 했던 것이다. 융에 의하면 정신분석은 이제 더 이상 신경증 환자만을 위한 것이 아니다. 내면적인 삶에 관심을 가지고 있으며, 영혼의 길을 찾아나아가려는 모든 이들에게도 매우 중요한 것이다. 사실 정신분석은 그것이 치료를 위한 것이냐, 아니면 영적 발달을 위한 것이냐 하는 방법적인 면에 있어서 그렇게 뚜렷이 분리되어 있지 않다. 더구나 그렇게 분리시킬 수도 없는 것이다.

융의 사상에 의하면, 이 세상 사람들은 어느 누구라도 영적인 가치를 깨닫지 못하고, 그 영적인 가치로 되돌아 가지 않는다면, 그들 존재의 조화를 이룰 수가 없다. 신경증이라는 것도 그 개인의 의식과 영원한 가치 사이에 균열이 생겼음을 알리는 일종의 신호인 것이다. 따라서 융에 의하면 삶의 부적응은 그것이 신경증 환자의 직업 영역에서 생겨난 것이든, 가정 생활에서 생겨난 것이든, 성 생활에서 생겨난 것이든 모두 그에게 신경증이 생겨

---

[1] 독일어에서의 "Heilmittel"이라는 단어는 분석의 이 두 측면을 농축해서 담고 있는데, 한 가지 의미는 "치료의 방법"이고, 다른 하나의 의미는 "구원의 방법"이다.

났기 때문에 그 결과로써 생겨난 것이지, 그 반대는 아니다. 다시 말해서 어느 사람에게 신경증이 생겼을 경우, 그는 그의 신경증 때문에 삶에 적응을 잘 하지 못하는 것이지, 그가 삶에 적응하지 못하기 때문에 신경증이 생긴 것은 아니라는 말이다. 예를 들자면, 인간의 권력욕구와 관계가 있는 성(性) 생활은 종종 신경증 환자들을 혼란에 빠뜨리게 하는데, 그 이유는 그들의 삶이 깊은 차원에서 성령 자체이신 생명의 씨와 부조화 관계에 있거나 관계 두절 상태에 처해 있기 때문이다.

융의 심리학은 프로이드의 심리학이나 애들러의 심리학보다 —그들의 심리학을 부정하지는 않지만— 더 멀리 나아가고 있으며, 인간 정신의 더 깊은 층까지 다루고 있다. 융은 그의 연구를 진척시켜 나가면서 신경증 발병 초기에는 물론 인간의 정신 전체에 영적인 문제들이 매우 중요하다는 사실을 인정하지 않을 수 없었다. 우리는 지금 "않을 수 없었다"라는 말을 썼다. 그 이유는 융으로 하여금 영적인 문제의 중요성을 인정하게 한 것은 그 자신의 심리학자로서의 과학적인 경험이었지, 선험적이며 개인적인 신앙이 아니었기 때문이다.

이러한 발견들 때문에 심리학은 이제 여태까지와는 전혀 다른 국면—적어도 20세기에 있어서는—으로 접어들게 되었다. 비록 여태까지 전혀 상상해 보지 못했던 내용은 아니라 할지라도, 여태까지 아직 다루어 보지 못했던 깊이까지 파고 들어가게 된 것이다. 여태까지 신경증의 원인은—그것이 성적인 문제이건 권력욕에 관한 것이건—인간적인 측면이나 사회적인 측면에서의 탐구밖에 이뤄지지 못했다. 따라서 그것은 개인심리학의 영역을 벗어날 수가 없었으며, 고작해야 그 원인을 추적해서 "… 에 불과한 것"이라고 환원시킬 수밖에 없었던 것이다. 그러나 이제 영적인 원인을 도입할 수 있게 되어서, 정신적인 문제의 탐구 영역은 여태까지의 한계를 벗어날 수 있게 되었으며, 성령의 측면에서까지 다루어 볼 수가 있게 되었다.

이와 같은 각도에서 볼 때, 융 학파의 분석은 인간 존재를 조화(調和)와 전일성(全一性)에로 이끌어 가는 길(道) 자체라고 할 수 있다. 다시 말해서 그의 심리학은 단순히 인간 정신의 분석 자체에만 그 목적이 있는 것이 아니라 인간 정신의 전체적인 조화를 추구하고 있다.

전일성 속에서 존재의 조화를 이루는 것, 즉 의식과 무의식이 통합된 충만함 속에서 존재가 조화를 이루는 것을 융은 자기(le Soi; the Self)라고 불렀다. 이 자기(自己)는 분석을 통해서 완전히 이루어질 수 있다고 생각하지 않는 편이 좋다.[2] 융은 분석이 완료되었을 때, 모든 것은 시작된다고 주장하였다.[3] 우리는 이 주장이 정말 옳은 주장이라는 사실을 종종 확인하였다.

분석의 목적은, 물론 피분석자의 나이, 문화, 성숙도, 인격 및 그의 욕망에 따라서 다르다. 어떤 사람들에게 있어서 그 목적은 인간적이거나 사회적인 차원을 넘지 않는다. 즉 그것은 현실에 적응하거나, 환경에 적응하며, 일하고, 결혼하고, 자녀를 양육하는 일에 적응할 수 있게 되기만 하면 되는 것이다. 그러나 다른 사람들에게 있어서 그 목적은 철학적이거나 정신적인 차원에까지 미치며 또 다른 사람들에게 있어서 그 목적은 형이상학적이며 종교적인 차원으로까지 넘어가기도 한다.

우리는 여기서 정신분석의 목적들을 모두 검토해보려고 하는

---

[2] 우리는 보통 몇 번의 분석으로 그 목적이 달성된다고 생각하기 쉽지만 사실은 전혀 그렇지 않다.
[3] R. Cehen, Encyclopédie médico-chirurgical, 1955. 2월:"어떤 의미에서, 가장 본래적인 결실은 좁은 의미에서의 치료가 끝난 때 시작한다. 그 때에야 말로 피분석자의 정신적 발달이 시작되는 것이다."

것이 아니다. 분석의 모든 목적들이 "자기"(le Soi)를 실현시키기 위한 과정이라는 점에서 일치한다는 사실들만 지적하고자 한다.

 그러나 "자기"는 모든 것을 함유(含有)하고 있는 것으로서, 분석을 뛰어넘고 있다. 즉 "자기"는 모든 분석의 종점이다. 다시 말해서 "자기"는 그 자체로서나 인간관계에 있어서는 물론 우주나 영적인 측면에 있어서도 존재의 완전성을 실현시킨 것이다.[4] 융은 어떻게 해서 분석의 목적을 그렇게 확장시키고, 심화시킬 수 있었는가? 즉 분석의 목적이 의학적으로는 정신치료의 방편이 될 수 있지만, 좀더 깊은 차원에서 보자면 구원의 길이 될 수도 있다고 주장할 수 있었는가? 이 점을 이해하려면 우리는 융이 말하고 있는 집단무의식의 개념과 원형 및 상징주의에 관해서 살펴보아야 한다.

---

[4] "…자기의 실현이 개인의 내면에서 스스로 시작되지 않는다면, 밖에서 강제로 어떻게 할 수는 없는 노릇이다." *Joland Jacobi, La Psychologie de C. G. Jung,* "éd, 1950, p.120.

제 2 장
무의식과 원형

융이 1912-1913년 사이에 발견해 낸 집단무의식 개념은 그가 그 이후에 발견하게 될 다른 심리학 개념들—우리 세대보다 앞으로의 세대가 더 높이 평가하게 될—의 원천이 되고 있다. 그런데 대부분의 사람들은 이 세상을 살아가면서 이 무의식에 관해서 전혀 무지한 채 살아가고 있다. 극단적인 물질주의나 편협한 과학 만능주의, 그리고 과격한 합리주의는 모두 무의식과의 접촉 결여에서 생겨난 것들이며, 이 같은 결여에서 의식의 비대화 현상이 생겨난다. 의식과 무의식의 분열은 현대 문명의 가장 두드러진 해독 요소 가운데 하나이다. 왜 그런가? 왜냐하면—융이 그의 체험을 통해서 강력하게 입증하고 있듯이—"무의식이 의식보다 더 오래 된 것이며, 인간 의식은 이 본원적인 원천으로부터 끊임없이 새롭게 생겨나고 있기 때문이다."[5]

우리 눈에는 보이지 않지만, 의식의 "참된 뿌리"는 무의식 속

---

5) C. G. Jung, Types Psychologiques, p. 690.

에 담겨 있다. 따라서 우리가 무의식과의 접촉을 그만 둘 때, 우리의 정신은 불구가 되며, 인간 정신 가운데서 가장 중요한 부분을 상실하게 된다.

이제 인간 정신은 균형을 잃게 되고, 뿌리를 상실한 나무열매처럼 비쩍 말라버리고 말았다. 현대 문명은 물질적으로는 대단히 발전했음에도 불구하고 정신적으로는 매우 궁핍하며, 메말라 있다. 어쩌면 그것은 물질적인 발전 때문에 그런 것인지도 모른다. 그래서 철학자들, 사회학자들, 지식인들, 시인들은 이 사실을 매일매일 외치고 있는데, 이러한 경보(警報)는 아무리 울려 보아도 소용이 없는 것 같다.[6] 마찬가지로 목회자들과 영적인 일에 종사하는 사람들은 현대인들에게는 내면적인 삶이 없고, 내면적인 삶에 대한 주의도 없으며, 영성도 없다고 불평하고 있다. 또한 현대인들은 의식(儀式)에만 무의미하게 매달려 있으며, 모든 삶에서 내용은 없고 빈형식에만 집착하고 있다고 비판한다.[7] 그래서 그들은 이제 현대 문명의 핵심 속에서, 그리고 교회의 가운데로부터 혁신이 시급히 이루어져야 한다고 생각하고 있다. 벌써 오래 전부터 시작된 이 균열은 좀더 정확하게 말하자면 지난 세기 말의 퇴폐주의 시대 이래 생겨난 것 같다. 현대인들이 그들의 본래적인 정신적 원천으로부터 떨어져 나온 결과, 그들은 이제 아무런 목적도 없이 잘못된 자유만을 추구하는 싸르트르적인 세계에 내던져졌다. 그래서 어떤 이들은 수많은 이단 종파나 제의 등을 통해서 이 자유를 얻으려고 애쓰고 있다.

융에게 있어서 이러한 이탈의 근본적인 이유 가운데 하나는

---

[6] 예를 들자면 카이저링(Keyserling), 슈펭글러(Spengler), 롭즈(Rops), 키에르케고르(Kierkegaard), 릴케(R.M.Rilke), 카프카 등이 그러하다.
[7] 예를 들자면, R. P. 뽕셀(Poncel), R. P. 레가메(Régamey), R. P. 쁠레(Plé), R. P. 레오나르(Léonard), R. P. 다니엘루(Daniélou) 등이 그러하다.

두 말할 것도 없이 사람들이 자신의 무의식적인 차원을 무시하거나, 무의식적인 차원 자체에 관해서 무지하기 때문이다.8) 이제 많은 사람들은 무의식이 의식의 부정적인 측면만을 내포하는 것에 불과하다고는 생각하지 않는다. 다시 말해서, 무의식이란 억압된 욕망들과, 이루어지지 못한 성욕들과, 위험하거나 잘못된 본능의 창고라고는 믿지 않고 있는 것이다. 그들은 이제 그런 견해들은 옳지도 않고 부적당하다고 생각한다. 특별히 융의 연구 결과 그런 설익은 사상들은 이제 더 이상 버텨 나갈 수 없게 되었다. 물론 인간의 무의식에 인간 존재의 어두운 측면이 담겨져 있기는 하다. 그러나 무의식은 인간 존재의 긍정적인 힘까지도 놀라우리만치 내포(內包)하고 있다. 말하자면 우리의 무의식에는 인간의 창조 능력이 포함되어 있다. 즉 인간의 가장 진정한 가치와 가장 선한 가능성이 내포되어 있다. 말하자면 무의식에는 아무리 사용해도 더 이상 고갈되지 않는 해방의 능력과 구원의 힘이 담겨져 있다. 그래서 모든 예술작품들과 인류 역사상 가장 천재적인 발견들, 모든 방면에서 뛰어난 발명들과 신비체험들까지도 그 뿌리를 무의식에 두고 있다.

인간의 의식은 합리주의자들이 믿고 있었던 것과는 달리 인간의 무의식보다 무척 협소하다. 더구나 무의식이 존재하지 않는다면, 존재할 수도 없는 것이다. 인간의 의식이란 참으로 시간과 공간 속에 갇혀 있는 것으로서 유한하기 짝이 없고 피상적이기 짝이 없다.9) 그러나 무의식은 그 경계가 무한하며, 그 내용이 고갈되지 않고, 보편적인 것이다. 그것은 시공을 초월하고 있으며,

---

8) 융 학파의 분석심리학자 욜란드 야코비는 다음과 같이 말하고 있다: "인간의 삶의 중요한 상황 속에서 행해지는 의식적인 행동들은 모두 무의식에 근거를 두고 있다는 사실은 더 이상 반박할 수 없는 사실이다."
9) 데까르뜨 이래 심리학은 인간의 의식만을 그 대상으로 삼아 왔다

지속(持續)을 초월하고 있다. 무의식은 의식의 원천이며, 기반이다. 의식은 오랜 세월에 걸쳐서 형성되어 왔으며, 발달하여 왔다. 인간의 자아(le moi)를 포함하고 있는 것은 의식이다. 그런데 인간의 자아는 성장하려고 한다. 왜냐하면 그것은 자유 의지를 가지고 있기 때문이다. 그런데 자아의 역할은 매우 미묘하고, 중요하다. 그래서 어떤 사람의 자아가 그의 무의식과 직면(直面)하여, 그의 무의식이 정말 무엇을 원하고 있는가 하는 점을 탐구할 수 있을 정도로 충분히 강하지 않다면, 그런 사람은 정신분석을 받게 하지 않는 편이 좋다. 왜냐하면 정신분석 과정에서는 그의 자아가 계속해서 그의 무의식과 대면(對面)해야 하기 때문이다.

"인간의 의식은 역사적으로 항상 무의식에 저항해 왔으며, 무의식의 가치는 언제나 인정받지 못했다 … 그래서 서구인들에게 있어서 의식은 무의식으로부터 언제나 멀리 떨어져 있었다. 그래서 합리적이고 추론적(推論的)이기만 한 사람들은 그들이 그들의 무의식과 대면할 때, 공황적인 공포에 사로잡히게 된다. 이 공포는 그들이 자신의 정신적 요소를 너무 소외시켰기 때문에 생겨나는 것이다. 우리가 만약 우리의 무의식을 하나의 수동적인 대상처럼 분석한다면, 그것은 우리의 지성에 아무런 해악도 끼치지 않을 것이다. 오히려 우리의 합리성(合理性)에 맞아들어갈 것이다. 그러나 우리의 무의식을 그가 원하는 대로 작용하게 하고, 우리가 그것을 하나의 실재(實在)처럼 경험한다면 그것은 유럽의 보통 사람의 수준을 넘어가며 보통 이상의 능력과 용기를 필요로 하게 될 것이다."10)

융의 시대에 이르기까지 심리학자들은 무의식의 한 영역까지밖에는 알지 못했다. 그것은 인간의 의식이 망각했거나 억압해버

---

10) Dr. M. K. Surg가 1950년 5월 3일 "융 연구회"에서 "인간 의식의 창조와 발달"에 관해서 강연한 내용의 일부.

린 영역과 그 밖에 그와 비슷한 영역들이었다. 이 영역은 한 사람의 개인적인 삶과 연결되어 있는 영역으로서 기껏해야 한 사람의 "가족사"(家族史)의 범위를 넘지 못하고 있었다. 그래서 융은 이 무의식을 개인무의식이라고 불렀다. 이 영역은 프로이드가 전의식(préconscient)이라고 불렀던 것과 데쓰와(Dessoir)가 심층의식(Subconscient)이라고 불렀던 것이 합쳐진 영역이다. 개인무의식(l'inconscient personnel)은 개인적인 자아 또는 사회적인 자아의 영역을 벗어나지 않는다. 그러나 융은 이 영역보다 훨씬 깊은 층을 발견하였다. 그가 집단무의식(l'inconscient collectif)이라고 부른 층을 발견했던 것이다.[11] 이 집단무의식에 도달하려면, 분석 등에 의해서 무의식의 개인적인 층은 벗겨지고, 분석되고, 의식화되어야 한다. 이 집단무의식은 개인의 과거만을 담고 있지 않는다. 모든 사람들의 보편적인 과거나 미래를 담고 있다. 따라서 우리들은 집단무의식 덕분에 시간과 공간과 인종을 초월해서 이 보편적인 세계와 접촉할 수가 있다. 융과 그의 스승 프로이드를 결별시킨 것은 이 집단무의식의 발견이었다. 집단무의식의 발견은 심리학 연구에 있어서는 물론 유사-심리학(para-psychologie) 연구에 있어서도 아무도 짐작하지 못했던 광범위한 지평을 열어 주었다. 집단무의식은 원형(archétype)의 영역—원형이란 본래 플라톤이 사용했던 단어인데 융이 플라톤과는 조금 다른 의미로 사용하였다—이다. 원형이란 사람들이 "타고 나는 관념"(idée innée)은 아니다. 원형은 유전적으로 물려받은 원초적이며 본질적인 힘(force)이다. 그것은 형태(forme)의 창조자로서, 그 자신이 하나의 형태는 아니다. 그것은 마치 자궁(子宮)이 어린아이가 아니라, 어린 아이를 형성(形成)시키는 그 무엇을 지니고 있듯이, 형태

---

[11] 융 학파의 심리학자가 아닌 심리학자들은 요즘까지도 여전히 집단무의식의 존재에 관해서 모르고 있거나, 그 존재를 받아들이지 않고 있다.

를 형성하는 능력을 지니고 있다. 원형이란 하나의 잠재적인 능력이다. 그것은 그가 창조한 형태(또는 유형; forme)보다 먼저 존재한다. "원형이란 인간의 신체적인 사실의 결과가 아니다. 오히려 육체에 관계되는 일들이 어떻게 영혼에 의해서 체험되는가 하는 사실을 보여주고 있다"12)고 융은 주장하였다. 또한 융은 "우리의 신체 기관이 인간 발달의 긴 과정의 결과이듯이, 원형은 인간의 까마득한 시원(始原)에서부터 있어 왔던 인간의 정신적이고 육체적인 전체성 체험의 결과 생겨난 산물이다"13)라고 말하였다. 같은 취지에서 G. 프라이는 다음과 같이 말한다. "누구든지 신체 기관의 법칙을 어기는 사람, 예를 들어서 소화 기관이나 시각 기관의 작용 법칙을 어기는 사람들이 바로 그 기관에 병이 나듯이, 원형(原型)의 법칙을 어기는 사람 역시 정신적으로 병이 들게 마련이다."14)

욜란드 야코비에게 있어서 원형이란 "영원한 것의 현존"(éternelle présence)이다. 왜냐하면 원형이란 인간 역사의 가장 먼 원시시대 때부터 동일한 형태로 존재하는 것이기 때문이다. 집단무의식은 "인간의 진화 과정을 통해서 유전적으로 전해지는 이 강력하고 영적인 실체를 담고 있는 그릇이다. 그런데 이 실체는 각 개인의 존재 구조 속에 계속해서 새롭게 재생된다."15) 말하자면 집단무의식은 일종의 기억으로서, 본래적이고 훼손되지 않은 기억이다. 우리 인간의 의식이 우주의 살아 있는 힘을 찾아볼 수 있는 것은 바로 이 집단무의식에 의해서이고, 이 집단무의식 속

---

12) C. G. Jung, Das g?ttliche Kind, p. 109. Victor White, God and unconscious, ?d. The Harvill press, London, 1952, p. 242에서 재인용.
13) . G. Jung, Seelenprobleme, p. 173. V. White, op. cit., p. 242에서 Frei가 인용한 것을 재인용.
14) G. Frei, Appendix. V. White, op. cit., p. 242.
15) C. G. Jung, probleme der Gegenwart, p. 175.

에서이다. 그래서 융에 의하면, 집단무의식은 하나의 질서이며, 내적 조직이다. 우리가 "이 무의식과 원활한 관계를 맺고 있으면" 우리 삶에 어떤 위기가 찾아올 때 이 무의식 속에서 피난처를 찾고, 도움을 받을 수 있을 것이다.

제 3 장
상징주의

그러면 우리는 어떻게 집단무의식과 접촉할 수 있는가? 그것은 상징을 통해서이다. 인간의 무의식은 언제나 상징으로 표현되고 있으며, 상징을 통해서 그 자신을 드러낸다. 융에 의하면 상징은 원형에서부터 나오고 있다. "우리는 원형을 직접적으로는 만날 수가 없다. 우리가 원형을 만날 수 있는 것은 간접적으로, 특별히 상징을 통해서 뿐이다."[16] 프라이의 말이다. 상징이란 일종의 언어이다. 그것은 단어를 사용하는 대신에 어떤 구체적이거나 추상적인 이미지를 사용하여 우리에게 감추어져 있거나, 알려져 있지 않은 것들을 의식의 표면에 떠오르게 한다. 상징이 그렇게 하는 것은 인간의 합리적인 언어나 단어들로서는 표현하지 못하는 것들을 표현하고 있기 때문이다. 그래서 상징이 원시인이나 미개인의 언어로서 현대사회에서는 더 이상 통용되지 않는 낡은 언어라고 생각하는 것은 커다란 잘못이다. 더구나 거기에는 중세적인 미신의 잔재가 남아 있다고 생각하는 것은 더더욱 잘못이

---

16) G. Frei, Appendix. V. White, op. cit., p. 241.

다. 상징은 수천년 전과 마찬가지로 오늘날에도 여전히 존재하고 있으며, 살아있다. 상징은 이 세상의 창조와 함께 생겨났다. 우리들이 선사부족과 고대 사회의 민중들과 이집트, 페르샤, 그리스, 크레타 민족 및 갈대아 사람들과 로마인들의 문물을 연구해 보면, 우리는 언제나, 어디서나 상징이 존재했음을 발견할 수 있다. 이것은 현대 사회의 아프리카 흑인들이나 아시아의 중국, 라오스 등에서도 마찬가지이다.

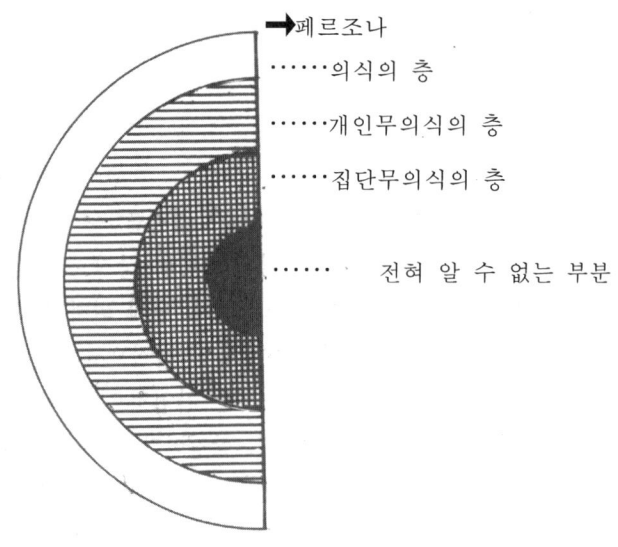

〈그림 1〉 C. G. 융의 심리구조 단면도

상징은 어느 곳에서나 꼭같은 언어로 말한다. 다시 말해서 위대한 상징들은 변하지 않고 있으며, 그 본질에 있어서 같다는 말이다. 변하는 것은 다만 어떤 심리적 사건을 표출하는 수단들이다. 즉 상징의 이미지와 그 해석은 그 상징이 통용되고 있는 시

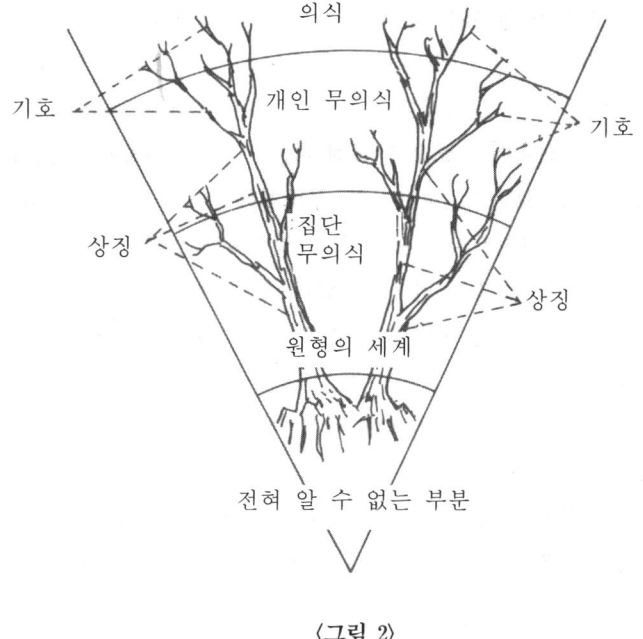

〈그림 2〉

대, 장소, 문화 및 그 문화의 성숙도에 따라서 달라지고 있으나 그 본질은 같다. 그런데 여기에서 우리는 상징(le symbole)과 기호(le signe)의 차이에 관해서 구별해 두어야 한다. <그림 1>은 융이 생각했던 정신의 구조를 나타낸다. <그림 2>에서 우리는 상징이 우리 존재의 가장 깊은 차원인 집단무의식에 뿌리를 두고 있는 원형으로부터 생겨나는 것을 볼 수 있다. 상징이란 인간에게 원초적으로 주어져 있는 어떤 것이다. 우리가 우리 내면에 대해서 오랫 동안 탐구하지 않으면, 우리는 상징에 관해서 거의 알 수가 없다. 그러나 기호는 우리의 의식으로 하여금 지각하게 하는 어떤 것이다. 우리 의식이 분석 작업을 통해서 우리 존재의 심층에 내려가 상징과 만나는 것도 바로 이 기호 덕분이다. 하지만 기호에는 상징에서와 달리 어떤 생명력이나 힘이 없다. 상징만이 우리를 돕고, 구원할 수 있다.

융과 그의 제자들은 위대한 원초적 상징을 만나고, 그것을 체험하는 것이(상징을 연구하거나 분석하거나 지적으로 이해하지 않고) 그 체험자들에게 해방을 가져다 준다고 주장하였다. 왜냐하면 우리의 체험이 입증하고 있듯이, "진리란 언제나 우리의 내면에 들어있기" 때문이다. 우리가 수메르인이나, 아카드인, 이집트인, 그리스인들은 물론 유태인들을 살펴볼 때 위대한 진리는 언제나 상징의 도움로 밝혀진다. 그것은 나일 강 유역 사람들의 작품인 《사자의 서》(死者의 書)를 보든지, 티베트의 《바르도 퇴돌》(Bardo Th?dol)을 보든지, 그리스의 신비서(伸臂書)인 《헤르메스 트리스메지스트》(Hermes Trism?giste)[17]를 보든지, 히브리의 신비철학서인 《카발》(Kabbale)을 보든지 언제나 마찬가지이다. 인도의 성문학(聖文學)이나 기독교의 성서를 보아도, 상징으로 가득 차 있다. 특히 복음서에서 예수는 상징이라고 하는 영원한 언어를 가지고 그의 수많은 비유들을 개진하고 있다.

우리는 이 상징언어가 언제나 극히 적은 수의 사람들에게만 알려져 왔다는 사실을 잘 알고 있다. 즉 상징은 유태의 예언자나 점장이나 마술사처럼 하나님의 상징적인 메시지를 해독하여 그것을 일반 사람들에게 합리적인 언어로 통역해 줄 수 있는 능력을 가진 사람들에게만 알려졌던 것이다. 그것은 그들이 그렇게 함으로써 하나님의 메시지에 관심을 가지고 있는 사람들에게 하나님의 뜻을 알려 주고자 하는 목적에서였다.

우리 인간의 의식에는 다음과 같이 세 가지 차원의 의미가 있다. 첫째로 공개적인 의미, 또는 외면적 의미가 있다. 이것은 우

---

[17] Trismegiste는 사람들이 그리스의 전쟁의 신인 헤르메스에게 붙인 별명으로 "세 갑절이나 위대한"이라는 의미이다. 따라서 Hermes Trism?giste는 "세 갑절이나 위대한 헤르메스"라는 뜻이다.(역자 주)

리가 어떤 것을 보고 소위 "문자 그대로" 파악하는 인식 양태이다. 이런 인식은 우리가 사물을 지적으로 인식할 때 사용된다. 우리는 이런 방식의 인식을 매우 폭넓게 하고 있다. 그런데 이런 인식은 현실적인 것, 구체적인 것, 합리적인 것, 의식적인 것을 거의 벗어나지 못한다. 이런 인식은 어떤 경우 우리의 이성에서 나온 것, 논리에서 나온 것들을 의심하거나, 불신할 때도 있다. 이 인식은 <그림 1>에서의 의식 영역이나 개인무의식 영역에 속한다.

둘째로 비밀스러운 의미 또는 내면적 의미가 있다. 이 인식은 상징의 도움으로 인식자들을 집단무의식에 이끌어감으로써 그 의미를 더욱더 깊이 궁구하게 하고, 더욱더 풍부하게 한다. 이 인식은 우리들에게 보편적인 의미의 존재를 알려주며 진리와 하나 되는 것이 어떤 상태라는 것을 알려 준다. <그림 1>에서 볼 때 집단무의식의 영역에 속한다.

세 번째로 성스러운 의미이다. 이것은 우리를 진리 그 자체와 관련을 맺게 한다. <그림 1>에서 볼 때 우리가 전혀 알 수 없는 부분의 영역에 속한다.

우리는 지성을 가지고 있기 때문에 외면적인 의미에 쉽게 도달할 수 있다. 또한 직관교육을 통해서 내면적인 의미에 대한 인식 능력도 개발시킬 수 있다. 그러나 우리가 아무리 노력해도 성스러운 의미에는 우리 힘으로 도달할 수 없다. 그것은 우리에게 얻어지는 것이며, 하나님의 선물로써만 얻어질 수 있는 것이다.

하나님은 그의 피조물들과 의사소통하기 위해서 여태까지 상징이라는 수단을 사용해 왔으며, 지금도 사용하고 있다. 하지만 우리는 무의식 속에 비도덕적인 힘이 들어있으며, 마술사와 사탄도 무의식의 힘을 사용하고 있다는 사실을 잊지 말아야 한다. 그래서 우리는 이 양가적(兩價的)이며, 매혹적인 영역을 탐험하기 전에 이 영역에 관해서 좀더 깊이 살펴보아야 한다. 무의식에는 수많은 위험이 도사리고 있다. 우리는 무의식에 접근할 때 매우 조심해야 한다. 그러나 다른 모든 위대한 발견의 경우에서와 마찬가지로, 몇몇 개척자들은 다른 사람들이 집단무의식에 좀더 쉽게 접근할 수 있도록 길을 마련해 주었다.

    상징은 인간 존재의 가장 깊은 차원과 관련을 맺고 있다. 그것은 우리의 지성을 초월하고 있으며, 우리의 감각도 초월하고 있다. 그리고 그것은 우리를 영혼의 세계로 인도하고 있다. 우리의 이성이나 지성이나 감각은 결코 상징의 의미를 파악할 수 없다. 다만 직관만이 파악할 수 있다. 상징의 의미를 파악하는 일은 쉬운 일이 아니다. 왜냐하면 우리가 상징의 의미에 도달하려면 우리가 먼저 그 상징에 관해서 매우 다양한 연구를 오랫동안 해야 할 뿐만 아니라 우리 자신이 그 상징을 몸으로 체험해야 하기 때문이다.

제 4 장
꿈에 대한 연구

　분석심리학은 우리들로 하여금 꿈을 해석하게 하고, 꿈을 이해하도록 함으로써 상징에 대한 직접적인 체험을 가능하게 한다. 물론 꿈의 분석이 우리를 무의식으로 이끌어 주는 유일한 길은 아니다. 그러나 꿈은 우리에게 무의식에로 가는 가장 확실하고, 가장 똑바른 길을 보여 준다.
　무의식은 꿈을 통해서 상징적인 언어를 가지고 의식과 만나려고 하며, 의식을 도와 주려고 한다. 꿈은 헤아릴 수 없는 가치를 가지고 있는 인간의 내적 안내자로서, 인간이 가지고 있는 가장 위대한 보물 가운데 하나다. 이 세상에 특별히 심리학적인 상징이란 없다. 그것은 철학적이거나, 예술적이거나, 연금술적이거나, 종교적 상징이 특별히 없는 것과 마찬가지다. 이 세상에는 하나의 상징만이 있을 뿐이다. 꿈이란 무의식의 표현으로서 상징주의의 일부를 이루고 있다. 심리학은 예술이나 종교가 그러하듯이 인류의 보편적인 언어를 사용한다. 우리가 집단무의식을 통해서 인류의 원초적이며 원형적인 상징에 도달하여 인간 정신의 원천에 도달할 수 있게 된 것은 C. G. 융의 가장 위대한 발견 가운데 하나이다. 우리가 융의 이 작업을 찬찬히 생각해 보면 우리는 융의 심리학이 얼마나 인류의 정신계에 중요한 공헌을 했는가 하는 사실을 알 수 있게 된다. 그리고 우리가 융의 분석심리학 덕분에 얼마나 많이 인간 자체에 관해서 알 수 있게 되었으며, 특히 인간의 심리에 관해서 잘 알 수 있게 될 것인지 놀라게 될 것이다.

인간의 심리는 신체적으로도 여러 가지 다른 방식으로 자신의 의사를 표현하고 있지만, 특별히 상징이라고 하는 언어를 모국어로 하고 있다. 따라서 우리가 그 상징언어를 무시한다면 정신치료를 결코 할 수가 없다. 상징은 그 속에 진리와 생명을 담고 있는데, 융은 상징을 가리켜서 "영혼의 기관"(organe de l' âme)이라고 불렀다. 그렇다면 우리는 무의식을 영혼과 동일시할 수 있을까? 그렇지는 않다. 우리가 그렇게 주장한다면 그것은 아직 설익은 주장이며, 잘못된 주장이 될 것이다. 무의식은 인간의 영혼을 모두 다 드러내고 있지는 못하다. 더구나 어떤 이들이 주장하고 있듯이 "신"(神)과 동일시될 수도 없다. 하지만 무의식은 인간의 영혼은 물론 신과도 내면적으로 아주 밀접하게 연관되어 있다.

제 5 장
개성화와 자기

우리가 이미 알고 있듯이 자기(le Soi)는 모든 분석에서 궁극적으로 도달하고자 하는 이상적인 목표이다. 융은 자기(自己)가 하나의 상태라고는 생각하지 않았다. 만일 자기(the self)를 하나의 상태라고 생각한다면 우리는 자기를 정의하기가 어려워진다. 왜냐하면 자기는 모든 한계를 벗어나고 있으며, 우리가 어떤 틀에 집어넣어서 규정하려고 하는 것 위에 있기 때문이다. 자기는 의식과 무의식의 조화 속에서 생겨난다.

우리가 무의식의 내용들을 실제적으로 파악하지 않는 한, 다시 말해서 각성(覺醒)하지 않는 한, 우리는 무의식에 도달할 수 없다. 그런데 이 각성은 우리들에게 매우 긴 내면 작업을 요구한다. 왜냐하면 우리들이 우리의 내면을 들여다 볼 때, 우리의 정신적인 요소들이 통합(intégration) 작용에 의해서 점차 통일되고 있기 때문이다. 다시 말해서 우리의 존재를 구성하고 있는 수많은 대극적(對極的) 요소들을 의식적이며, 능동적으로 받아들일 수 있기 때문이다. 우리는 이러한 점진적인 통합을 통해서 조금씩 조금씩 자기(自己)에게 다가갈 수 있으며, 결국 새로운 출발점에 도달할 수 있다. 왜냐하면 우리 속에 있는 전일체(全一體)에 도달함으로써 우리는 우주적인 전일체와 관계 맺을 수 있으며, 영적인 존재의 문턱에 도달할 수 있기 때문이다. 자기란, 말하자면, 원초적인 전일체인 것이다.

    자기에 도달하는 것은 우리가 인간 심리의 세계나 상징의 영역에서 벗어나 거룩성의 무한한 영역에 개방되는 것을 의미한다. "그러나 자기(自己)는 결코 신(神)의 자리를 빼앗지 않는다. 자기가 아무리 때때로 신의 은혜를 받을 수 있는 그릇이 되고 있음에도 불구하고 신을 대체할 수는 없다."[18]

    깊은 분석을 통해서 얻어지는, 자기에로의 이 점진적인 접근과정을 융은 개성화(individuation)[19]라고 불렀다. 우리가 개성화에 도달하려면 우리는 수많은 커다란 어려움들을 극복해야 한다. 더구나 상당히 신중해야 한다. 그야말로 소명(召命)이 있어야 하며, 능력과 힘이 있어야 한다. 단순한 지적, 과학적 호기심만 가지고서는 개성화에 도달할 수가 없다. 그 이유는 우리가 어떤 자격증을 따려고 정신분석을 받을 수도 없는 노릇이며, 어떤 학과목을 수강하듯이 정신분석을 받을 수도 없기 때문이다.

---

18) C. G. Jung, Lettre, 1944년 9월. White, op. cit., p. 248.
19) 개성화 : 우리를 자기(the self)에로 이끌어 가는 이 발달적인 과정은 개인화(individualization)와는 정반대되는 과정이다. 개성화가 "자아(le moi)에서 벗어나는" 헌신적인 과정을 추구하고 있는 것에 반해서, 개인화는 자아를 찬양하며, 자기 중심주의를 지향하고 있다.

제 6 장
분석심리학과 종교

개성화 과정이 종종 영적인 삶에의 입사식이나 종교체험과 비교 연구되고 있는 것은 그리 놀라운 일이 아니다. 그러나 우리가 여기서 "비교된다"고 했지 "동일시한다"고 말하지 않은 것에 주목해야 한다. 이 문제에 관한 융의 입장은 분명하다. 그는 이 문제를 연구할 때 심리학적인 관점을 버린 적이 없다. 오히려 형이상학이나 초월적인 영역에 들어가지 않고 심리학의 영역에 머물러서 그 문제를 연구하고 싶다고 그의 입장을 명확하게 밝혔다. 그는 그가 알고 있는 것, 그가 체험한 것들만을 말하고자 했다. 그가 관심을 가지고 있었던 종교적인 사실들도 모두 현상학적인 것들이었다. 그러나 그는 그 문제들에 관해서 이야기할 때도 그 문제들에 관한 심리학적인 의미나 심리학적인 가치에 대해서만 언급하고자 했다. 예를 들어서 말하자면, 그가 동정녀 탄생이나 삼위일체, 또는 성육신이나 그리스도에 관한 개념에 대해서 언급할 때, 그것은 그 개념들이 그에게 다른 많은 상징들과 마찬가지로 "상징적인 표현들"로 보였기 때문이다. 그래서 그는 그것들을 하나의 심리학적인 현상들로서 연구했으며, 그것들의 실제(la r?alit?)에 관해서는 건드리지도 않았다. 그는 이렇게 말한 적이 있다. "나는 부처나 마호메트나 공자가 짜라투스트라는 물론 미트라(Mithra)나 아티스(Attis)나 시벨르(Cybele)나 마니(Mani)나 헤르메스(Hermes) 역시 일종의 종교 현상을 나타낸다고 말할 수밖에 없다." 이에 덧붙여서 그는 다음과 같이 말했다. "심리학자들이 만약에 진정으로 과학적인 태도를 취하고자 한다면, 그들은 여러 가지 다른 종교의 진리 가운데서 어느 하나만이 유일하고 영원한 진리라고 주장해서는 안 된다. 오히려 그들은 종교적인 문제가 가지고 있는 인간적인 측면에 관심을 기울여야 한다. 왜냐하면 그때에만 그들은 종교의 원초적인 체험과 관계하고 있기 때문이다. 사실 이때 그들은 그 신앙고백이 어떻게 생겨났는가 하는 사실에는 별로 관심이 없다."[20] 융이 이렇게 말하는 것은 그가 인식의 인간적인 측면 또는 자연적인 측면을 벗어나지 않겠다는 사실을 가능한 한 명확하게 밝히는 것이 된다. 그러나 바로 이 점 때문에 많은 사람들, 특별히 많은 크리스천들은 융의 탁월한 저작들에 관심을 기울이지 않는 것이 아닌가 하는 생각이 든다.

융은 그 자신을 심리학과 상징연구 분야에만 국한시키고 있었다. 그러나 그것은 그가 그렇게 하고자 해서가 아니었다. 왜냐하면 그는 한번도 초월적인 세계의 현존을 부정하지 않았기 때문이다. 그가 그 자신을 심리학 연구에만 국한시켰던 것은 그가 초월계에 접근해 보지 못했기 때문이며, 그 세계를 알지 못했기 때문이었다. 그리고 그는 그 사실을 솔직하게 시인했다. 말하자면 융은 그가 직접 경험했던 체험, 그가 알 수 있는 체험의 기반 위

---

[20] C. G. Jung, Psychologie und Religion, ?d. Rascher, Zurich, 1947.

에 서서 연구했던 것이다. 하지만 그는 그가 연구하고 있는 종교적 사실들과 종교 자체를 혼동하지는 않았다. 하나님과도 혼동하지 않았다. 그래서 그는 "자기(le soi)는 순전히 인간의 전일성(la totalit?)을 나타내는 것이다. 자기는 신이 아니다"21)라고 주장하였다. 그러나 그가 연구한 것들이 인간의 심층을 다루고 있는 것이며, 너무 광범위한 영역에 걸쳐 있는 것들이기 때문에 그것들은 그를 인간 정신의 가장 미묘한 문제들에로 이끌고 갔다. 말하자면 융이 비합리적인 현상들을 과학적으로 다루었다는 사실에서 어려움이 생겨났던 것이다.

  정신분석이 종교를 대신할 수는 결코 없다. 만약에 어떤 누군가가 그런 시도를 한다면 그것은 영적인 것을 말할 수 없이 훼손시키는 일이 된다. 정신분석은 다만 하나의 길(道)이며, 도구일 뿐이다. 정신분석은 그 자신이 무한한 것과 동일시하지는 않지만 사람들에게 무한에로 통하는 문을 열어 주고 있다. 하지만 사람들을 강압적으로 이끌지는 않는다. 정신분석 작업 자체라고 할 수 있는 "자기에의 탐구" 과정 속에서 우리는 진리의 보편성과 진리의 통일성을 발견하고 놀라지 않을 수 없다. 그들이 이미 자기(自己)에 도달했든지, 아니면 아직 도달하지 못했든지 간에 이 세상의 모든 사람들은 다른 사람들 역시 그들과 마찬가지로 똑같은 내면적인 필요성을 느끼고 있으며, 똑같은 과정을 밟아서 내면적으로 발달해 간다는 사실을 발견하고서 깜짝 놀라게 된다. 마찬가지로 사람들은 그 과정에서 언제나 상징이 모든 사람들에게 영적인 입사식(入社式)을 통해서 그들을 진리에로 이끌고 있으며, 신을 다시 발견하게 해 준다는 것을 깨닫고 놀라게 된다. 융의 저작들 역시 이러한 체험의 소산일 것이다.22) 융은 그 자신

---

21) C. G. Jung, Letter, 1944년 9월. Victor White, op. cit., p. 248에서 재인용.

이 프로테스탄트 가정에서 태어나, 처음에 유물론(唯物論)과 프로이드 학설에 매료되었으나 점차 영적인 것들의 중요성을 인정하게 되었다. 그래서 그는 신경증의 발생이나 정신의 전일성(全一性) 형성에 영적인 것들이 매우 중요하다고 주장하였다. 융이 이러한 인식에 도달하게 된 것은 그가 정신과 의사로서 한 과정 한 과정 경력을 쌓아가면서 이뤄진 것이었다. 융에게는 이 인식과 동시에 종교가 인간에게 있어서 무엇보다도 중요하며, 인간을 구원할 수 있는 기능이 있다는 깨달음이 왔다. 그것은 그가 신경증에 걸린 사람의 정신 상태는 물론 정상적인 사람의 정신 상태를 관찰한 결과 생겨난 것이다. 융에게 있어서 종교나 종교에 관계되는 모든 것들은 프로이드에게 있어서 처럼 "인류 전체의 집단신경증"23)이 아니었다. 성인들에게 유아적인 동기가 아직 청산되지 않은 채로 남아 있어서 무엇인가를 보상하려고 작용하는 것도 아니었다. 오히려 종교란 자연발생적인 실재(實在)로서, 우리들에게 있어서 가장 본질적인 욕구이며, 인간 존재가 균형을 이루는 데 있어서 필수불가결한 정신작용이었다.

    융이 기독교도가 아니었던 것은 사실이다. 그러나 우리는 기독교인으로서 신앙이란 하나님의 은혜 때문에만 가능한 것이라는 사실을 잘 알고 있다. 그리고 그가 아무리 지성이 탁월했었고, 그 지성을 토대로 해서 자기(自己)에 도달할 수 있었다고 할지라도 하나님의 은혜가 없다고 한다면 신앙에는 결코 이르지 못할 것이라고 생각한다. 그러나 이 사실은 이 위대한 학자가 발견해 낸 사실의 가치를 히니도 저하시키지 않는다. 기독교가 융의 발견들을 사용한다면, 그것은 기독교를 위한 것이다. 그리고 우리가

---

22) 융 자신의 정신적 발달 과정에 관해서 연구하려면, 1925년에 융이 했던 강연을 참고하라. 또한 Raymond Hostie, Du Mythe ? la Relifion을 참고하라.
23) C. G. Jung, Letter, 1944년, 9월. Victor White, op. cit., p. 248에서 재인용.

융의 발견들 속에서 기독교를 풍성하게 할 수 있는 어떤 원천이 있음을 감지했기 때문이다. 그래서 우리는 어떤 기독교 학자들이 융을 받아들이기를 주저하는 것을 이해할 수가 없다. 더구나 그런 사람들이 종교를 하나의 환상이나 신경증으로 파악했던 프로이드는 받아들이면서, 융을 받아들이지 못하는 것을 보고서는 더욱더 그런 생각이 든다. 이 문제에 대해서 어떤 사람들은 이렇게 대답할 수도 있을 것이다. 즉 융은 프로이드적인 유물론(唯物論)을 벗어나서 영적인 것들을 건드리고 있으며, 우리의 영혼을 일종의 범신론(汎神論)으로 오도할 우려가 있어서 더욱더 위험하다고 말이다. 융을 이렇게 오해하는 것은 그야말로 유치한 판단이다. 이것은 집단무의식이 어떤 것인가 하는 것을 전혀 모르기 때문에 생겨나는 오해이며, 따라서 융 심리학에 관해서 전혀 모른다는 사실을 말하는 것밖에 되지 않는다. 개성화 과정을 체험한 사람들이면 누구나 다 분석가가 하는 일이란 상징에 의해서 표현되는 영혼의 내면적인 요청을 해석해 주는 것이라는 사실을 잘 알고 있다.

  모든 사람은 그에게 주어진 삶의 길을 따라서 살아가야 한다. 어느 누구도 그것을 거역할 수가 없다. 어떤 융 학파의 분석가가 비록 그 자신은 기독교인이 아니라고 할지라도, 다른 사람이 기독교에로 회심하는 것을 방해할 수가 없다. 그것은 어떤 융 학파의 분석가가 비록 그 자신이 기독교라고 해서 다른 사람이 그 자신의 내면적인 요청을 따라서 불교나 회교로 개종하는 것을 방해할 수 없는 것과 마찬가지이다. 하나님의 시간 계획에 분석가는 그 어떤 관여도 할 수 없다. 이와 같은 종류의 무지는 대부분 모든 직관적인 인식을 거부하고 있는 경직된 합리주의, 데까르트적인 성향에 기인하고 있다. 기독교에는 내면적인 삶에로의 부름이나, 자기(自己)에로의 귀환이 결코 낯설지가 않다. 오히려 분석심리학에서와 마찬가지로—물론 두려운 감정과 어떤 경우 심한 공포가 수반될 수도 있지만—권장되는 수련 방법인 것이다. 융은 여태까지 어디에서나 통용될 수 있는 만병통치적인 공식이나 이론을 주장한 적이 없다. 왜냐하면 그가 한 사람의 내면 세계와 경험을 그 세계의 밖에서는 분석할 수 없다고 생각했기 때문이다. 내면 세계란 체험자 자신이 스스로 살고, 그의 모든 것을 바쳐야 하는 영역이다.

융에게 있어서 심리학자는 영원한 개척자이다. 환자들의 각각의 경우는 모두가 새로운 사례이고, 개간해야만 하는 처녀지이기 때문이다. 그에게 있어서 상징의 표준적인 의미란 있을 수가 없다. 그래서 그는 종종 길을 잃었고, 잠시 멈추어 서서 길을 찾기도 하였다. 또한 그 상징들을 개인적으로 체험하고자 했던 것도 그와 같은 이유 때문이었다. 융이 프랑스에서 잘 알려져 있지 않거나, 알려져 있다고 할지라도 잘못 알려져 있는 것도 그가 어떤 하나의 상징만을 말하지 않고, 새로운 상징의 의미들을 제시했기 때문이다. 이 사실 앞에서 우리는 아쉬워 할 수밖에 없다. 오래 전부터 융은 신학자들이 그의 저작에 관심을 가져 주기를 바라고 있었다. 빅터 화이트[24]와 레이몽 호스티[25]는 이러한 융의 바람에 응답했다. 우리는 독자 여러분들이 이 두 저작을 읽어 보기를 권한다. 왜냐하면 이 두 저작은 매우 깊이 있게 융의 사상을 다루었기 때문이다.

그들은 융의 심리학이 영적인 영역에서 점유하고 있는 가치를 충분히 인식하고, 종교 연구에 있어서 융의 심리학이 매우 중요

---

[24] Victor White, God and Unconscious, Préface de C. G. Jung, The Harvill Press, London, 1952

[25] Reymond Hostie, S. J., *Du Mythe à la Religion*, Etudes carmélitaines, 1955.

하다는 사실을 강조하고 있지만, 융과는 다른 입장을 취하고 있었다. 그들은 신학자들의 저술 속에서 더욱더 확실한 진리를 보고, 그들의 신앙을 확인한 것이었다. 그래서 그들은 융과는 다른 관점을 취하고 있다. 그들이 융의 저술 속에서 기독교 신학과 다른 모든 사상들을 객관적인 입장에서 끄집어 낼 때, 그들은 정당했다. 그러나 융의 사상 가운데서 기독교 신학이 받아들일 수 있는 것들을 그렇게 깊이 다루고 있지는 않았다.

그런데 우리는 분석 과정에서 발견되는 집단무의식 개념이 기독교 연구에 있어서도 대단히 유용하리라고 확신을 가지고 있다. 집단무의식 개념은 많은 종교에서 행하고 있는 제의(祭儀)에 대하여 더 잘 이해하게 해 주고, 그 제의의 의미를 확인하게 해 준다. 더구나 집단무의식은 기독교 교리들의 의미를 밝혀 주고, 깊이 탐구할 수 있게 해 준다. 여기에서 우리는 융이 기독교인이 아니었다라는 사실을 크게 생각해서는 안 된다. 오히려 그의 사상 속에서 기독교에 도움이 되는 것들이 어떤 것인가 하는 점에 주목해야 한다. 중요한 것은 융이 어떤 사람이었으며, 분석 과정이 어떻게 진행되는가 하는 것이 아니라 인간의 무의식이란 과연 무엇이며, 우리를 어디로 이끌고 가는가 하는 사실이다.

깊은 바다 속을 탐사할 수 있게 해 주는 도구(instrument)는 그 도구를 이용해서 발견해 낸 발견물들 보다 더 가치 있는 것이 아니다. 분석에 있어서도 마찬가지이다. 정신분석은 정신분석의 결과 알아낸 내용들보다 더 가치 있는 것이 아니다. 사람들은 그들의 신앙에 관해서 보통 정신과 의사나 심리학자는 물론 프로이드에게도 상의하지 못한다. 만약에 융에게 신학자 같은 구석이 있다면 그것은 융이 인간의 무의식의 깊은 측면을 관찰했기 때문이다. 따라서 우리는 융을 그런 차원에서 연구하고, 그런 차원에서 판단해야 한다. 융은 한번도 자기 자신이 심리학자라는 주장을 거둔 적이 없다. 심리학만이 그의 영역이었고, 우리는 그를 심리학에서만 만나야 한다.

"나는 어떤 변증학(辨證學)이나 철학을 한 것이 아니다. 나는 과학을 한 것이다. 나는 하나의 종교를 창시하고자 하는 의향도 없고, 그럴만한 능력도 없다. 나의 저술들은 그 자체로서 이미 말하고 있다. 나는 종교의 체계 안에 머무르고 있다. 왜냐하면 나는 종교 현상을 다루는 데 있어서 우리가 눈으로 관찰할 수 있는 심리적인 사실을 벗어나지 않으려고 했기 때문이다. 그런데 왜 내 저작들이 그렇게 읽혀지고 있지 않은지 나는 모르겠다. 내 저술들에는 그 어느 다른 목적도 없다. 따라서 내 저술들을 과학적인 관점 이외에 그 어느 다른 관점에서 볼지라도 그것은 잘못된 것이다. 나에 대한 비판 가운데서 우리가 귀담아 들어야 하는 비판들은 내가 과학적인 사실을 다룬 문제에 대한 언급이다. 그리고 내가 과학의 원리를 잘못 적용했을 경우뿐이다."[26]

---

26) V. White. Appendix de G. Frei, pp. 235-236.

제7장
분석과 금욕수련

　정신분석은 금욕수련과 같은 것인가? 이 물음에 대답하기 위해서 우리는 금욕수련이라는 단어에 관해서 정확하게 알아야 한다. 이 단어는 종종 잘못 알려져 있거나, 잘못 이해되고 있기 때문이다. 금욕수련(ascèse)이라는 단어는 그리스어 askesis에서 나온 말인데, askesis는 수련(exercise)을 의미한다. 그런데 수련이란 그것이 하나의 목적을 지향하지 않는 한 존재 의미가 없다. 그리고 수련이란 본질적으로 하나의 수단이다. 금욕수련은 그 단어의 보편적인 의미 속에서 영적 수련과 결부되고 있지만, 금욕수련이 그 자체로서 영적인 것은 아니다.

　종교인, 철학자, 예술가, 과학자들은 그들이 정한 목적에 따라서 거기에 맞는 일종의 금욕수련을 한다. 그것은 마치 체육인들이나 운동선수들이 살을 빼기 위해서 단식이나 어떤 육체적 훈련을 하는 것과 마찬가지이다. 모든 훈련, 즉 그 어떤 것을 얻으려는 목적에서 행해지는 모든 정기적인 수련은 금욕수련이다. 금욕수련이라는 단어는 오랫동안 어떤 영적인 결과를 가져오고자 하는 의도를 가지고 행하는 수련을 가리켜 왔다. 그런 의미에서 금욕수련은 고대 이집트, 고대 그리스, 인도 등지에서 시행되었으며, 기독교에서도 시행되어 왔다. 그래서 중요한 것은 그 목적이다. 그리고 이제 우리는 금욕수련에 그의 진정한 의미를 돌려 주어야 한다.

먹지 않고, 잠자지 않으며, 그의 육체에 시련을 가하는 것들은 그 자체로서는 아무런 의미도 없다. 그리고 운동 선수가 경기에서 이기기 위해서 살을 빼려고 단식을 하는 것과 종교인이 단식을 하는 것은 외관상으로 볼 때는 비슷하게 보일지 몰라도 결코 같은 의미를 지니는 것이 아니다. 체중을 줄이는 문제가 개인적이고 자연적인 문제라면, 영성 수련의 문제는 하나님이 동력(動力)이 되어서 작용하는 문제이다.

다른 모든 형태의 금욕수련과 기독교적 금욕수련 사이의 크고 근본적인 차이는 기독교적 금욕수련이 단순히 내면적인 것만이 아니라는 점이다. 다시 말해서 기독교적인 금욕수련은 그 자신만을 위해서 하는 것이 아니라, 하나님을 위해서 하도록 소원이 생기고, 그 소원이 수용되는 것이라는 사실이다. 기독교적인 금욕수련은 자기를 통제하는 기술, 자신의 영과 육체를 제어하는 능력을 얻게 하는 기술이 아니다. 더구나 영적인 삶을 살게 해주는 기술도 아니다. 왜냐하면 우리는 그런 기술 없이도 하나님께 도달할 수 있기 때문이다. 기독교적인 금욕수련이란 오히려 우리가 하나님께 대한 사랑을 가지고 시행할 경우 우리 자신을 정화시키는 수단이 될 수 있다. 기독교적인 금욕수련은 결코 초인(超人)을 겨냥하고 있지 않다. 오히려 하나님의 형상이 각인되어 있으며, 우리들에게 자기-미움과 자기-이탈을 요구한다. 하나님 없이 금욕수련을 시행할 경우 사람들은 금욕에만 몰입하게 될 위험이 있다. 왜냐하면 그럴 경우 사람들은 무의식적으로 되고 말며, 거의 언제나 이기주의나 교만에 빠지게 되기 때문이다.

　기독교적인 금욕수련은, 사람들이 일반적으로 알고 있듯이, 인간의 육체나 본성을 무시하지 않는다. 기독교적 금욕자가 그것들을 거부한다면, 그것은 그가 그것들을 무시하거나 외부의 어떤 강압 때문에 그러는 것이 아니라, 하나님에 대한 사랑 때문에, 그리고 내면적인 요청 때문에 그러는 것이다. "기독교 금욕주의는 결코 정체불명의 우주창조론과 연관되어 있지 않다. 기독교 금욕주의는 육체를 부정하지도, 창조를 부정하지도 않는다. 왜냐하면 '하나님의 모든 피조물들은 선하기'(창 1:3-31) 때문이다. 또한 '하나님은 그것들을 누리도록 인간에게 주셨기'(디다케, X, 3) 때문이다." 그래서 기독교 신학자와 정신과 의사들로 된 어느 모임에서는 다음과 같이 말하고 있다. "인간의 육체에 대한 과격한 무시는 언제나 다소간 이원론적인 신조를 밑바닥에 깔고 있다."[27] 이 모임은 이어서 이렇게 말한다. "기독교인들이 만약에 인간의 육체를 부정하고 있다면 그것은 운동 선수들이 그러하듯이 스러져버리고 말 월계관을 쟁취하기 위해서 그들의 몸을 최상의 상태로 만들려고 해서가 아니다. 더구나 스토아 학파의 현자(賢者)나 에피큐로스 학파 사람들처럼 그들의 욕망을 모두 다 끊어버리고 절대 정적, 즉 무심(無心:apathie) 상태나 평정(平靜:atasaxie) 상태에 도달하기 위해서가 아니다. 그것은 그들이 인간의 육체를 무시한다거나 육체의 즐거움과 마음의 만족을 멸시해서가 아니라, 그리스도와 복음을 위해서 그러는 것이기 때문이다 ??? 예수를 통해서 선포된 기쁜 소식은 이미 그의 인격 속에 실현되었다. 그것은 절대적이다. 그래서 그들은 예수를 위해서 모든 것을 희생시킬 수가 있다."[28]

---

27) "기독교적인 금욕과 현대인", Cahier de la Vie Spirituelle, 1951. p. 15.
28) Ibid., p. 25.

그리스도가 우리를 금욕에로 초대한 것은 우리에게 모든 욕망을 억압하라고 하는 것이 아니다. 따라서 우리는 우리의 육체와 물질을 궁지에 몰아넣거나 지배하려고 해서는 안 된다. 오히려 희생해야 한다. 기독교적인 희생은 다른 의미를 가지고 있지 않다. 기꺼이 하는 희생을 의미한다. 따라서 기독교적인 희생은 아무런 열매도 맺을 수 없는 결핍이 아니라 개화(開花)이다. 사실 진정한 희생은 자유로운 상태에서 받아들여진다. 그것은 기꺼운 선물이며, 사랑의 선물이다. 기독교적인 금욕수련의 목적은, 그러므로, 우리들이 더욱더 하나님의 의지에 합당한 사람이 될 수 있도록 이끌고 가는 것이다. "자기 자신을 부정하고, 자기 십자가를 지고, 나를 따라 오라." 요약해서 말한다면 "금욕수련이란 그리스도인의 완성의 원천이자 목적인 신적 사랑을 위해서 행해지지 않는 한 아무런 가치도 없는 것이다."[29]

"갈보리 십자가의 목적은 그리스도의 죽음이 아니라, 부활이었다. 마찬가지로 금욕수련의 목적도 우리의 생명을 멸절(滅絶)시키는 것이 아니라, 생명을 위한 것이다. 신적인 차원에서 볼 때 인간의 희망이란 예수 그리스도의 십자가 상에서의 사랑의 율법에 충실하는 것에 달려있다, 그것만이 빛이고, 모든 거룩함을 측정할 수 있는 척도가 될 수 있다."[30] 절제, 순결, 청빈, 순종, 고행 등은 모든 금욕가들이 일반적으로 수행하고 있는 것들이다. 그러나 기독교 금욕가들이 그런 것들을 하는 이유는 하나님과 하나 되려는 데 그 목적이 있다. "인격의 조화나 타협적인 세력에만 도달하려는 금욕수련은 진정한 기독교적 금욕수련이 아니다. 마찬가지로 한 개인의 자발적인 노력을 부추겨주는 신적 은혜의 개입을 기대하지 않는 기독교적인 금욕은 참된 금욕수련이 아니다."[31]

---

29) Ibid., p. 355.
30) Ibid., p. 364.
31) Ibid., p. 126.

질문을 다시 해 보자. 정신분석이란 금욕수련과 같은 것인가? 우리가 기독교적인 금욕수련만을 염두에 둔다면 우리는 이 질문에 부정적으로밖에는 답변할 수가 없다. 그러나 피분석자가 기독교인이고, 그가 이 분석을 통하여 하나님께로 나아가고자 한다면, 그 정신분석은 기독교적인 의미에서의 금욕수련이 될 수가 있다. 그러나 또 다른 정신분석이 기독교적인 특성을 가지고 있지 않다고 할지라도 융 학파의 정신분석은 대부분의 경우 금욕수련과 동일시될 수가 있다. 왜냐하면 그것이 하나의 수련 과정이고, 그 속에서 자기(自己)를 인식할 수 있으며, 진정한 발달의 출발점이 되기 때문이다.

정신분석은 사람들 속에서 이루어지고 있다. 또한 그것은 궁극적으로 영적 수련을 준비하고 있기도 하다. 분명히 분석은 특별한 것이다. 그것은 밖에서 부과되는 어떤 기술이 아니라, 내면적으로 체험되는 기술이다. 각자의 내면적인 삶을 통해서 금욕수련의 요소들이 사용되고 있는 것이다. 금욕수련에는 어떤 표준도 있을 수 없다. 어떤 체계도, 이론적인 공식도 없다. 그 이전에 알 수 있는 것은 아무 것도 없다. 금욕수련에 관한 것들은 금욕 수행가들의 개인적인 필요에 따라서 그들 각자각자에게 알려진다. 이렇게 해서 발견된 것들만이 그 탐구자들에게 가치 있는 것이다.

인간 정신의 깊은 층에 대한 탐구로 결국 도달하게 되는 것이 기독교 금욕수련에서 도달하고자 하는 것과 비슷한 것이라는 사실은 매우 중요하고, 흥미 있는 일이다. 여기에서 우리는 매우 역설적인 현상 앞에 서게 된다. 왜냐하면 비기독교적인 피분석자는 분석 과정을 통해서 그들이 알지도 못하면서, 또한 어떤 경우에는 원하지도 않으면서 영혼의 심층에 도달하게 되고, 기독교적인 금욕가들은 그들이 금욕을 시작할 때 지니고 있었던 상징의 의미와 무관하게 외적인 금욕수련을 하게 되었으니 말이다. 그래서 우리는 융 학파의 분석은 그것이 제대로 학습되기만 하면, 그들이 지금 어떤 신앙 고백을 하고 있든지 간에 많은 기독교인들에게 기독교의 진리의 정수(精髓)를 밝혀 줄 수 있으며, 지금 다만 하나의 기호(sign)나 내용 없는 습관들로 남아 있는 기독교 진리를 역동적으로 만들 수 있으리라고 생각한다. 이 말은 별로 놀라운 말이 아니다. 왜냐하면 그것이 분석의 역할이며, 인간 영혼을 탐사하는 이유이기 때문이다. 기독교 상징들이 사람들로 하여금 살아 있는 체험을 하게 하지 못하는 한 기독교는 죽은 것이라고 융은 여러 차례 강조하였다. 왜냐하면 그렇게 될 때 기독교 상징은 다만 하나의 형식에 불과하기 때문이다. 그렇게 될 경우 그리스도 체험은 기억 속에만 응고되어 있게 되며, 의식(儀式)이나 동작이 따르게 되지만 그 속에 아무런 생동적인 의미도 지니지 않게 되기 때문이다. 이에 관해서 가톨릭 신부이자 융 연구가인 레이몽 호스티는 다음과 같이 말하고 있다. "종교의 상징은 종교체험이 너무 강렬하게 될 때, 안전판 같은 역할을 한다. 그러나 종교 상징이 종교인들에게 안전을 보장하고 있는 만큼, 그 대가도 만만치 않다. 종교 상징은 모든 종류의 종교적 표현들을 그 속에 수용하면서 동시에 진정한 종교체험을 조금씩 조금씩 빈약하게 만들고 있다. 종교체험의 내용을 교리화한 종교 교리는 그 체험의 과거에 묻혀지게 됨에 따라서 점차 그 내용이 비어가게 된다. 융이 보기에 종교의 쇠퇴는 언제나 이런 풍화작용을 거쳐서 이루어진다."[32] 많은 사제들과 기독교인들은 이렇게 무기력하게 된 기독교에 대해서 불평하고 있다. 그들은 신앙이란 단순히 하나의 도덕도 아니고, 경직된 예식도 아니며, 하나의 삶, 그 자체라고 생각하고 있다. 그들은 과거 기독교회에서 수행되어 왔고, 그 시대에는 알맞은 것으로 여겨져 왔던 금욕수행이 이제 더 이상 현대

---

32) Raymond Hostie, op. cit., p. 126.

에는 맞지 않는 것으로 생각한다. 인류는 이제 진화했으며, 모든 것들은 변했다. 20세기의 기독교인들은 이제 더 이상 은둔시대나 중세, 16세기나 18세기 기독교인들과 같은 욕구를 가지고 있지 않다. 그들은 반응도 다르고, 그들이 추구하고 있는 수단도 다르다. 금욕이란 너무 내재적(內在的)인 것이다. 그것의 본질, 그것의 정신은 그대로 남겨 둔 채, 그 수행 과정은 변하고, 진화되어야 마땅하다. 이런 의미에서 레가메이(Regamey)는 다음과 같이 말하고 있다. "오늘날 종교의식과 실생활 사이의 차이는 너무나 크다. 삶의 진리를 찾으면서 우리는 언제나 어떤 짜증을 느끼고 있다. 사순절 기간이 이 차이가 가장 첨예하게 느껴지는 시간이다. 이 시기에 교회의식은 지나간 과거의 시간이 다시 재현되는 듯한 느낌을 주고자 한껏 노력한다. 그러나 교회 의식 속에서 재현시키고자 했던 것이 우리의 실제 행동 속에서는 전혀 반영되지 못한다. 우스꽝스러워지고 마는 것이다. 우리의 정신을 의식의 주제에만 붙들어 매놓는 것이 시대착오적인 것이 아닐까? …의식(儀式)이란 삶의 전체적이고 통합된 것들을 전제하고 있다. 그런데 지금 우리에게서 벌어지고 있는 이 현실은 20세기에 어떻게 이루어질 수 있는 것일까?"

　이 문제와 관련해서 앞에서도 언급한 바 있는 목회자와 정신과 의사 그룹은 다음과 같이 말하고 있다. "현대인들은 점차 그들의 육체에 있어서는 땅과, 그들의 사고에 있어서는 존재(l'Etre)와, 신앙에 있어서는 하나님과 무관해지고 있다. 그 근본으로부터 뿌리뽑혀지고 있는 것이다. 더구나 그들의 양심은 절대적인 가치를 상정(想定)하고 있지도 않다. 그들은 점차 그들의 본성에서 벗어나고 있으며, 그들의 환경과 계급과 당파, 그리고 본능의 영향력 아래 넘겨지고 있다 … 우리 시대의 이와 같은 혁명적 변화는 인간 존재의 상태 및 기독교 금욕의 문제와 더불어서 우리들에게 반성을 촉구하고 있다 … 진정한 금욕 수련은 결코 위에서부터 규정되는 것이 아니다. 오히려 인간의 신앙과 본성의 두 차원을 고려하고, 거기에 덧붙여서 금욕수련의 역사성을 감안하고 있다. 이러한 고려 없이 시행되는 금욕수련은 우리에게 재난을 가져오거나, 아무도 시행할 수 없는 규칙들만을 나열해서 위선에 빠지게 되고 만다."[33] 여기에서 중요한 사실이 지적되고 있다. 금욕을 수행하기 위해서는 자유로워야 한다는 사실이다. 다시 말해서 우리는 금욕을 수행할 때 우리가 선택할 수 있어야 하며 자발적으로 할 수 있어야 한다는 점이다. 사실 자유롭게 되려면, 성인(成人)이 되어야 한다. 분석이란 성인이 되는 길을 가르쳐 주는 정신적인 재교육이다. 그러므로 우리는 분석을 통해서 자유롭게 될 수 있으며, 그 다음에 우리 자신이 가야 할 길을 찾아갈 수 있다. 자유 없이 선택은 있을 수가 없다. 기독교 금욕수련은 그가 원하지 않는 것을 자발적으로 거부하고, 고통을 능동적으로 받아들일 수 있는 성인으로서의 선택인 것이다. "우리는 슬픈 색조를 띠고 있으며, 우울하고, 회의적이며 우스꽝스러운 금욕을 신중하게 물리쳐야 한다"고 몽쉐이유는 말하고 있다.[34] 같은 의미에서 요긴 뒤 크리스트는 다음과 같이 말하고 있다. "금욕 수행이란 결코 속죄의 고행이 아니다 … 그것은 본질적으로 우리의 본성을 다시 일으켜서, 그 본성이 제 방향을 찾아 나가도록 하는 것이며, 균형을 이루도록 하는 노력이다 … 금욕수련이란 질서에로 되돌아가는 것이다."[35]

여태까지 우리가 살펴본 바와 같이 정신분석의 의미는 대단히 중요하다. 그래서 우리는 정신분석적 인식의 도움으로 교회가 기

---

33) Raymond Hostie, op. cit., p. 126.
34) L' Aso?se chr?tienne et l' homme contemporain, ?d du Cerf, 1951.
35) P. de Montcheuil, S. J., op. cit., p. 330.

독교 역사에서 금욕수련이 여태까지 해왔던 것을 현대인에게 다시 점차적으로 적용해 갈 수도 있지 않을까 하고 생각한다. 다시 말해서 우리는 정신분석 역시 그것이 자기 인식의 방법 가운데 하나인 한 일종의 금욕 수행이 아닌가 하고 생각한다. 정신분석은 결코 심리적인 것을 벗어나지 않는다. 그런데 심리적인 것은 그것이 인간의 영혼(ame) 탐구에 몰두하고 있으며, 인간의 영혼은 "하나"이기 때문에 형이상학과 근접한 거리에 있다. 우리 시대의 심리학이 인간 정신의 자연적이고 인간적인 측면만을 연구하고 있지만, 그것은 또한 인간 정신의 초자연적이고 신적인 측면을 결코 부정하지 못할 것이다. 융의 심리학은 우리에게 이 두 측면을 연합해주는 듯하다. 융의 분석은 인간 정신의 내재적 특성을 소홀히 다루지 않으면서도 우리를 초월에로 이끌고 있으며, 인간의 내면적인 삶과 그 삶의 요청에 관해서 귀중한 정보를 많이 제공하고 있다.

우리는 융의 심리학과 기독교 금욕수련 사이에 존재하는 관계들을 살펴보면서 그 관계보다 앞서 존재하는 것들을 조명하고자 한다. 분석 작업 과정을 통해서 우리의 무의식이 드러내 보이고, 계시하는 것들은 다른 것이 아니다. 그것은 하나님이 신화와 종교, 종교의식과 상징을 통해서 그의 피조물들에게 늘 권면해 왔고, 요구해 왔던 것들이다. 그래서 우리는 정신분석이 신적 진리에 이르는 최상의 길이라고 자신 있게 말할 수 있을 것이다. 다시 말하거니와 정신분석과 금욕수련은 인간의 정신 발달을 도모할 수 있는 수단이다. 그래서 우리가 여기에서 그 둘 사이의 관계를 파헤쳐 보고자 하는 것이다.

제2부

융 심리학과 기독교 금욕수련

제1장
무의식과 내면적인 삶

　분석심리학적 발견들이 많이 이루어진 현대 사회에서 우리가 무의식의 실재(實在)를 부정하고, 인간이란 의식과 무의식으로 이루어져 있다는 사실을 무시해버릴 수는 없다. 따라서 사람들은 그 자신의 무의식적 요소에 관해서 파악하지 않고서는 그 자신의 진정한 모습을 결코 알 수 없는 것이다. 정신분석이 추구하는 것은, 바로 이 점이다. 정신분석과 인간의 내면적인 삶 사이에는 밀접한 관계가 있다. 그런데 대부분의 사람들은 이 둘 사이에 밀접한 관계가 있다는 사실을 알지 못하거나, 밀접한 관계가 있다는 사실을 받아들이려고 하지 않는다. 무의식에 대한 불신이나 무의식에 대한 절대적인 무지는 사람들을 합리주의자로 만들고, 그들로 하여금 의식과 의식의 작용을 과대평가하게 한다. 그래서 많은 종교 속에서 내면적인 삶의 중요성을 강조하고 있지만, 우리가 그 내면적인 삶을 의식적으로 추구하기만 한다면 내면적인 삶은 숨어버리고 만다. 따라서 내면적인 삶에 대한 추구는 순전히 지적인 추구로 되고 만다. 그때 사람들은 영적인 팽창

(inflation spirituelle)을 느끼게 되거나, 내면적인 삶을 대신하고 있는 규칙이나 제의 및 형식으로 포장된 거짓 영성에 도달하고 만다.

오늘날 많은 경우 영혼(âme)과 영(esprit)과 지성(intelligence)은 서로서로 혼동되어 사용되고 있다. 그리고 이 단어들은 종종 추상적인 의미로 하나님과 혼동되고 있기도 하다. 이 말들의 추상형—즉 사람들이 신비(mystère)나 순수한 영(Esprit pur)이나 절대자 등으로 지칭하고 있는 단어들—은 인간 지성으로 하여금 수많은 이념(idéologies)들을 만들어내게 한다. 이 이념들은 매우 영적인 것처럼 보인다. 그러나 이것들은 보통 하나님과 무관한 것들이다. 종교적인 것 같지만, 하나님과는 무관한 것들이다. 융 심리학은 하나님에 관해서는 더욱더 관계가 없다고 주장한다. 그것은 무의식과만 관계할 뿐이다. 융 심리학은 결코 하나의 이념이 아니다. 더구나 인간의 의식적인 지성의 산물도 아니다.

무의식에의 몰입은 인간 의식의 영역을 확장시키며, 더욱더 깊고, 참다운 내적 삶으로의 길을 열어 놓는다. 그래서 사람들이 분석을 하는 것은 그 자신의 심층에 내려가서 꿈의 상징을 통해서 나타나는 그들의 무의식의 소리를 듣겠다는 것을 의미한다. 이렇게 할 때 우리는 정신분석의 요청을 받아들이면서, 정신분석의 결과에 아무런 의심도 가지지 않고, 기독교 금욕 수련의 본질적인 요건들을 밟아나갈 수 있다. 성서 본문들은 우리를 내면적인 삶에로 거듭거듭 부르고 있다. 내면적인 삶이란, 어떤 이들이 생각하고 있듯이 지적인 삶이나, 의식만의 삶이 아니다. 복음서는 아주 분명하고 단순 명쾌하게 말한다. "하나님 나라는 우리 안에 있다"(눅 17, 21). "그대 내면으로 들어가시오." 《그리스도를 본받아》를 쓴 토마스 아 켐피스는 외치고 있다. 그는 동시에 이렇게도 말한다. "하늘 나라 신랑이 머물기에 합당한 자리를 마련하시오. 그러면 그가 와서 거기에 머물 것입니다. 왜냐하면 그는 그를 부른 마음에 가서 머무는 것을 매우 즐거워하기 때문입니다"(《그리스도를 본받아》, 제1장).

 정신분석을 하는 목적이 여기에 있는 것만은 아니다. 얼핏 보자면 기독교에서 말하는 내면적인 삶과 무의식 사이에 아무런 유사성도 없는 것처럼 보인다. 그러나 우리가 인간의 삶에서 더욱더 많은 것을 알아갈수록, 우리의 내면적인 삶과 무의식을 더욱더 깊이 탐구할 수 있다. 그리고 이 세상에는 오직 하나의 내적 삶만이 있을 뿐이며, 그 내적인 삶에는 많은 차원이 있다는 사실을 더욱더 잘 이해할 수가 있다. 무의식에는 여러 층이 있다. 아빌라의 테레사는 인간 영혼의 성(城)에는 일곱 가지가 있다고 주장했다. 정신분석의 목적이 순전히 치료에만 두어지거나, 신앙 고백 없는 영적 발달에만 두어질 때, 정신분석은 그 자신을 통일된 존재로 만들어서 마음의 조화를 이루려는 시도 이외에 어느 다른 것도 아니다. 우리들이 커다란 반발을 보이고 있음에도 불구하고, 정신분석은 우리의 의식과 무의식을 통합하고, 우리의 영혼과 육체를 통합한다. 정신-신체의학(médicine psycho-somatique)은 인간의 육체와 정신 사이에는 밀접한 상호 관계가 있다는 사실을 주장하고 있다.

 인간의 육체에 관해서만 생각한다면, 우리는 인간의 육체가 서로 다른 많은 기능을 가진 기관(organe)들로 이루어져 있으며, 각각의 기관들은 유기적으로 상호 영향을 미치고 있다는 사실을 어렵지 않게 받아들일 수 있다. 각 기관(심장, 위, 폐 등)은 그 기관 특유의 기능이 있다.

 정신-신체라는 말에서 정신(psyche)이라는 말은 종종 잘못 정의되고 있다. 어원적으로 살펴볼 때, 정신이라는 접두사는 우리의 영혼을 가리킨다. 그런데 영혼은 무엇인가? 영혼(âme)은 종종 영

(esprit)이나 지성과 혼동되고 있다. 어떤 이들은 영혼을 어떤 미묘한 물질이라고 주장하고, 또 다른 이들은 에너지라고 말하기도 한다. 또한 많은 사람들은 이제 현대 과학이 영혼의 실체에 관해서 설명할 수 있는 단계에 도달했으며, 그렇게 될 때 영혼은 더 이상 존재하지 못하게 될 것이라고 생각하기도 한다. 사람들은 여전히 말세와 관련시켜서 영혼을 말하기도 하고, 비의종교나 미신 또는 요정 이야기 등과 더불어서 인간의 영혼을 언급한다. 최근의 어떤 연구 가운데는 수세기에 걸쳐서 인간의 영혼에 관한 개념이 어떻게 변천되었는가 하는 문제를 아주 진지하게 다룬 것이 있는데, 그 연구는 인간의 영혼이 실제로 존재한다고 분명하게 말하고 있다. 그런데 인간의 영혼에 있어서 우리는 철학자의 말을 믿어야 할까 아니면 신앙인들의 말을 믿어야 할까? 우리는 이 두 부류의 사람들에게 각각 일리가 있다고 생각한다. 왜냐하면 인간의 영혼에는 육체와 마찬가지로 많은 기능과 기관이 있을 수 있기 때문이다. 그것들이 겉으로는 매우 다양하게 나타나지만 그 모든 양상들을 가리켜서 사람들은 단 한 가지로, 영혼이라고 부른다. 자, 그런데 이 영혼을 어떻게 정의해야 하는가? 만약에 "영혼이 하나의 영적 실체로서 거기에는 지성과 자유의지가 주어져 있고, 불멸하며, 인간의 육체와 본질적으로 결합되어 있는 것이라면, 그리고 인간 생명의 근본 원리라고 한다면"(제5차 라트란 협의회), 인간의 영혼은 개인적 체험의 영역에 남겨지게 된다.

융이 인간 영혼의 심층 차원을 말하면서 아니마(anima)와 아니무스(animus)라고 불렀을 때, 그것은 인간의 정신적인 차원만을 가리킨 것이다. 그러나 융은 더 깊은 곳에, 또한 집단무의식의 차원을 넘는 곳에 인간의 의식으로서는 알 도리가 없는 영혼의 영역이 있음을 잘 알고 있었다. 영(靈)의 거소, 신비주의의 거소는 바로 이곳이다. 그리고 우리의 영혼이 하나님 안에서 거할 때의 거처가 되는 곳이 바로 이곳인 것이다. 이곳은 인간의 정신과 상징의 영역을 벗어나 있다.

사실 무의식과의 관련 아래서 심리학적으로 인간의 영혼을 탐구해낸 결과 얻은 지식과 그것을 신학적이며 신비주의적으로 분석해낸 결과 얻은 지식 사이에는 종(種)의 차이가 있을 수가 없다. 단지 차원(次元)의 차이가 있을 뿐이다. 왜냐하면 인간의 영혼은 하나이며, 그 기능 역시 하나이기 때문이다. 영혼이란 우리가 하나님을 지각할 수 있는 기관이지, 하나님 자체는 아니다. 그것은 다만 우리들에게 하나님에 관해서 알게 해줄 뿐이다. 그러나 피분석자는 그 사실을 알지도 못하면서, 또 원하지도 않으면서 우회적인 방법으로 영혼의 존재를 발견하게 된다. 그가 집단무의식에까지 내려갔기 때문이다.

인간의 영혼은 의식에 감추어져 있다. 의식이 영혼에 도달하는 데는 수많은 장애물이 있기 때문이다. 그래서 영혼은 늘 어둠 속에 있기 마련이다. 정신분석이 하는 일은 의식화를 통하여 그 장애물들을 하나씩 하나씩 뛰어넘는 것이다. 우리의 내면적인 삶을 비추고 있는 더욱더 큰 빛에 의해서 그 장애물들을 뛰어넘는 것이다. 우리가 정신분석을 통해서 영혼의 거소(居所)에 도달했다고 할지라도, 정신적인 차원이 우리를 하나님에게 데려가지 못한다고 하는 말은 아니다.

우리 내면의 영혼에 관해서 잘 알고 있는 신비가들은 그 사실을 잘 알고 있다. 아빌라의 테레사의 말을 들어보자. "우리는 우리 영혼이 완벽하게 투명한 하나의 수정이나 다이아몬드로 만들어진 성(城)이라고 생각한다. 이 성 속에는 많은 방들이 있다. 마치 하늘에 거할 곳이 많은 것과 같다 … 사실 우리의 영을 꿰뚫고 들어가 보면, 우리의 영은 하나님을 생각하는 것밖에 다른 생각들은 별로 하지 못한다. 왜냐하면 하나님 자신이 말씀하고 있듯이 … 우리의 영이 하나님의 형상대로 만들어져 있기 때문이다. 그러나 우리 잘못으로 우리들이 우리 자신을 알지 못하고, 우리들이 어떻게 된 존재인지 알지 못한다면, 그것은 얼마나 부끄럽고, 가련한 일인가! … 우리의 신앙이 그렇게 가르치고 있으며, 우리들이 그 사실을 여러 차례 들어왔기 때문에, 우리는 우리에게 영혼이 있다는 사실을 막연하게 알고 있다. 그러나 그 영혼이 얼마나 풍성한 것을 담고 있는가 하는 사실과 우리 내면에 그 영혼을 거하게 해 주신 주인에 대해서는 거의 생각하지 않고 있다. 더구나 우리 영혼이 얼마나 헤아릴 수 없는 가치를 지니고 있는가 하는 사실에 관해서도 생각하지 않고 있다 … 우리의 관심은 고작해야 이 다이아몬드의 겉모습이나 이 성의 성벽, 또는 스러져버리고 말 육체에 머물러 있다 … 많은 영혼은 경비병들이 지키고 있는 외벽(外壁)에 머물러 있다. 그들은 내면에 들어오고자 하지 않는 것이다. 그 속에 무엇이 들어있는지, 그 속에 누가 사는지, 그 속에 얼마나 많은 방들이 들어있는지 하는 것을 알아보려고 하지 않는 것이다. 그대는 묵상기도(oraison)에 관한 책 속에서 인간의 영혼은 모름지기 그 속에 들어가야 한다고 권고하는 것을 보았어야 한다. 그래! 바로 이것이다. 우리가 이 성에 들어갈 수 있는 것은 바로 우리 영혼 속에 들어감을 통해서 이다"(아빌라의 테레사, *Le Château intérieur*, 제1장. 제2장).

자기에 관해서 아는 것이 영혼으로 들어가는 문(門)인 것이다.

제 2 장
"그대 자신을 알라"

소크라테스가 체계화시켰다고 하는 이 말, 아마도 이 세상이 생겨났을 때부터 존재했을 이 경구는 모든 진정한 발달의 기반을 형성하고 있다. 이 경구는 고대 세계 뿐만 아니라 중세 시대에도 널리 퍼져있었으며, 서양은 물론 동양에서도 운위되었다. 기독교 문헌 가운데서도 자신에 관해서 알아야 한다고 촉구하는 문서들은 많이 있다. "자기 자신에게 무엇이 좋은 것이고, 무엇이 나쁜 것인지를 속속들이 알고 있다 할지라도, 자신의 본모습에 관해서 알지 못한다면 무슨 소용이 있겠는가? 삶의 마지막 날 사람들은 그대에게 다른 사람에 대해서 얼만큼이나 알고 있는가 하는 점에 관해서 전혀 묻지 않을 것이다 … 가장 위대하고 진정한 앎은 자기 자신에 대해서 아는 것이다. 우리는 언제나 이 앎에 관해서 탐구해야 한다 … 사람들이 자기 자신에 관해서 탐구할 때, 다른 사람에 관한 말을 하지 않게 된다…그대가 그대 자신에 머물러 있지 않다면 그대는 도대체 어디에 있다는 말인가? 그대가 여기저기 분주히 돌아다니고, 그대 자신을 망각한다면, 그대에게 돌아오는 것이란 과연 무엇인가?"(*Imitation*, 제2권, 제5장). 융의 분석이 이끌고 가는 것은 자기에 대한 인식이다. 여기에 기독교 금욕 수련과 융 심리학 사이의 유사점이 있다. 이 두 방법은 모두 내면적 삶에 대한 부름이며, 모두 자기 인식을 추구한다. 그런데 자기 인식은 자족적 탐구이며, 이기주의적인 내향(內向)이 아닌가 하는 의문이 있다. 즉 인간의 의식과 인간 의식과 관계된 문제들을 초월하지 못하는 자아(le moi)에만 매달려 있는 내성(內省)이 아닌가 하고 의아해 하는 것이다. 그러나 전혀 그렇지 않다. 그것은 자아-중심성(egocentrisme)도 아니고, 자아도취(narcissism)도 아니다. 또한 우리 자아가 가지고 있는 많은 가면(假面)들을 탐구하고자 하는 것도 아니다. 많은 경우 이 가면들은 우리의 진정한 모습과 통합되고 있으며, 일체를 이루고 있다. 그래서 우리의 진정한 모습에서 이 가면들을 벗겨내려면 많은 아픔이 있어야 한다. 진정한 자기 인식, 즉 심층 존재에 대한 인식에 도달하려면 이런 아픔이 필요한 것이다. 왜냐하면 그것은 숨겨져 있고, 다른 것에 덧씌워져 있으며, 게다가 우리에게 알려져 있지도 않기 때문이다. 이 인식은 완만하고, 집요하며, 용기 있는 작업을 요청한다. 그리고 우리가 실제로 누구인가 하는 것을 점진적으로 배우게 하는 것이다. "그대 자신으로 되라"고 촉구하는 것이다. 이처럼 "그대 자신을 알라"는 구호는 우리를 이기주의로 이끌지도 않고, 자아-찬양으로 이끌지도 않는다. 오히려 우리의 본래 모습을 찾게 하는 것이다.

    진정한 자기 인식은 우리로 하여금 우리 자신이 아무것도 아닌 것, 무(無)인 것을 받아들이도록 촉구한다. 그래서 아 켐피스는 이렇게 말하고 있다. "그대가 내 모습을 보여 주었을 때, 그대는 내가 어느 만큼까지 내려 갈 수가 있으며, 어느 만큼까지 내려갔었는지 하는 것을 보여주었다. 왜냐하면 나는 아무것도 아닌 존재인데, 내가 그것을 몰랐었기 때문이다"(*Imitation*, 제3권, 제8장). "그대는 아무것도 아니고, 그대가 행한 것도 아무것도 아니다."

이런 성격을 지니고 있는 자기 탐구에 위험이 없을 리 없다. 그래서 융은 우리에게 많은 주의를 주었다. 또한 모든 사람이 자기 탐구를 할 수 있는 것도 아니다. 인간 심리를 꿰뚫고 있었던 아빌라의 테레사도 이미 자기 인식의 중요성을 알고 있었으며 자기 인식을 기도 위에 두었다. "수많은 노력과 비탄을 통해서 겸손하게 자기 인식에 다다른 어느 하루가 그런 것 없이 기도만 하고 지나간 여러 날보다 더 하나님의 은혜 속에서 보내진 날이라고 할 수 있다."[1] 시편 역시 자기 인식 체험이 가지고 있는 어려움과 고통을 예리하게 증언한다. "시편을 읽으면 우리는 자기 인식의 체험이 얼마나 고통스럽고, 가혹한 체험인지 알 수 있다. 그가 하나님께 가까이 가는 것만이 그에게 남겨져 있는 유일한 의지처이고, 능력이라고 생각되어서 하나님께로 나아가려고 하는 것은 사람들이 그의 비참성과 그 자신의 공성(空性) 앞에서 현기증을 느껴 절망의 문턱에 섰을 때이다."[2]

자기 인식으로 이끄는 길에는 많은 어려움이 뿌려져 있다. 자기 인식이란 우리가 쓰고 있는 겉만 멀쩡한 허우대를 벗겨버린 인식이며, 문제가 되고 있는 초라한 인식이기 때문이다. 여러분 가운데는 기독교적인 금욕 수련을 통해서 얻어지는 자기 인식과 융의 분석을 통해서 얻어지는 자기 인식이 서로 다른 것이라고 생각하는 사람도 있을 것이다. 그러나 사실은 전혀 그렇지가 않

---

[1] Sainte Thérese d'Avila, *Oeuvres complètes: Chemin de la perfection* (《전집:완전에의 길》), Paris:Seuil, p. 1107.
[2] Paul-Marie de la Croix, O.C.D., *L'Ancient Testament : source de vie spirituelle* (《구약성서:영적인 삶의 원천》), Paris : Desclée de Brouwer, 1952, p. 147.

다. 이 세상에는 오직 하나의 자기 인식만이 있을 뿐이다. 기독교의 금욕 수련에서는 하나님과 더욱더 깊이 하나가 되어서 자기를 인식하려고 하는 데 반해서, 분석에서는 자기를 찾고자 하는 이에게 자기가 조금씩 조금씩 계시되고 있다는 차이밖에 없다.

자기 인식은 우리 내면적인 삶은 물론 우리의 영혼과 깊이 연관되어 있기 때문에 우리가 우리의 정신 심층에 도달했느냐, 도달 하지 못했느냐 하는 데 따라서 많은 계층이 있다. 사실 심리 분석 초기에 자기 인식은 집단무의식을 꿰뚫고 들어가며, 그에 따라서 보편적인 인식에로 나아간다. 자기에의 탐구가 일단 시작되면 끝나는 법은 거의 없다. 그것은 분석과 더불어서 더욱더 길어진다. 결국 하나님이나 신비한 영혼에 도달할 때까지 깊어지는 것이다. 자기 인식이 자아로부터 초월을 가져 오는 것은 사실이다. 그러나 처음부터 이 초월을 요구하는 것은 위험하고, 쓸데없는 일이기도 하다. 분석은 보통 매우 신중하게 수행된다. 그 이유는 대부분의 사람들이 그의 자아에 무의식적으로 사로잡혀 있기 때문이다. 개인적이고 내면적인 체험을 통해서 우리 자신이 먼지에 불과한 존재라는 사실을 깨닫게 되는 것은 많은 사람들에게 인내의 한계를 뛰어넘는 시련이다. 그것은 많은 이들을 실망에 빠지게 할 수도 있다. 더 나아가서 정신이상을 가져오기도 한다. 분석가들은 피분석자가 무종교인일 경우 더욱더 주의를 기울여야 한다. 이 문제에 있어서 십자가의 성 요한(Saint Jean de la Croix)과 니체는 서로 멀리 떨어져 있는 것 같이 보이지만 대단히 가까운 거리에 있다. 이 두 사람은, 자기를 추구하다가, 나중에는 결국 이 세상의 피조물들은 모두 아무것도 아니다(le néant)라는 인식에 도달했다. 이러한 인식 속에서 십자가의 성 요한이 겸손한 자세로 그의 "허무"를 하나님의 "충만함"으로 채우려고 했던 데 반해서, 니체는 너무 오만했기 때문에 그의 "무성"(無性)을 받아들일 수가 없었다. 그래서 그는 자아의 팽창(inflation du moi)을 통하여 자기 방어를 시도했으며, 이것은 결국 그를 정신병으로 몰고갔다.

많은 신자들은 진지하게 자기 자신에 대해서 탐구한다. 그들은 그들 자신의 오만이나 이기심을 가차없이 비판하고, 그밖의 많은 오류를 정죄한다. 그러나 그들이 무의식 속에 깊숙이 내려가서 그들 본성의 모든 측면이 낱낱이 조명될 때, 그들은 그것에 강렬하게 반발하고, 그것을 그들 자신의 본성이라고 받아들이지 않으려고 한다. 따라서 자기를 안다는 것(지적인 과정)과 그것을 체험한다는 것(영혼의 과정) 사이에는 깊은 심연이 있는 것을 볼 수 있다. 우리는 이 사실을 우리 속에서도 찾아볼 수 있고, 다른 사람에게서 매일매일 확인한다. 우리의 영혼은 무의식을 통해서 우리에게 이야기한다. 그리고 우리 영혼은 우리 자신을 탐사(探査)하고, 우리를 속속들이 파헤치기 위해서 우리 의식은 아직 그 의미를 알지 못하고 있는 상징적 표현들을 찾고 있다.

대부분의 경우에 있어서, 우리 성격의 어떤 특징을 우리가 받아들이려면, 우리는 일련의 꿈들을 분석해야 한다. 그리고 그 특징이 우리의 삶과 행동에 실제로 통합되려면 수개월이 필요하다. 그러나 때때로 의식이 무의식의 요소들을 단호하게 배척하는 경우도 있다. 이때 분석은 불가능해진다. 포기되어야 하는 것이다.

제3장
페르조나와 오만

　의식이 완전히 탐사될 때 분석 과정에서 제일 처음에 만나게 되는 것이 페르조나(persona)이다. 고대 그리스에서 페르조나라는 말은 연극에서 배우들이 썼던 가면을 의미했다. 융 심리학에서 이 말은 우리의 진정한 성격을 드러내지 않게 하고 그 위에 쓴 마스크[假面]을 가리킨다. 그러나 그리스의 배우들이 그 가면을 그들 자신과 동일시하지 않고 연극 속에서 맡은 역할과 그 자신의 본래 모습을 의식적으로 구분시켰었던 데 반해서, 융이 말하고 있는 페르조나는 모든 사람들에게 무의식적으로 작용한다. 우리가 그 사실을 알고 있는 한, 위험은 크지 않다. 우리가 그 페르조나를 꼭 필요한 경우, 또는 꼭 필요한 사람에게만 활용하고, 그렇지 않을 경우에는 벗어버릴 수 있기 때문이다. 그러나 때때로 페르조나가 우리를 사로잡을 때가 있다. 그때 우리는 우리 자신을 페르조나와 동일시 하게 된다. 위험은 이때 시작된다. 융이 말한 페르조나는 이렇게 의식적으로 썼다 벗었다 하는 가면이 아니다. 무의식적인 가면이다. 우리의 진정한 존재를 점차적으로 감춰버리는 가면이다. 사람들은 흔히 이런 말을 하는데, 페르조나의 경우에도 이 말이 해당된다: 옷이 수도승을 만드는 것이 아니다. 그러나 불행하게도 많은 경우 옷이 수도승을 만들고 있다.

페르조나는 나와 다른 사람들 사이에 존재한다. 자아(自我)와 외계(外界) 사이에 존재하는 것이다. 우리는 어떤 사람에게는 그들이 처해 있는 상황 또는 그의 기능이 그의 인격을 대신하고 있는 사람들을 알고 있다. 그런 사람들은 이제 더 이상 삐에르나 자끄나 프랑스와즈가 아니다. 장군님이나 변호사님이나 교수님인 것이다. 페르조나가 사회적인 측면에서 작용할 때 그것은 사람들에게 덜 유해하다. 그러나 이것이 우리의 자아와 심층적인 삶 사이에서 작용할 때는 문제가 된다. 어쨌든 페르조나는 그것이 사회적인 것이건, 내면적인 것이건 우리 인격의 본모습은 아니다. 페르조나는 때때로 우리에게 더 이상 들어맞지 않는 일들을 수행하게 한다. 여기에서 때때로 견딜 수 없는 긴장이 생겨난다. 왜냐하면 페르조나가 우리 자신의 역량을 벗어나는 일들을 하게 하기 때문이다. 페르조나가 뚜렷할 때, 그것을 분간하기는 쉽다. 거기에는 무의식의 요소들도 많지 않다. 연설을 하고 있는 연사나 수업 중인 선생님처럼 이 때의 페르조나는 이때 어떤 제복을 입고 있는 듯하다. 당사자들에게서 이 때의 페르조나는 꼭뚝각시와 같은 것이다. 그러나 페르조나가 우리도 모르는 사이에 작용할 경우, 그때는 문제가 달라진다. 페르조나는 꿈 속에서 매우 다양한 모습으로 나타난다. 더구나 모든 정신 요소가 그렇듯이 변형돼서 나타난다. 때때로 다른 모습으로도 나타난다. 우리는 페르조나를 분석 과정 동안 내내 볼 수 있다. 개인무의식에서는 물론 집단무의식 속에서도 보는 것이다. 우리가 어떤 문제를 파고들어 가면 페르조나는 좀더 미묘한 모습을 보이게 된다. 그 이유는 페르조나가 언제나 우리의 교만 또는 자부심과 연결되어 있기 때문이다. 교만과 그의 동료인 이기심은 언제나 정신적 왜곡의 바탕을 이루고 있다. 의식의 전횡(專橫)과 자아의 과격한 요구, 맹목성, 자기 인식의 거부 등은 모두 페르조나의 중요한 모티브들이다. 페르조나는 사람들의 자아가 팽창되어 있는 곳에서만 발견되지 않는다. 자아가 과도하게 축소되어 있는 곳에서도 작용하고 있다. 다시 말해서 잘못된 겸손이나 거짓 자비, 잘못된 열등감 속에서도 페르조나가 작용하고 있는 것이다. 바리새인이 페르조나의 한 유형(type)이라면, 완고한 여인 역시 페르조나의 또 다른 유형이다. 페르조나의 문제와 관련해서 중요한 것은 참되게 사는 것이다. 그런데 참되려면 자기 자신을 아는 것만으로는 충분하지 않다. 자기 자신을 받아들여야 한다. 완전히 받아들여야 하는 것이다. 그 이유는 우리가 우리 자신을 받아들여야만 우리에게 부과된 과업은, 그것이 중요한 것이든 단순한 것이든 간에 우리에게 부과된 과업을 과도한 애정이나 과도한 겸손 없이 완수할 수 있기 때문이다. 무의식은 우리에게 페르조나의 다양한 요소들을 조금씩 조금씩 보여 주면서, 무의식을 알게 해 준다. 우리는 우리의 약점이 어디 있는가 하는 사실을 알 때, 우리 약점을 고칠 수가 있다. 사실 이러한 각성은 페르조나에만 문제되는 것이 아니라 무의식의 모든 요소에 해당된다. 무의식은 상징을 통해서 우리가 아직 알지 못하고 있는 것들을 밝혀내려고 한다. 분석 과정에서 얻게 되는 인식을 지적인 차원에서만 생각하는 사람들은 여태까지 무의식 속에 잠겨 있던 요소들이 나타나면서 환자의 상태를 낫게 할 뿐만 아니라 그들을 치유시키고, 구원한다는 사실에 놀란다.

각성만으로는 부족하다. 각성된 의식은 끊임없이 작용해야 한다. 오식이 무의식의 요소들에 무엇인가를 작용시키려면 의식은 무의식에 관해서 알아야 하며, 무의식의 요소들이 의식에 다가와야 한다. 우리가 무의식에 관해서 알아야 하며, 무의식의 요소들이 의식에 다가와야 한다. 우리가 무의식에 관해서 알지 못하면 아무것도 할 수 없는 것이다. 분석이란 의식에 무엇인가를 가르치면서 의지력(意志力)을 재교육시키는 것이다.

 정신분석의 이 첫 단계는 우리에게 다시금 기독교 금욕 수련과의 유비관계를 떠오르게 한다. 금욕 수련에서처럼 무의식은 우리로 하여금 교만하지 않게 하며 교만의 결과에 관해서 알게 한다. 정신분석은 때때로 무의식의 도움을 받아서 교만의 정체를 올바르게 추적해 갈 수 있으며, 기독교 금욕수련이 다다를 수 없는 교만의 본질을 예리하게 파헤칠 수가 있다. 왜냐하면 교만의 뿌리에까지 내려갈 수 있기 때문이다. 교만의 원천은 심리적인 것만이 아니다. 그것은 오히려 우리의 죄를 받아들이려고 하지 않는 태도이다. 이런 태도 속에서 우리 자신의 허영은 한없이 찬양될 수밖에 없다.3) 교만의 진정한 원천은 하나님을 거부하는 것이다. 이 거부는 자아의 이기적인 요구를 낳고 있으며, 이런 개인주의는 또 다시 지성만을 강조하고 영혼의 욕구에는 귀를 막아 버린다. 교만 때문에 하나님의 형상을 닮아 만들어진 "하나님의 아들" 인간은 퇴화하고, 자신의 자아 속에 감춰지게 된다. 그 결과 자신의 창조주인 하나님과 만나지 못하게 되며 결국 하나님의 자리를 찬탈하게 된다. 이런 비극적인 결과는 영혼 없이 기계적으로 된 피조물인 로봇 인간에게서 생겨난다. 교만의 죄는 두말할 것도 없이 루시퍼(Lucifer)가 지었던 죄이다. 루시퍼란 하나님처럼 되고자 했던 사탄이다. 여기서 생각해 볼 때 우리의 무의식이 페르조나의 반대편에 있는 그림자(ombre)를 보여 준다는 사실이 결코 우연만은 아니다.

---

3) 여기에서 우리는 Paul Diel의 *Psgchologie de la motivation*, 1948의 개념을 사용하고 있다

제 4 장
그림자, 선과 악의 문제, 사탄

    융의 심리학은 대부분 대극(對極)*)의 통합에 기반을 두고 있다. 그런데 대극이란 인간의 정신 구조는 두 개의 극(極)으로 구성되어있으며, 그 두 극 사이에서는 보상(補償) 작용이 일어난다고 보는 견해이다. 인류의 역사를 살펴볼 때 사람들은 인간 정신을 종종 이런 법칙 하에서 보아왔다. 우리는 이 법칙이 그리스에서 에페즈의 헤라클리트(Héraclite d'Ephèse)에 의해서 주장된 것을 알고 있다. 헤라클리트는 이 법칙을 플라톤이 그러했듯이 에난시오드로미(énantiodromie)라고 불렀다. 마찬가지로 이 법칙은 동양 사상에서 음과 양의 상호작용 속에서 매우 잘 드러나고 있다.
    융에 의하면 리비도(libido)는 프로이드에게 있어서처럼 더 이상 성적 에너지가 아니다. 그것은 인간의 의식에서는 물론 무의식에서도 작용하고 있는 정신 에너지의 전체이다. 리비도는 본질

---

*) 대극(對極): 인간 정신에 있는 서로 정반대되는 특성을 가진 두 요소. 예를 들어서 의식과 무의식 및 자아와 그림자는 정반대되는 두 요소이다. 융은 인간 정신이란 이렇게 반대되는 두 요소들로 구성되어 있다고 주장하였다.(역자 주)

적으로 역동적이다. 정체되어 있을 수가 없는 것이다. 게다가 리비도는 언제나 일정하다. 언제나 같은 양을 유지하고 있다. 정신 에너지는 손실될 수가 없기 때문이다. 어떤 경우 의식의 면에서 손실된 것 같이 보이는 에너지는 무의식에서 발견되고, 무의식에서 손실된 듯한 에너지는 의식 속에서 발견된다. 리비도의 이같은 일정성, 다시 말해서 리비도의 이같은 정량성(正量性)은 대극(des oppoés)의 보상 작용 또는 균형 작용 때문에 가능하다. 즉 무의식과 의식이 서로 서로를 보상해주기 때문에 리비도의 전체 양은 언제나 일정할 수가 있다. 보상작용에 기반을 두고 있는 인간 정신은 자동 조절 체계이다. 이 체계는 서로 반대되는 성격을 가진 정신 요소의 쌍들로 이루어져 있다. 예를 들어서 의식의 모든 요소들은 무의식 속에서 그것과 정반대되는 짝들을 가지고 있다. 이 반대되는 짝들은 평상시에는 의식에 알려져 있지 않다. 그러나 때때로 투사(projection)에 의해서 자신의 모습을 드러낸다. 투사란 절대적으로 무의식적인 현상이다. 왜냐하면 우리의 의식이 억압하고 있는 것을 우리 밖에 있는 다른 존재들, 즉 사람이나 동물이나 다른 대상들에게 투사시키기 때문이다. 투사는 긍정적으로 작용할 수도 있고, 부정적으로 작용할 수도 있다.

우리에게 완전히 낯설게 보이는 것들, 우리가 비판하는 것들, 우리가 비웃고 있는 다른 사람들의 특성들, 그리고 우리를 신경 쓰이게 하며, 우리에게 적대적이라고까지 생각하게 하는 다른 사람의 특성들은 결국 우리의 무의식적 요소들을 다른 사람에게 투사시켜 놓은 것들이다. 마찬가지로 우리가 경탄하거나, 찬양하거나, 부러워하고 있는 다른 사람의 특성들 역시 우리의 무의식적 요소들을 그 사람에게 투사시켜 놓고 경탄하는 것이다. 우리는 우리 속에서 전인(全人)을 실현시킬 수가 없다. 왜냐하면 전인이란 대극의 통일을 통해서 이루어지기 때문이다. 투사란 우리가 투사시켜 놓은 것들을 의식해야만 비로소 철회될 수 있다. 그리고 의식화는 특별히 분석을 통해서 이루어진다.

심리학에서 말하는 투사 이론을 반박하려고 하는 어떤 사례가 있다. 게으르기 짝이 없고 덤벙대기를 잘하는 A부인은 꿈에서 그녀와 마찬가지로 게으르고 덤벙대는 B부인을 보았노라고 이야기했다. B부인이 꿈에 나타나서 어떤 일도 했고, 어떤 일도 했노라고 하나 하나 들춰내면서 그녀는 이 같이 말을 덧붙였다. "내가 B부인에게 투사시킨 것이라고는 아무것도 없습니다. B부인은 본래 그런 사람이니까요." 이 말 뒤에는 "나는 그녀처럼 게으르고 덤벙대지는 않습니다"라는 의도가 담겨져 있다. 투사 대상이 되는 사람이 투사의 내용이 되는 그런 허물들과 특성들을 어느 정도 지니고 있다고 할지라도, 투사시키는 사람 역시 그 허물과 특성들을 지니고 있기 마련이다. 다른 이의 결점에 대해서 우리가 심하게 반발하면 반발할수록 우리는 그 사태에 대해서 객관적일 수가 없다. 이때 우리는 우리 자신에 관해서 못보고 지나가기가 쉽다. 우리에게 투사가 생겨나는 것은 우리가 다른 사람의 허물을 접했을 때이다. 그러나 A부인이 B부인에 대한 꿈을 꾸었다면, 그것은 A부인의 무의식이 작용해서 A부인은 자기가 그렇지 않다고 생각하는 허물이 그녀에게도 있다는 사실을 깨우쳐 주기 위해서인 것이다. 우리가 꿈을 꾸는 것은 우리 자신에 관해서이다. 꿈 속에서 우리는 수많은 상징들을 보고 있는데, 그 상징들이란 모두 우리의 무의식이 우리 자신을 일깨워 주기 위해서 사용하는 것들이다.

투사 기제(mécanisme)는 기독교에 잘 알려져 있다. 예수님은 복음서 속에서 이것에 관해서 이미 알려주고 있다. "너희는 왜 너희 눈 속에 있는 들보는 보지 못하고 네 형제의 눈 속에 있는 티끌만을 보고 있는가?"(마 7:3). 토마스 아 켐피스 역시 《그리스도를 본받아》에서 이렇게 말하고 있다. "다른 사람 속에 있으면서 여러분들의 심경을 가장 심하게 건드리는 허물들을 여러분들은 가지지 않고, 정복하도록 힘써야 합니다 … 그러나 우리는 흔히 우리 속에는 더 큰 잘못을 담아두면서 다른 사람의 작은 잘못을 들추어내고 있습니다"(*Imitation*, 제1권 제5장, 제2권 제5장).

분석 과정 속에서 인간 정신의 대극적 구조에 대한 이해와 투사작용에 대한 인식은 우리에게 대단히 유용하게 작용한다. 우리 자신이 지금 투사하고 있다는 깨달음이 오게 되면, 우리에게 투사를 부추기고 있는 투사 대상으로부터 우리 정신은 벗어나게 된다. 다시 말해서 투사가 철회되는 것이다. 그 결과 투사되었던 무의식의 내용들은 우리들에게 받아들여지고, 우리 의식에 통합된다. 그리하여 건설적이고 긍정적인 방향으로 사용될 수가 있다. 투사 작용은 매우 다양하게 나타난다. 투사 작용 가운데서 그림자의 투사는 가장 중요하다. 그림자(I'ombre)는 자아 의식(le moi conscient)의 정반대편에 있다. 그림자 때문에 우리는 무의식의 은밀한 처소에 들어갈 수 있으며, 인간 존재의 양면성이라는 영원한 갈등을 꿰뚫어 볼 수 있다. 세상에 있는 많은 종교들이나 철학은 물론 시나 문학 같은 예술도 그림자의 존재에 관해서 알고 있다. 인간의 그림자에 관해서 언급한 많은 작품 가운데서 스티븐슨(Stevenson)의 《지킬 박사와 하이드 씨》(*Le Docteur Jekyll et Monsieur Hyde*)의 예를 들어보자. 이 작품 속에 나오는 지킬 박사와 하이드 씨는 사실은 같은 사람이다. 왜냐하면 우리 인격 속에 있는 그림자는 우리를 종종 분열시키며, 이중 인격으로 만들기 때문이다. 스티븐슨은 이 작품 속에서 그 점을 명확하게 그려낸 것이다. 샤미소(Chamisso)의 《피터 쉴레밀》(*Peter Schlemihl*)속에는 자신의 그림자를 잃어버린 남자의 이야기가 나오고, 괴테의 《파우스트》(*Faust*)에 나오는 메피스토펠레스(Mephistopheles) 역시 그 늙은 학자의 그림자 인격이다. 이 같이 많은 작품들 속에서 그림자는 다양하게 다뤄지고 있다.

그림자는 우리 존재의 어두운 측면으로서, 숨겨져 있는 신비이다. 그래서 우리는 그것이 무시당해도 좋고, 무의식의 심층에 방치되어 있어도 좋은 부정적인 것이라고 생각한다. 그러나 이것은 잘못된 생각이다. 우리가 이렇게 한 결과, 그림자는 우리들에게 많은 정신적 왜곡을 자아냈으며, 지금도 자아내고 있다. 그림자는 설명하기가 매우 미묘한 정신 요소이다. 그래서 융 심리학을 잘 모르는 사람들도 이해할 수 있도록 설명하기가 쉽지 않다. 더구나 그림자가 지니고 있는 긍정적인 측면은 더욱더 납득시키기 어렵다. 그러나 분석을 하다 보면 우리가 도저히 부정할 수 없는 긍정적인 증거들이 드러난다. 사실 우리가 자기(自己)에게 도달하는 것은 우리 의식만을 통해서가 아니다. 다시 말해서 우리의 인격을 구성하고 있는 매우 중요하나 달갑지 않은 요소들을 무시하거나 거부함으로써 이뤄지는 것이 아니라는 말이다. 우리가 올바른 자기 인식에 이르려면, 우리는 상황을 직시해야 한다. 그 이유는 우리가 어떤 건물을 지을 때, 건물의 상층부만 지을 수가 없기 때문이다. 그림자는 그것이 억압되어 있기 때문에 더욱더 어둡고 위험하다. 언젠가 자아를 자신의 페르조나와만 동일시하고, 자신의 그림자는 모두 이웃사람들에게 투사시켜 버린 사람을 만난 적이 있다. 그가 다른 사람에 관해서 말하는 것을 듣고서 나는 즉시 그의 꿈들이 그의 이러한 상태를 반영해 줄 것이며, 더욱더 깊이 비추어 줄 것이라고 생각하였다. 그의 자아 의식은 페르조나에 사로잡혀서 그 자신의 본 모습에 관해서 아무것도 알지 못했다. 그에게 합리적으로 되라고 아무리 설득해도 그는 듣지 않았다. 이런 때 우리는 아무것도 할 수 없다. 그러나 그가 꿈이 알려주는 사실을 받아들이고, 거기에 따른다면 그것만이 그가 그 상태에서 빠져 나올 수 있는 유일한 방법이다. 꿈은 그에게 그의 인격의 다른 축인 그림자에 관해서 여러 가지 방식으로 보여 준다. 이 방식들은 처음에는 그가 자신이 그러리라고 생각했던 모습과는 너무 거리가 멀고 다르다. 그래서 그는 그 모습들을 보고 비웃으며 염두에도 두지 않게 마련이다. 그러나 무의식은 그를 점점 더 강압하게 되며 그의 마음을 두드린다. 점차 무의식의 언어는 그에게 점점 더 명료하게 된다. 그가 무의식의 언어를 이해하기 시작했기 때문이다. 하지만 그가 무의식의 언어를 이해하게 되자 그는 불안에 사로잡히게 된다. "뭐라구? 내가 그럴 수가 있다고? 나에게도 그런 허물이 있을 수가 있다니! 내가 그렇게도 욕하고, 나를 그렇게도 거슬르게 했던 다른 사람의 결점이 바로 나의 결점일 수가 있다니!"

무의식은 우리의 의식이 무의식의 진리를 받아들일 때까지 끊임없이 무의식의 가르침을 추구해간다. 무의식의 발견은 처음에는 매우 놀라운 것이라. 이것이 정신분석의 세례이다. 이때 우리의 자아의식은 진동한다. 이때 우리는 아주 신중해야 한다. 무의식은 꿈 속에서 나타나 끈질기게 우리 그림자가 가지고 있는 많은 모습들을 보여 주고 그것들을 받아들이게 한다. 이것은 우리가 그림자를 우리 의식에 모두 통합시킬 때까지 계속된다. 통합이 이뤄지면 페르조나에서는 왜곡된 특성들이 빠져나간다. 페르조나는 힘을 잃게 되고, 그의 본래 모습으로 되돌아간다. 그리하여 우리 자아를 눈멀게 하고, 자아에 덧씌워졌던 것에서 벗어나 우리 의식을 돕게 된다. 이와 동시에 우리 그림자의 투사는 덜 위험하고 덜 공격적인 것으로 된다. 그림자의 투사가 모두 철회되려면 몇 개월 동안의 집중적인 분석 작업이 필요하지만, 이때부터 서서히 진행된다. 그림자의 통합은 분석 기간 동안 내내 계속되며, 개인무의식은 물론 집단무의식에 이르기까지 전반적으로 이루어진다. 사실 집단무의식 속에도 대극의 쌍들은 많이 있다. 아니마와 아니무스, 대모(大母:la Magna Mater)와 노현자(老賢者:le vieux sage) 등 역시 집단무의식 속에 있는 대극상들인데, 여기에도 그림자가 있을 수 있다.

개인무의식 속에 있는 그림자는 그렇게 우려할 만한 것은 아니다. 그러나 집단무의식 속에서 발견되는 그림자는 개인적인 차원을 벗어나 있으며 선과 악이라는 우주적 이원성에 깊이 뿌리 박고 있기 때문에 위험할 수도 있다. 그림자를 통합한다는 것(그렇지 않으면 무의식의 전혀 알려지지 않은 면을 통합한다는 것)은 우리 정신 속에서 억압되어 있던 요소들을 나의 것으로 인정하고 받아들이는 것이다. 이것은 결국 우리 자신의 대극을 다시 찾는 것이다. 그런 작업이 없다면, 우리들에게서 존재의 통일은 불가능하다. 통합의 중요한 역할이 여기에 있다. 우리는 결코 그림자에 굴복하고, 그림자에 지배받을 수 없다. 분석을 하는 목적은 대극을 통일시키며, 우리 정신이 대극 가운데 어느 한 요소의 지배적인 우월성을 허용하지 않게 하려는 것이다. 어느 정신 요소의 일방성은 개성화(individuation)의 가장 큰 암초이다.

우리의 논의를 더 전개시키기 전에 기독교의 금욕 수련에 관해서 살펴보자. 기독교의 금욕수련에서도 그림자의 통합이 이루어지는가? 처음 보기에 이에 대한 답변은 부정적인 것처럼 보인다. 그런데 지옥을 두려워하고, 악에서 떠나며 악을 멸시하라고 가르치는 종교 속에서 우리가 여태까지 말한 통합을 어떻게 결부시켜 말할 수 있을까? 이 문제에 관해서 논하려면 우리는 먼저 기독교의 참된 교리와 기독교를 하나의 도덕 체계로만 보려고 하는 관점을 구별해야 한다. 다시 말해서 복음서가 우리에게 계시하고 있으며, 기독교의 의례를 통해서 나타나고, 성인들이 몸소 실천했고, 교회의 교부들이 설파했던 기독교의 진정한 교리들을 다시 살펴보아야 한다. 이제 우리는 진정한 기독교를 탐구해야 하는 것이다. 우리는 여기에서 기독교의 금욕 수련과 그림자의 통합 작업 사이에 아무런 불연속성이 있을 수 없다는 사실과 이 두 작업 사이에는 그밖에도 많은 유비점이 있다는 사실을 밝혀내고자 한다.

우리는 방금 그림자의 통합은 페르조나의 탈피에 필수불가결한 조건이라고 말했다. 왜냐하면 우리가 페르조나는 우리의 교만에서부터 생겨난 것이며, 일종의 일방성(一方性)이라는 사실을 알고 있기 때문이다. 사실 교만(orgueil)은 겸손(humilité)의 반대짝이다. 우리가 페르조나를 벗어버릴 때 우리에게 얼마나 많은 유익이 생겨나는가 하는 것을 단정적으로 말할 수는 없을지라도 (분석에는 이밖에도 많은 측면이 있다), 우리는 페르조나를 벗는 것이 겸손에 이르는 한 길이라고 말할 수 있다. 겸손에 이르기 위해서는 우리가 그림자를 통합해야 한다. 성서가 우리에게 말하는 것도 이것이다.

기독교인다운 삶과 그가 구속(rédemption) 받았다는 사실은 불가분리하다. 하나님은 인간을 구원하기 위해서 그의 무한한 사랑 속에서 그의 아들을 보내셨으며 하나님의 아들 예수는 그의 삶과 그의 가르침을 통해서 사람들에게 구원을 가져다 주었다. 그의 사역은 "나는 길이요, 진리요, 생명이다"라는 말속에 요약되어 있다. 예수 그리스도는 인간의 육신 속에서 고대로부터 모든 종교들이 사람들에게 상징적으로 제시해왔던 비의(秘義)를 완성시키러 왔다.

어느 누구도 위협을 받지 않고 있었다면, 누군가를 구원해야겠다는 생각은 존재하지도 않았을 것이며, 우리 인간들이 위험 가운데 처해 있지 않았다면, 하나님이 인간이 되어서 우리 가운데 오시지도 않았을 것이다. 그러나 요한은 "말씀이 육신이 되어 우리 속에 거하신다"고 선포하고 있다. 왜냐하면 이 세상이 올바른 길, 올바른 진리, 올바른 생명 속에 거하지 않기 때문이다. 즉 이 세상은 지금 올바른 길에서 벗어나 길을 잃고 사위어가기 때문이다. 예수 그리스도가 온 것은 바로 그 때문이다. 그래서 예수 그리스도는 이렇게 말했다: "나는 의인을 부르러 오지 않고 죄인을 부르러 왔다"(마9:13). 같은 맥락에서 요한 사도도 이렇게 말했다: "하나님은 이 세상을 정죄하기 위해서 그의 아들을 보내신 것이 아닙니다. 오히려 이 세상이 그에 의해서 구원받도록 하기 위해서입니다"(요3:17). 하나님이 원하는 것은 죄인들이 죽는 것이 아니다. 그들이 회심하는 것이다. 이런 의미에서 누가의 다음과 같은 말은 우리들이 깊이 생각해 보아야 할 말이다: "그러므로 하늘 나라에서는 회개할 필요가 없는 아흔 아홉 사람보다 죄인 하나가 회개한 것을 두고 더 기뻐할 것이다"(눅15:7). 예수님은 우리의 약함을 잘 알고 계신다. 따라서 모든 죄인들은 그의 앞에서 자비를 발견할 것이다. 복음서가 매장마다 강조하는 것도 이 사실이다.

 예수님은 산상설교를 통해서 진리를 가르치시고, 그의 계명을 선포한 후에 사람들이 그의 앞에 간음한 여인을 데리고 오자, 그녀를 용서해 주었다. 그러나 그는 이때 간음한 여인만을 용서한 것이 아니다. 그를 둘러싸고 있는 모든 사람들에게 그들 역시 똑같은 죄인이라고 각성시켜 주었다. "서기관들과 바리새파 사람들이 간음을 하다가 잡힌 여자를 끌고 와서 가운데 세워 놓고 예수께 말하였다. '선생님 이 여자가 간음을 하다가 현장에서 붙잡혔습니다. 모세는 율법에 이런 여자는 돌로 쳐서 죽이라고 우리에게 명령하였습니다. 그런데 선생님은 이 일을 놓고 무엇이라고 하시겠습니까?' 그들이 이렇게 말한 것은 예수를 시험하여 보고 고소할 구실을 찾으려는 것이다. 그러나 예수께서는 몸을 굽혀서,

땅에 무엇인가를 쓰셨다. 그들이 다그쳐 물으니 예수께서 몸을 일으켜 그들에게 말씀하셨다. '너희 가운데서 죄가 없는 사람이 먼저 이 여자에게 돌을 던져라' 그러고는 다시 몸을 굽혀서 땅에 무엇인가를 쓰셨다. 이 말씀을 들은 사람들은 나이가 많은 이로부터 시작하여 하나하나 돌아가고 마침내 예수만 남았으며 그 여자는 그대로 서 있었다. 예수께서 몸을 일으켜 여자에게 말씀하셨다. '여자여 사람들은 어디에 있느냐? 너를 정죄한 사람이 하나도 없느냐?' 여자가 대답하였다. '주님, 한 사람도 없습니다.' 나도 너를 정죄하지 않는다. 가서 이제부터 다시는 죄를 짓지 말아라"(요8:3-11).

최초의 성녀(聖女)인 막달라 마리아 역시 죄를 많이 지었던 여인이 아니었을까? 그리고 예수님의 십자가 사건 이후에 낙원에 들어간 최초의 사람은 강도가 아니었을까? 예수님은 지상에서의 그의 사역을 하는 동안 내내 죄인들을 용서해 주었다. 그리고 동시에 그들의 잘못을 깨닫게 해 주었으며 그들이 똑같은 잘못을 저지르지 않게 인도하였다.

"내가 지은 죄, 내가 잘 알고 있습니다 … 당신의 눈에 거스르는 일, 그 일을 내가 행하였나이다."(시51).

"당신의 비참함을 생각해 보십시오 … 그리고 주님 앞에서 겸손하십시오. 그러면 주님께서 당신을 높이실 것입니다"(약4:9-10).

우리가 구원받으려면 서신들 속에 있는 율법의 교훈을 그저 살펴보기만 해서는 안 된다. 오히려 우리가 죄를 저질렀구나 하고 뉘우쳐야 한다. 바리새인이나 서기관들이 등장하는 비유들은 우리가 정말 이렇게 해야 한다는 것을 매우 잘 보여주고 있다. 그리고 우리가 앞에서 말했던 페르조나의 특성을 잘 보여주고 있다. 그러한 예로 누가복음 18장 9절부터 14절을 살펴보자. 스스로 외롭다고 확신하고 남을 멸시하는 몇몇 사람에게 예수께서는 이 비유를 말씀하셨다. "두 사람이 기도하러 성전에 올라갔다. 하나는 바리새파 사람이고 다른 하나는 세리였다. 바리새파 사람은 서서 혼잣말로 이렇게 기도하였다. '하나님, 감사합니다. 나는 토색하는 자나, 불의한 자나, 간음하는 자 같은 사람들과 같지 않으며, 또는 이 세리와도 같지 않습니다. 나는 이레에 두 번씩 금식하고, 내 모든 소득의 십일조를 바칩니다. 그런데 세리는 멀찍이 서서 하늘을 우러러 볼 엄두도 못내고, 가슴을 치며, '아, 하나님, 이 죄인에게 자비를 베풀어 주십시오' 하고 말하였다. 내가 너희에게 말한다. 의롭다는 인정을 받고서 자기 집으로 내려간 사람은 저 바리새파 사람이 아니라, 이 세리다. 누구든지 자기를 높이는 사람은 낮아지고, 자기를 낮추는 사람은 높아질 것이다"(눅18:9-14).

자기에게 허물이나 죄가 전혀 없다고 생각하는 사람은 회개하거나 회심에 이를 수 없을 것이다. 우리 자신이 죄악된 상태를 깨달아 아는 것이 회개의 첫째 가는 조건인데, 우리가 우리의 그림자를 각성하지 못한다면 어떻게 우리의 죄된 상태를 알 수 있을까? 물론 정신분석에서 회개(repentir)라는 개념은 없다. 그것은 다만 내재적인 차원에 머무르고 있을 뿐이다.[4] 여기에서 재미 있는 것은 정신분석이 결코 종교 수행이 아님에도 불구하고 종교 수행에서와 같은 노력이 든다는 점이다. 왜냐하면 정신분석에서도 무의식을 통해서 내면적인 삶으로 뚫고 들어가기 때문이다.

어느 기독교 수행가는, 자신의 죄를 인정하는 것은 사람들을 겸손에로 이끌어 가며, 주님께로 다가가는 길을 열어준다고 말했다. 이에 반해서, 어느 분석가는 자신의 그림자를 통합하는 것은

---

[4] 분석가와 피분석가 사이에서도 깊은 신뢰 속에서 대화가 이루어지지만, 분석과 고해성사를 단순 비교할 수는 없다. 고해성사는 하나의 종교 의례로써 하나님과의 관계를 상정하기 때문이다. cf. V. White, op, cit.

사람들로 하여금 그들의 페르조나에서 벗어나게 하며, 자기(自己)를 알게 해준다고 말했다. 정신분석이 마치 종교처럼 초월적인 차원을 다루지는 않고 있지만, 그것은 각성(prise de conscience)을 요구하며, 이 각성이란 기독교 수행처럼 모든 사람들이 쉽사리 도달할 수 있는 것이 아니다.

우리의 죄를 인정하는 것이 우리의 구속(救贖)에 필요불가결한 것일지라도, 그것은 어렵고 위험한 과정이다. 더구나 그것은 우리 영혼에 암초와 같은 역할을 할 때도 있다. 여기에서 우리는 빠스깔의 말을 기억할 필요가 있다: "그대가 그대의 죄를 인식한다면, 그대의 마음은 혼란에 가득차게 될 것이다." 성령께서도 이렇게 말씀하신다: "오직 성령만이 우리가 죄인임을 알게 하실 것이다"(요16:8). 기독교는 정신분석과 마찬가지로 우리가 우리의 죄를 알게 되는 상황에 직면하게 될지라도 결코 두려워하지 말라고 타이른다. "그대 자신의 내면에 내려가서, 그대의 상처난 본성이 집요하게 달라붙은 그 오래된 누룩을 제거하는 것을 우려워 마시오"*(Chevignard, Doctrine spirituelle de l'Evangile).*

성경 말씀이 말하고자 하는 것은 모두 이 근본적인 진리이다. 즉 하나님과 하나가 되려면, 겸손해야 하며, 겸손에 이르기 위해서는 자기 자신이 죄인임을 깨달아야 한다. 또한 자기 자신이 죄인임을 깨닫기 위해서는 자기의 심층으로 내려가야 한다. 같은 맥락에서 뽈-마리 들라크르와는 다음과 같이 말하고 있다: "하나님은 우리의 영혼이 우리 자신에 관해서 아는 것보다 더 우리를 잘 알고 계시다. 우리의 곤경과, 필요, 그리고 우리의 비참한 처지에 관해서 우리보다 더 잘 아신다. 그러나 하나님은 우리 영혼이 우리의 처지에 관해서 깊이 깨닫고, 우리가 겸손해지기를 바라고 계신다."[5] 겸손은 자기 인식과 함께 영적인 삶의 두 원천이다. 그

---

[5] Paul-Marie de la Croix, L' Ancient Testament: Source de vie spirituelle, p. 146.

래서 예수님은 이렇게 말씀하셨다: "하늘과 땅의 주재자이신 주님, 이 일을 지혜있고, 수완 있는 사람에게는 숨겨 두시고, 철부지 어린 아이들에게는 드러내 주셨으니 당신께 영광을 돌립니다" (마11:25). 성 어거스틴 역시 겸손의 중요성에 관해서 "주님의 말씀"에 관한 그의 열 번째 설교에서 다음과 같이 말하고 있다: "위대하게 되고자 하십니까? 먼저 지극히 작은 자가 되십시오. 높고 큰 건물을 짓고자 하십니까? 먼저 기초가 잘 다져져 있는지 생각해 보십시오. 우리가 더욱더 위대하게 되고, 건물의 높이를 더욱더 높이 올리려면, 우리는 스스로 서야 하고, 기초를 더욱더 깊이 파야합니다 … 사실 건물은 깊이 파인 기초 위에 올라가야 하고, 기초를 파는 사람은 그 깊이 속에 더욱더 깊이 들어가야 합니다 … 건물이 올라가기 전에 건축 공사는 그 깊이를 다지고, 깊이가 다져진 다음 건축물은 세워지는 것입니다." 자기 속에 내려가 우리의 결점과 약점에 직면하는 것이 성 이그나티우스 로욜라(Ignace de Loyola)가 저술한 《영신수련》(Exercices Spirituelles)의 기반이기도 하다.

토니 볼프(Toni Wolff) 역시 어떤 논문 속에서 그림자에 관해서 매우 잘 요약하고 있다: "그림자는 인간 정신의 한 부분으로서, 의식의 빛 속에 있는 것이 아니다. 또한 의식의 활동 가운데 떠오르지도 못하는 것이다. 왜냐하면 그것은 우리 인간의 본래적인 악성(惡性)과 나태성 및 결함과 관계되는 것이기 때문이다. 그림자는 한 개인의 자아와 반대되는 요소들을 모두 포함하고 있다 … 페르조나가 어떤 사람이 외부의 집단적인 가치에 따라서 그가 자기 자신이나 다른 사람들 앞에서 내보이고자 하는 모든 측면들을 포함하고 있듯이, 그림자 역시 집단적인 본성에 속한 것처럼 보인다 … 그림자는 사람들이 어리석은 짓을 했을 때, 겉으로 보기에는 매우 사심없는 행동 속에 사실은 이기적인 동기가 들어있을 때, 감정이 매우 고양된 상태에서 비난을 마구 퍼부을 때, 비열한 행동을 할때 나타난다 … 그림자의 통합은 우리가 우리 인격에 객관적인 태도를 보일 수 있게 되는 첫걸음이 된다."6)

우리가 집단무의식과 만날 때, 선과 악의 문제와도 어쩔 수 없이 만나게 된다. 만약에 한 개인의 그림자가 집단적인 악과 동일시될 수 있다면 우리는 어떻게 그림자를 우리 정신에 통합할 수 있다는 말인가? 오히려 악(惡)의 존재를 정당화하는 것이 아닌가? 그러나 다시 한번 말하지만, 그림자의 통합이란 그림자가 우리를 지배하도록 내버려 두는 것이 아니다. 또한 우리 자신이 죄인임을 인정하는 것은 우리가 그 죄에 물들어도 좋다는 것이 아니다.

인간의 본성은 복합적이다. 그리고 각 사람들은 그들이 억압해 놓은 정신적인 요소들을 통합하지 않는 한, 본래적인 통일체를 이룰 수가 없다. 인간의 정신적 요소 가운데서 억압된 것들은 모두 무의식 속에 모여 있다. 그것들은 우리 의식 속에서 심각한 편견을 야기시킨다. 우리를 자유롭게 하는 것은 우리들이 어떤 거추장스런 정신요소들을 억압함으로써 이루어지지 않는다. 오히려 그것들을 초월해야 이루어진다. 그런데 이 초월은 이미 억압해 놓은 정신요소들을 직면해야만 이루어질 수 있다. 우리의 영(靈)은 우리의 본능들을 알아야 한다. 그것은 우리가 본능들을 지배하고자 해서가 아니라, 그것들을 "교육시키고" 이끌기 위해서이다. 악이 억압되어 있으면, 그것은 계속 악으로 남게 된다. 그리고 언젠가 드러나려고 한다. 그러나 악이 의식에 옮겨지면 그 힘을 잃게 된다. 그것은 빛이 커짐에 따라서 어둠이 약화되는 것과 같은 이치다. 어둠은 빛이 지배하는 곳에서 버틸 수가 없다. 이에

---

6) Ania Teillard, *Symbolisme du rêve* (《꿈의 상징주의》)에서 재인용.

관해서 호스티는 다음과 같이 말했다: "악을 무시하거나, 악과 직면하지 않으려는 태도는 사람들을 심각한 위험에 빠지게 한다. 우리가 맞수와 대면할 때에만 우리는 그의 눈을 정면으로 쳐다볼 수 있으며, 무기를 꺼내들 수 있다 … 선이란 이처럼 집요한 악과 대면해야만 생겨난다 … 선행(善行)이란 우리가 가혹한 악들을 경험해 보아야만 나올 수 있는데, 그때의 선행은 우리 정신이 새로운 차원으로 발달한 것을 의미한다. 이때 사람들은 그가 헤쳐나왔던 어둠 속의 터널이 그를 광명으로 인도했다는 것을 알게 된다. 이제 거기에는 의심할 바 없는 빛만 있을 뿐이다. 이 빛이 아무리 밝아도 그 전의 터널을 없애지는 못한다. 그것은 어린 아이의 탄생의 기쁨이 아무리 클지라도 해산의 고통을 없애지 못하는 것과 같은 이치이다. 그러나 이 빛은 그 전에 있었던 시련에 의미를 부여한다. 즉 통합되고 수용된 악으로부터 선이 창출(創出)되고 있음을 보여주는 것이다. 그것의 존재를 인정하지 않으면서 겪고 있는 악만이 아무것도 낳지 못한다."[7] 융이 지적하고 있는 악의 이 긍정적인 측면은 기독교 교리와 배치되지 않는다. 기독교에서도 악은 선을 위해서 쓰여질 수 있기 때문이다. 예수님이 말씀하신 가라지의 비유는 이 사실을 잘 말해주고 있다: "예수께서 또 다른 비유를 그들에게 말씀하셨다. 하늘나라는 어떤 사람이 밭에 좋은 씨를 뿌린 것에 비길 수 있다. 사람들이 잠을 자고 있는 동안에 원수가 와서 밀밭에 가라지를 뿌리고 갔다. 밀이 자라서 이삭이 됐을 때 가라지도 드러났다. 종들이 주인에게 와서 '주인님, 밭에 뿌리신 것은 좋은 씨가 아니었습니까? 그런데 가라지는 어디서 생겼습니까?' 하고 묻자 주인의 대답이 '원수가 그랬구나!' 하였다. '그러면 저희가 가서 그것을 뽑아

---

[7] S. J. Hostie, op. cit., p. 174 ; C. G. Jung, *Die Beziehungen der Psychotherapie zur Seelsorge,* pp. 34-36, 1932.

버릴까요?' 하고 종들이 다시 묻자 주인은 '가만 두어라. 가라지를 뽑다가 밀까지 뽑으면 어떻게 하겠느냐? 추수 때까지 둘 다 함께 자라도록 내버려 두어라. 추수 때에 내가 추수꾼에게 일러서 가라지를 먼저 뽑아서 안으로 묶어 불에 태워 버리게 하고 밀은 내 곳간에 거두어들이게 하겠다'고 대답하였다"(마 13:24-30).

이 비유는 우리가 알고 있는 인간 본성의 복합성을 훌륭하게 보여 주고 있다. 즉 선과 악은 우리 각자 속에 서로 구분할 수 없으리만치 뒤섞여 있다는 사실을 입증하고 있는 것이다. 바울 역시 그 점을 이렇게 말한다: "… 마음으로는 선을 행하려고 하면서도 나에게는 그것을 실천할 힘이 없습니다. 나는 내가 해야 하겠다고 생각하는 선은 행하지 않고 해서는 안되겠다고 생각하는 악을 행하고 있습니다. 그런 일을 하면서도 그것을 해서는 안되겠다고 생각하고 있으니 결국 그런 일을 하는 것은 내가 아니라 내 속에 들어있는 죄입니다. 여기에서 나는 한 법칙을 발견했습니다. 곧 내가 선을 행하려 할 때에는 언제나 바로 곁에 악이 도사리고 있다는 것입니다"(롬7:18-21).

바울의 이러한 개탄은 우리에게 페르조나의 문제와 그림자의 투사 및 통합의 문제를 상기시키는 것으로서 인간의 심리를 꿰뚫어 본 통찰이다. 여기에 관해서 르롱(P. Lelong)도 다음과 같이 말하고 있다: "우리 각 사람은 우리가 생긴대로 살아 간다. 우리가 생긴 것에 따라서 우리는 우리 삶의 각 상황에서 우리가 왜 그렇게 밖에 할 수 없었는가 하는 점을 우리 자신에게 설명하며, 앞으로도 더 살아가기 위해서 스스로를 정당화시키고 있는 것이다. 거미가 집을 지어 스스로를 가두고 있듯이, 우리들 역시 우리 주위에 보호체계를 만들어 간다. 그러므로 우리에게 예의 바른 것으로 비치는 겉모습들은 모두 정교하기는 하지만 허약한 책략

인지도 모른다. 그래서 우리는 우리를 평가할 때 본래 우리가 무엇을 하려고 했는가 하는 것에 따라서 평가해 달라고 요구하며, 다른 사람의 행동을 평가할 때도 그러려고 한다.

선(善)이란 오직 하나님에게밖에 있을 수 없다는 사실을 뼈저리게 알고 있는 기독교인들은 절대를 추구하고 있는 순례자를 모방할 수 없을 것이다. 왜냐하면 인간에게 있어서 절대라는 괴물은 존재하지 않기 때문이다 … 그림자를 없애려면 빛을 없애야 하는데, 그러면 더 어두워지게 된다."8)

여기에서 우리는 융의 이 말을 생각하지 않을 수 없다. "우리들에게 그림자를 없애버리는 것은 결코 해결책이 될 수 없다. 그것은 두통을 치료하기 위해서 목을 잘라버릴 수 없는 것과 같은 이치이다."7) 마태복음에 나오는 비유들도 융 심리학과 기독교 교리 사이의 유비성에 관해서 말한다. "하늘 나라는 또 좋은 진주를 구하는 상인과 같다. 그가 값진 진주를 하나 발견하면, 가서 가진 것을 다 팔아서 그것을 산다"(마13:45-46). 예수님은 또 다른 비유도 말씀하셨다. "하늘 나라는 누룩과 같다. 어떤 여자가 그것을 가져다가 가루 서 말 속에 섞어 넣었더니 마침내 온통 부풀었다"(마13:33).

진주란 무엇인가? 그것은 굴에 병이 든 것이 아닌가? 누룩이란 무엇인가? 그것은 밀가루가 부패한 것이 아닌가? 기독교 신비주의는 일관되게 악의 긍정적인 측면에 대해서 강조하고 있다. 왜냐하면 그것이 기독교의 구속(rédemption)과 밀접하게 관련되어 있기 때문이다. 인간에게 악이 없었다면, 인간은 구속받을 필요가 없다. 그래서 기독교 제의에서도 "하나님은 악을 취하여 선으로 만드신다"고 선포한다. 이것이 잘 알려진 기독교의 역설이다. 이

---

8) P. Lelong, 1957. 2. 10일의 방송 담화.
9) .C G. Jung, Psychology and Religion, p. 93.

사실은 "우리가 빛에 다가가기 위해서는 어둠을 거쳐야 한다"(per tenebras ad lucem)는 사실을 가르쳐 준다. 분석 역시 이 근원적인 진리를 체험하게 한다. 즉 우리가 일어서려면 우리는 그림자를 통하여 우리 내면 속에 잠겨 있어야 한다는 사실을 체험케 하는 것이다.

이제 우리는 융의 심리학과 기독교 신학이 서로 갈라지는 듯이 보이는 중요한 분기점에 관해서 말하고자 한다. 그것은 악의 본질에 관한 것이다. 융에게 있어서 악은 그 자체로 존재한다. 그것은 자동성이 있으며, 선의 반대 편에 있다. 그래서 악에는 그 나름대로 특성이 있으며 강력한 힘이 있다. 그러나 기독교에서 악은 그 자체로서 존재하지 않는다. 그것은 선이 결핍된 것(privatio boni)이다. 이렇게 악에 대해서 기독교와 융이 다르게 설명하고 있지만, 이 두 학설에 관해서 좀 더 깊이 살펴보면 이 두 학설 사이에는 서로 융화될 수 없는 불일치가 있다기 보다는 어떤 오해가 있는 듯이 보인다. 이 점에 관해서 빅터 화이트(V. White)와 레이몽 호스티(R. Hostie)는 신학적 통찰을 가지고 파헤친 적이 있다.[10]

이 세상에 악이 실재하며 많은 파괴적인 작용을 하고 있다는 것을 체험적으로 확신하고 있었던 융은 악을 "선의 결핍"이라고 설명하는 기독교 사상을 받아들일 수 없었을 것이다. 왜냐하면 그것은 악의 존재를 교묘하게 부정하는 것이라고 생각될 수도 있었기 때문이다. 그러나 "선의 결핍" 사상은 결코 악의 존재를 부정하지 않는다. 그것은 악의 본질을 부정한 적도 없고, 악을 어떤 부족(不足)이나 일탈(déviation)로 보지도 않는다. 그래서 호스티는 기독교에서 말하는 악의 대표인 타락한 천사, 루시퍼에 관

---

10) V. White, God and the unconscious, London: The Harvill Press, 1952; R. Hostie, Du Mythe à la Religion, Paris: Études carmé-litaines, 1955.

해서 이렇게 말하고 있다. "루시퍼(Lucifer)는 타락한 다음에도 천사였다. 이 사실은 무엇을 의미하는가? 그것은 그의 내면에 깃들어 있는 선하고 완전한 천사의 본성은 그가 아무리 타락했을지라도 변하지 않았다는 사실을 의미한다, 그러나 그는 그가 피조된 목적, 특별히 하나님께 순종하여 하나님의 사역을 감당하는 것을 더 이상 하지 않았다. 그는 그의 내면 존재 속에 깃들어 있는 본성과 다른 결정을 내림으로써 언제나 하나님께 반항하였다."11)

여기에서 볼 때 기독교에서 말하는 "선의 결핍" 사상과 융이 말하고 있는 악의 사상이 배치된다고 생각할 수는 없는 것 같다. 왜냐하면 기독교에서 악을 "선의 결핍"이라고 주장할 때, 그 사상은 악이 일시적으로나마 존재하고 있다는 사실을 부정한 것이 아니기 때문이다. 이 사상에서 부정한 것은 악의 본질이다. 다시 말해서 "선의 결핍" 사상은 악이 본질적인 것은 아니라는 점을 강조하고 있을 뿐이다. 여기에서 융이 "일시적인 존재"(temporel)와 "본질적인 존재"(l'essentiel) 사이를 혼동하지 않았는가 하는 생각이 든다. 융의 말을 들어보자. "기독교에서 말하고 있는 '선의 결핍' 사상은 우리 경험의 영역에서 살펴볼 때 더 이상 타당하지 않다고 말할 수밖에 없다 … 그러나 당신이 이렇게 말하는 것은 우리의 정신 현상, 즉 악에 대한 개념이나 관념에 관한 것이지, 형이상학적인 실체에 관한 것은 아니다 … 요즘 제기되고 있는 사상으로서, 악은 "선의 해체"라고 하는 사상 역시 내 생각을 바꾸게 하지는 못한다. 아무리 달걀이 썩었다고 할지라도, 그것 역시 신선한 달걀처럼 실재하고 있기 때문이다."12)

그러므로 융이 기독교의 "선의 결핍" 사상을 비판한 것은 그

---

11) R. Hostie, op. cit., p. 177.
12) C. G. Jung, "Pr?face", V. White, op. cit., pp. xix-xx.

가 "선의 결핍" 사상을 오해했기 때문이 아닌가 하는 생각이 든다. "선의 결핍" 사상이 주장하는 것은 실제로 이 세상에는 악이 존재하지 않고 선만 존재한다는 것이 아니다. 오히려 모든 악은 근본적으로 선이 결핍되어 있어서 악처럼 보이는 것이기 때문에 악에는 아무런 존재론적인 본질도 인정할 수 없다고 하는 사실이다. 이렇게 보면 기독교에서 말하는 "선의 결핍" 사상과 융의 악 개념 사이에는 아무런 차이도 없는 것이다. 더욱이 인간의 정신에 관해서 융이 달걀에 비유해서 추론(推論)한 것은 정말 옳은 말이다: 어떤 사람의 정신이 지금 잘못 되어 있다면, 그 사람의 정신은 다른 멀쩡한 사람의 정신처럼 지금 똑같이 실재적인 것이기 때문이다. 그러나 우리는 융의 이 추론은 오직 창조의 측면에서만 적용되어야 한다고 생각한다. 그 이유는 융이 실재한다고 주장한 것은 악에 의해서 감염된 대상(또는 주체)이기 때문이다. 그러나 이때 감염된 악은 악 자체의 발단이 될 수는 없다. 기독교에서 우리들에게 가르치는 것은 바로 이 사실이다. 즉 악이 어떤 달걀과 어떤 정신을 손상시킬 수 있는지는 몰라도, 모든 달걀과 모든 정신을 손상시킬 수는 없다는 것이다. 사탄이 된 천사 루시퍼가 계속해서 천사로 남아 있다는 호스티(Hostie)의 말은 달걀이 아무리 썩었을지라도 달걀은 달걀일 따름이지 다른 어떤 것이 될 수 없다는 사실을 일깨워 주지 않는가? 악은 그것이 감염시키는 대상의 본질을 결코 변경시킬 수 없다는 사실은 악이 결코 하나의 본질이 아니고, 그것보다 열등한 것이라는 사실을 입증한다. 악이 하나의 본질이라면, 악은 그가 감염시키는 대상을 악으로 변환(transformation)시킬 수 있을 것이다. 그래서 달걀이 변질되었다면, 변질된 달걀의 본질은 신선한 달걀의 본질과 전혀 다른 어떤 것으로 되었을 것이고, 사탄의 실재(réalité)는 루시퍼의 실재와는 전혀 다른 어떤 것으로 되었을 것이다. 그러므로 악은 결코 본질적인 것이 아니다. 그것은 일시적인 것이다. 하나의 일탈(déviation)이며 존재(Esse)의 변모(déformation)이다.

융의 사상과 기독교 전통 사상 사이의 대치점이 가장 첨예하게 보이는 것은 이처럼 악의 문제에 관한 것이다. 그런데 악의 문제는 신론과 연관되고 있기 때문에 이 두 사상 사이에 더욱더 미묘한 차이를 야기시킨다. 기독교인들에게 하나님은 유일신이다. 그는 진이고 선이며 미이다. 그는 또한 사랑이기도 하다. 그는 하나의 본질이며 존재이다: "나는 나 스스로 존재하는 자다"(출 3:14). 하나님은 완전한 통일체로서 이 세상 만물을 능력 가운데서 장악하고 있다. 그런데 악은 모든 신적인 것들과 반대되는 것이다. 왜냐하면 그것에는 하나님이 부재하고, 루시퍼의 죄가 감염되어 있기 때문이다.

하나님의 아들로서 천사들 가운데서 가장 아름다운 천사인 루시퍼는 하나의 피조물로 그 창조자에게 복종해야 마땅함에도 불구하고 하나님과 같이 되려고 했다. 교만이란 자아의 남용 또는 자아 찬양의 원천이다. 거기에서 모든 타락이 생겨난다. 빛의 천사 루시퍼는 이렇게 해서 어둠의 천사 사탄이 되었다. 그러나 천사로서의 그의 본질은 변화되지 않았다. 다만 그 지향점이 변화되었을 뿐이다. 그는 하나님에게로 되돌아 가는 대신 하나님을 거부했다. 좀더 미묘하게 표현하자면 하나님의 피조물인 것을 거부했다. 악(일탈, 잘못된 지향)이란 본래 하나님이 그의 피조물들에게 주신 자유로부터 생겨난다. 자유라고 하는 놀라운 선물은 또한 가장 비극적인 것이 될 수도 있다. 하나님은 스스로 계획하시며 이 세상 그 어느 것에도 구애받지 않는다. 우리는 그를 받아들일 수도 있고, 거부할 수도 있다. 선택은 우리의 자유 의지에 달려 있다. 루시퍼―사탄의 뒤를 이어서 모든 피조계는 아담과 이브의 타락을 거쳐 죄에 연루되게 되었다. 왜냐하면 여태까지 살았던 모든 성인들은 우리 모두가 연대되어 있다는 사실을 일러 주기 때문이다. 인간의 이런 연대성은 융이 말한 집단무의식에 의해서 확증된다. 즉 융의 집단무의식 사상은 이 연대성을 경험적으로 입증해 준다. 그러나 이 세상에 악이 실제로 존재한다면, 그것은 본질적인 실존이 아니다. 그것은 피조물(천사, 인간)의 속성을 지닌 것이지, 그 자체가 하나의 존재는 아니다. 사탄은 하나님이 될 수 없기 때문이다.

증오란 사랑의 결핍이며, 병은 건강이 결핍되어 있는 것이다. 같은 식으로 죽음은 생명이 없는 것이고, 왜곡된 것은 건전한 것이 부족한 것이며, 전쟁은 평화가 없는 것이다. 기독교 교리에서 악이란 그 자체가 종착점(終着點)이 아니다. 하나의 진행 과정이며, 더 큰 선에 이르는 데 필요한 시련일 뿐이다. 그래서 호스티(Hostie)는 "사람이 충분히 성장하는 데 있어서 악은 선에 이르는 중간 과정이다"라고 말했다.[13] 루시퍼가 없다면 원죄가 없었을 것이고, 인간의 구속(救贖)도 필요없었을 것이다. 이런 의미에서 성 어거스틴의 다음과 같은 말에 귀를 기울여 볼 만하다. "악한 사람들은 이 세상에 살 필요조차 없고, 하나님이 그들로부터 아무런 선도 도모할 수 없다고는 생각하지 말라. 악한 사람들은 그들의 악을 교정하고, 선한 사람들의 덕을 더욱더 강화시키기 위해서 사는 것이다."[14]

여기에서 우리는 인류의 진화의 비의(秘義)의 핵심에 있다. 즉 새사람 예수가 다시 태어나기 위해서 옛사람 아담이 죽는 국면을 보는 것이다. 이 문제에 관해서는 다음 장에서 더 논의하기로 하고, 여기서는 다만 그 점을 지적할 뿐이다. 융에게 이어서도 "악은 신경증적인 정신에서 비롯된 정신적 힘으로서 아무런 존

---

13) R. Hostie, op. cit., p. 174.
14) Saint Augustin, Trait? sur les psaumes.

재론적 근거를 가지고 있는 것이 아니다. 왜냐하면 그것은 상대적인 것이고, 결국 더 큰 선에 흡수되는 것이기 때문이다."15)

그러나 기독교의 계시와 무관한 융은 이 문제에서 하나의 타협을 하고 있다. 즉 그의 심리학이 인간의 정신의 영역을 넘어가지 않는 한 기독교 교리와 아무런 저촉도 없도록 타협하고 있는 것이다. 그러나 그의 심리학에서 초월의 영역과 관계되는 부분이 있다고 보는 사람들에게 그의 심리학은 참을 수 없고, 수상쩍은 것이 된다. 사실 선과 악의 원초적 대립에 관한 원형(原型)은 예수님과 사탄 속에서 나타난다. 우리는 그의 심리학이 언제나 대극 개념들로 되어 있는 것을 안다. 그래서 결국 예수님과 사탄은 대립되게 되며, 이때 이 둘에는 똑같은 가치와 힘을 가지고 있다. 원형의 영역, 다시 말해서 상징과 이미지로써만 언급될 때는 충분히 논의 가능한 이 사상은 신학의 영역에서 논의될 때, 결코 받아들일 수 없는 것으로 된다. 왜냐하면 이것은 피조물에 내재해 있는 이원성(dualité)을 하나님(또는 예수님)에게 투사시키기 때문이다. 즉 하나님을 마치 음과 양으로 나눠서 대극적인 개념으로 설명하기 때문이다.

만약에 사실이 그렇다면 인류의 진화가 궁극적으로 지향하고 있는 정신적 통합은 어떻게 되는가? 다시 말해서 하나님이 통합적인 존재가 아니라면, 우리 영혼의 통합은 어떻게 가능할 수 있으며, 우리는 어떻게 통합을 목표로 나아갈 수 있는가?

융은 예수님과 사탄이 모두 하나님의 아들이기 때문에 같은 비중을 가진다고 주장한다. 그러나 이 생각은 성자가 성부에 공존한다고 하는 그리스도의 신성(神性)을 잘 모르고서 하는 말이다. 그래서 영지주의적인 것으로 비칠 수도 있다. 또한 이 생각은

---
15) R. Hostie, op. cit., p. 174.

우리가 나중에 다루게 될 삼위일체 사상에 저촉되는 신학적 오류도 범하고 있다.

우리는 신앙이란 우리의 지성이 아무리 천재적이라고 할지라도 결코 인간 지성에 의한 것이 아니라는 사실을 알고 있다.

그렇다면 우리는 여기에서 심리학의 한계 속에서만 논의해야 하는가? 하는 질문을 제기할 수 있다. 사실 오직 하나님만이 본질적으로 통합적인 존재이다. 이원성 또는 다원성이란 피조계의 질서에 속한 것이지, 창조주에게 해당되지 않는다. 그리고 우리 인간은 선악의 피안에 관해서 알 수도 없고, 우리의 죄를 스스로 사할 수도 없다. 창세기에 나오는 선악과는 인간 지성의 한계를 상징적으로 잘 나타내고 있다. 그래서 우리가 어느 정도의 인식에 도달하면 더 이상 파고들 수가 없는 것과 같다. 그렇지 않을 경우 우리는 가장 미묘한 영적 범죄를 짓게 되고 우리 자신을 하나님과 동일시하게 되어 아담과 이브 같이 죄를 짓게 된다.

플라톤의 변증학이란 우리가 진리에 도달하기 위한 수단이지, 진리 그 자체는 아니라는 사실을 잘 알고 있었으며, 그 사실을 분명하게 표명했다. 그는 언젠가 그의 지성이 오히려 걸림돌이 될 뿐, 그가 탐구하고자 하는 진리에 아무 도움도 되지 않는다는 것을 알았다. 그는 "직관적 인식", 다시 말해서 좀 더 직접적으로 깨달아야만 했던 것이다. 융 역시 피조계의 영역, 즉 심리학의 영역을 벗어나기를 원하지 않았기 때문에, 형이상학적인 영역으로까지 더 나아가지 않고 이쯤에서 판단유보를 하는 것이 온당하리라고 생각한다. 그러기보다는 오히려 무의식의 좀더 깊은 층들을 탐구하는 것이 더 좋을 것이다.[16]

여기에서 우리 무의식 속에 있는 것으로서, "우리 의식에 전혀

---

[16] 그리고 융은 실제 이렇게 파고 들어서 프로이드와 애들러가 그때까지 알지 못했던 집단무의식을 발견하였다

알려질 수 없는" 부분이라고 융이 말한 부분에 관해서 다시 생각해 보자. 사실 우리 무의식 속에는 우리 의식에 전혀 알려지지 않는 부분이 틀림없이 들어 있다. 그 부분은 아마 우리 정신의 핵(核)으로서, 신적인 핵(noyau divin)일 것이다. 우리 의식은 우리가 하나님에 관해서 결코 도달할 수 없듯이 이 핵에 도달할 수가 없다. 그러나 우리는 개인적인 체험을 통해서 이 핵과 융이 집단무의식이라고 부른 층 사이에 우리가 어느 정도 접근할 수 있는 부분이 있다는 것을 알고 있다. 이 부분은 아빌라의 테레사를 비롯한 많은 신비주의자들이 그 존재를 말해왔던 부분이다. 우리는 그 부분을 초월적 무의식이라고 부르고자 한다(그림 3을 보시오). 우리가 어떤 상징을 볼 때, 그 상징이 여태까지 보지 못했던 것이라면 그 상징은 우리 정신의 내면에 있는 이 층들을 통하여 지나간다.

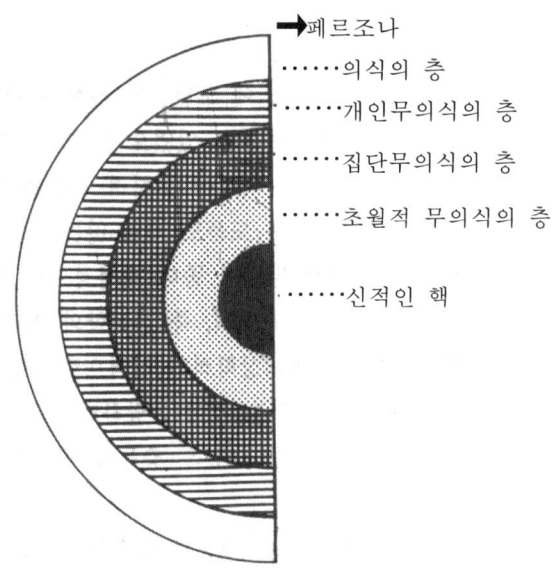

〈그림 3〉 정신의 단면도

그리하여 우리 인식은 확장되고, 우리는 다른 차원으로 넘어가게 된다. 초월적 무의식과 집단무의식 사이에는 원형의 세계와 개인무의식 사이 만큼의 차이가 있다. 상징은 언제나 변하지 않고 동일하다. 우리가 어떤 상징의 의미를 해독하였을 때, 그 상징은 우리의 인식을 더욱더 깊게 한다. 그리하여 우리가 모든 상징과 모든 원형이 살아있고, 실제적인 원천을 가지고 있다는 사실을 체험할 때까지 그 인식 작용이 계속된다. 이처럼 우리는 상징언어를 통해서 이 내면적인 생명과 하나님께 다가간다. 어쨌든 우리는 우리 지성만으로서는 이러한 체험을 할 수가 없다.

이제 다시 예수님과 사탄의 대극 문제에로 돌아가 보자. 우리는 앞에서 이 문제에서 예수님과 사탄이 대적하고 있는 것이 아니라 사실은 예수님과 천사, 즉 하나님의 다른 피조물인 천사가 대극을 이룬다는 사실을 거듭 말해 왔다. 이렇게 될 때 사탄은 본래 자기의 자리로 되돌아 오며, 하나님과 같은 존재가 아니라 그의 피조물이 된다. 이때 우리는 이 세상의 지배자(les Princes de ce Monde)들이 우리에게 끊임없이 꼬득이고 있는 신격(神格)의 참칭 유혹을 물리칠 수 있다.

우리가 어떤 상징을 생각할 때 중요한 것은 그 상징의 실제가 아니다. 오히려 그 상징의 해석이 중요한 것이다. 다시 말해서 우리가 "예수님—사탄"의 구조를 생각할 때와 "예수님—또 다른 천사"의 구조를 생각할 때는 엄청난 인식의 차이가 있다. 기독교의 계시를 모르는 사람들에게 예수님은 다만 하나의 원형일 뿐이다. 왜냐하면 예수님은 진정한 종교체험을 한 다음에만 알려지기 때문이다. 그러나 우리가 이 점을 깨달아야만 우리는 선악의 문제를 제대로 이해할 수 있게 된다.

선악이란 피조계의 문제일 뿐, 하나님은 그 문제를 초월해 계시다. 우리 인간의 발달도 궁극에 가서는 선악의 이분법에 매달리지 않는다. 왜냐하면 선과 악은 본질적으로 이분법적인 것이 아니기 때문이다. 악은 우리 죄많은 피조물에 속해 있는 상대적인 것이다. 우리가 죄를 우리 자신의 전체성 속에 통합시킨다면 우리는 악이 하나님 속에서 완전히 해소되는 것을 보게 될 것이다. 또한 우리가 우리 자신의 죄성에 대해서 깨닫고 있을 때 우리는 하나님에 대해서 점점 더 많이 알게 될 것이다. 따라서 우리 자신을 결코 찬양하지 않게 될 것이다. 우리의 인식에는 세 가지 양태가 있다. 그것들은 외적 인식(connaissance exotéque), 내적 인식(connaissance esotérique), 성스러운 인식(connaissance sacrée)이다. 또한 우리 무의식에 있는 세 가지 영역에 관해서도 말하였다. 개인무의식, 집단무의식, 초월적 무의식에 관해서 언급한 것이다. 그런데 상징은 인식의 이 세 양태에서 뿐만 아니라 무의식의 세 영역에서도 똑같이 영원하고, 보편적이며, 동일하게 작용하고 있다. 상징은 우리에게 언제나 더 참된 진리를 가르쳐 준다. 상징이 진리의 원천에 더 가까이 있기 때문이다. 그런데 우리는 우리를 개인무의식으로부터 집단무의식으로 이끌어 가는 상징이 우리를 또한 초월적 무의식으로까지 이끌어간다고 말할 수 있다.

 우리의 경험을 통해서 상징은 우리를 상징의 이미지나 개념 이외에 다른 어떤 것에 접근하게 하는 것을 알 수 있다. 그것은 우리를 상징의 원천이며, 모든 것의 원천인 하나님에 대한 살아 있는 진리에로 이끌고 간다. 하나의 예를 생각해 보자. 어떤 사람이 로마네스크 양식으로 지어진 교회 앞을 지나갔는데, 그는 그 사실을 알아차리지 못했다. 그래서 그는 겨우 "오래된 교회군"이라고 중얼거렸다. 그러나 그가 만약에 감수성이 예민했다면 "아름다운 교회로구나"라고 말했을 것이다. 박물관에서 그는 원시 기독교 시대의 석관(石棺)을 보았는데 그 앞에 멈춰서지 않았다.

그림들이 그를 더 끌었다. 색깔들이 "오래된 돌들"보다 그를 더욱더 매혹했기 때문이다. 그러나 어떤 특정한 주제들 이외에는 별로 이해하지 못했다. 몇 년이 지난 후, 여러차례 강연을 듣고, 강의를 들은 후 그는 그 교회 앞에 서서 로마네스크 양식에 관해서 말을 할 수 있게 되었고, 그 교회를 그 시대에 가져다 놓고 다른 나라에 있는 건축물들과 비교하면서 그 교회의 건축상 특징을 지적할 수도 있게 되었다. 정확하게 그 건축물에 대해서 미학적 비평을 할 수 있게 된 것이다. 박물관에서도 원시 기독교 시대 석관은 그에게 말하게 될 것이다. 그는 그 석관의 역사와 예술적 가치 및 그 석관에 낮게 돋을 새김해 놓은 무늬에 관해서도 언급할 수 있을 것이다. 그러면서 그는 석관 위에 새겨진 이미지나 벽에 걸린 그림을 보면서 "이것은 예수님을 부인하는 베드로이다"라거나, "저것은 사자 굴 속에 있는 다니엘이다"라고 할 것이다. 그러나 이런 말들은 그의 외적인 교양 수준을 넘지 않을 것이다. 어느날 그는 이런 외적인 의미를 떠나서 이 작품들 속에 깃들어 있는 더 깊은 의미에 관해서 추구하게 될 것이다. 이때 그에게는 새로운 탐구가 시작된다. 이런 외적 인식 위에 좀 더 철학적이고 상징적인 인식이 덧붙여지게 된다. 그것이 내적 인식이다. 내적 인식에서 상징은 중요한 역할을 한다. 이때 사람들은 하나의 작품과 관련해서 그것의 역사적 의미, 미학적 의미, 철학적 의미를 뛰어넘는 또다른 의미가 있다는 것을 알게 된다. 그는 이제 그 작품 속에는 아무것도 그저 우연히 생겨난 것은 없다는 사실을 알게 된다. 모든 것 속에 의미가 담겨 있다는 사실을 깨닫게 되는 것이다. 이 차원에서의 인식은 앞에서 예를 들었던 원시 기독교 시대 예수를 연구할 때도 작용하게 된다. 이 인식은 그에게 상징의 숨겨진 의미를 보여줄 수 있다. 이때 그는 이 의미들이 이 지구상의 모든 시대에 어느 지역에서나 존재했었음을 알게 된다. 집단무의식이 이 탐구 과정에서 그에게 커다란 도움을 주기 때문이다.

결국 이처럼 사람들은 상징을 통해서 진리에 도달하게 된다. 그런데 진리는 그 자체가 생명이다. 그리고 생명은 이때 더 이상 아무런 이미지(image)의 도움 없이도 스스로 드러나게 된다. 사람들이 직접적인 인식에 도달하게 된다. 초월적 무의식(inconscient transcendantal)이 개입하는 것은 바로 이때이다. 무의식이란 아직 확정되어 있지 않고, 미분화되어 있는 잠재적인 정신 에너지다. 모든 형태(form)는 그 속에 담겨 있다. 무의식은 그 자체로서는 형태를 만들 수가 없다. 밖에서 받아들일 수가 있을 뿐이다. 무의식은 가치 중립적이다. 무의식은 사탄으로부터 그 형태를 받아들여서 형상화될 수도 있고, 하나님으로부터 형태를 받아들여 형상화될 수도 있다. 그래서 우리 영혼은 아무런 인도 없이 무의식의 이 미궁(labyrinth)응 헤맬 때 말할 수 없는 위험에 처하게 된다. 이 위험은 우리가 무의식 속을 더욱더 깊이 내려갈 때 더 심해진다. 왜냐하면 사탄이 빛의 천사로 가장하여 나타날 수도 있기 때문이다. 우리가 초월적 무의식에 접근해 갈 때, 우리 영혼이 이런 위험 속에서 미혹(迷惑)되는 경우가 많이 있다. 아빌라의 테레사는 이때 우리가 어떻게 해야 할 것인가 하는 데 도움이 되는 지침을 만들어 주었다. 그녀는 우리 영혼의 탐구 과정에 이런 걸림돌이 있다는 사실을 이미 경험해 보고, 어떤 것이 하나님이 주시는 참된 비전이고, 어떤 것이 잘못된 비전인지 하는 것과 어떤 것이 하나님의 현존이고 어떤 것이 그렇지 않은 것인지 하는 것을 구분할 수 있는 명확한 충고(conseil)를 주었다. 그런데 비전(vision)이란 우리가 초월적 무의식에 도달했다고 해서 언제나 경험할 수 있는 것이 아니다. 그것은 내재해 있으면서 아직 감각되지 않을 수도 있는 것이다. 비전이란 그것 자체가 목적이 아니라 하나의 수단일 뿐이다. 우리가 집단무의식에 속한 것들을 체험하여 그것을 다른 사람들에게 말할 수 있다면, 우리는 아직 초월적 무의식에 도달한 것이 아니라고 보아야 한다. 초월적 무의식이란 우리에게 알려지지 않는 부분이고, 다른 사람들에게 합리적으로 설명할 수도 없는 부분이기 때문이다. 그것은 우리의 의식적 지성과 감각 "너머에" 있기 때문이다. 초월적 무의식에 대한 체험은 대단히 개인적이고, 전달 불가능한 체험이다. 융은 이 사실을 명확하게 알고 있었다. 그래서 그는 이 체험에 관해서는 어느 누구도 말할 수 없다고 주장하였다. 이 체험에 관해서 우리가 자신있게 말할 수 있는 것은 이와 비슷한 체험을 한 사람들은 모두 그 존재 전체가 변화되었기 때문이다. 왜냐하면 이때 사람들은 엄청난 계시를 체험하여, 그 힘 때문에 다메섹으로 가던 사울이 땅에 거꾸러져 바울이 되었듯이 강력한 힘을 체험하기 때문이다. 그러나 다른 사람의 인도 아래 무의식의 내면에 내려갈 때 우리는 우리가 무의식 속에서 만날 수 있는 모든 적대적인 장애물들을 없애버릴 수가 있다.

제 5 장
부모의 이미지

"너는 너의 아버지 집을 떠나라" (창 12:1)

인간의 삶에서 부모의 영향은 결정적이다. 그것은 신체적인 측면에서는 물론 정신적인 측면이나 정서적인 측면과 도덕적인 측면에서도 마찬가지이다. 어느 한 사람이 성장한 다음에 나타내 보이는 반응의 원천이 그의 부모님으로부터 비롯된다고 말해도 별 무리는 없을 것이다. 어머니와 아버지는 어린 아이가 태어나서 제일 처음에 보고, 알 수 있는 생명체이며, 그에게 생명을 주었고 그가 더불어 살 수 있는 존재이다. 어린 아이는 부모님과의 밀접한 관계 속에서 어떤 것을 느끼고, 어떤 인상을 받으며, 어떤 감정을 체험하고, 가끔 속기도하며, 두려움도 배우고, 희망도 배우게 된다. 어린 아이가 최초에 그의 심리적 내용을 투사하는 것도 그의 부모를 통해서이다.17)

아버지는 딸에게 아니무스(animus)의 원천이고, 어머니는 아들에게 아니마(anima)의 원천이다. 때때로 다른 사람이 가족에

---

17) 어린 아이들의 투사가 그들의 형제자매에게 행해질 수도 있는데, 그것은 그 형제자매들이 그 어린 아이의 머릿속에서 그의 부모 역할을 하고 있지 않는 한, 어디까지나 이차적인 것이다.

끼어들어서 투사의 고리가 넓어지기도 한다. 그러나 이때의 투사에도 언제나 최초 투사의 흔적이 남아 있게 마련이다. 투사란 그것이 긍정적인 것이든, 부정적인 것이든 사람들에게 원형적이며 심오한 관계를 맺게 한다. 그래서 우리는 우리가 맺어왔던 관계를 청산할 때, 그 결과가 우리에게 어떤 영향을 미칠 것인가를 생각해보지 않고 그 관계를 끊을 때 위험에 처하게 된다.

어머니와 아버지 가운데서 누가 더 중요한가? 이 물음에 대해서 우리는 "그것은 사람에 따라 다르다"고 즉시 대답할 것이다. 사실 어머니와 아버지는 모두 어린이의 발달을 위해서 무언가를 해 주어야 하는 책임이 있다. 그러나 그 책임은 아동의 발달 영역, 수준, 나이에 따라서 다르게 나타난다. 가장 이상적인 형태는 부부가 하나가 되어서 행복한 가정을 이루어, 남녀의 서로 다른 특성을 조화시키는 것이다. 이렇게 될 때 이 부부는 어린이의 전체적인 발달에 대단히 유익한 영향을 끼치면서 정신적으로 하나의 통합된 형체를 이루게 된다. 부모님에게서 이루어진 이 통합을 보고 자란 어린이의 정신 역시 원래적인 대극의 분열 없이 그들의 정신을 통합하게 된다. 그는 아무런 걸림돌 없이 자라고 성장할 수 있게 되는 것이다. 물론 이런 장애가 그의 외부에서 생겨날 수도 있다. 그러나 그의 정신은 어디까지나 원래부터 행복하게 남성과 여성이 통합되어 있는 "형상"(imago) 위에 기초하고 있기 때문에 이 장애물의 영향을 받지 않는다. 그래서 수도원에서는 종종 수도사 지원자들의 가정환경을 신중하게 살펴보고 그의 부모님이 화목하게 살지 못했거나 별거했던 지원자들은 받아들이기를 꺼려했었다. 물론 하나님은 이런 인간적인 일상사들을 초월해 계시다. 그래서 그 사람의 소명이 진정하고 확고한 것이라면 이런 인간적인 모든 장애들을 극복하고 그 사람을 받아들인다. 그러나 우리는 수도원에서도 이 점을 매우 엄격하게 다루었다는 사실을 중요하게 여겨야 한다. 이 사실은 부모님의 관계가 한 사람의 정신에 커다란 영향을 미치고 있다는 것을 보여주는 실례이다. 서로가 불화하거나, 별거 중인 부모는 어린이의 정신을 파고들어가 분열적으로 작용한다. 그래서 그들의 정신구조 내에 있는 여러 가지 대극적인 요소들은 부조화 상태에 빠지게 된다. 이 부조화는 제때 고쳐져야 한다. 그렇지 않을 경우 이것은 그들이 나중에 정신적으로 성장하는 데 걸림돌이 된다. 인간의 발달은 세 가지 중요한 국면(局面)을 따라서 이루어지는데, 이 세 국면은 인생의 서로 다른 세 시기인 유년기, 성년기, 노년기와 일치한다. 유년기와 성년기 사이에는 계속해서 맞물려 이어지는 성장기들이 있는데 이 단계에서 어린이들은 청소년기를 거치며, 결국 성인이 된다. 한편 성년기와 노년기 사이에서 사람들은 성장을 멈추고 쇠퇴기를 맞이한다. 이때 그들은 신체적인 면에서는 생동력이 쇠퇴되지만 영적인 측면에서는 성숙하게 된다. 그런데 성년기는 결국 죽음으로 끝이 난다. 죽음이란, 옳게 이해한다면, 모든 탄생의 종착점이다. 그리고 영원한 삶의 약속이기도 하다. 이때 사람은 사실 죽는 것이 아니다. 오히려 삶의 존재 형태를 바꾸는 것이다.

    사람들은 태어나면서부터 성장하고, 발달하고자 한다. 그런데 모든 성장의 근저에는 자아중심성(egocentrisme)이 자리 잡고 있다. 신생아들도 이때 어머니의 품 안에서 자기 스스로를 먹여 살리고자 하는 목적 이외에 다른 목적은 가지고 있지 않다. 그는 아무것도 남에게 주지 않고 오직 "취할" 뿐이다. 어머니는 그에게 오직 "먹여 살리는 사람" 이외에 아무것도 아니다. 이 시기에 어린 아이가 보모에게 맡겨진다면 그의 심리 속에는 처음부터 양가감정(ambivalance)이 생겨나며, 이 양가감정은 나중에 드러나게 된다. 특별히 이 어린 아이가 보모를 자기 어머니인줄 알고 투사를 일으키면 양가감정은 더욱더 심해진다. 왜냐하면 아버지에 대한 투사처럼 어머니에 대한 투사도 모든 사람들에게 처음부터 존재하는 것이기 때문이다. 어린 아이에게 어머니와 아버지가 없을 경우 이 투사는 그의 주위에 있는 다른 어른들에게 주어진다. 그래서 날 때부터 고아인 어린이 역시 이 투사의 문제에서 예외가 아니다.

이 유아(乳兒) 시절은 사람들의 심리 구조에 대단히 중요하고, 깊게 각인(刻印)되어 있다. 이 시기는 소위 "구강기"(口腔期)[18]라고 부르는 시기로서, 이 시기에 사람들은 보통 자아중심성을 강화하게 된다. 이 시기를 마감하는 이유(離乳)가 급작스럽게 잘못 이루어지면 이것은 어린이의 정신에 대단히 치명적인 영향을 주게 되며 그들에게 좌절감을 심어주게 된다. 이때 생겨난 정신적 외상(外傷)은 나중에 나타나서 어린 아이의 성격을 파괴시킬 수 있으며, 이 시기에로의 퇴행(구강기적 퇴행)을 야기시킬 수도 있다. 한편 이유기를 잘 벗어나온 어린이들은 매일 매일의 생활에 좀 더 잘 참여하게 된다. 어린이는 이제 어머니의 보살핌을 알게 되며 어머니의 사랑에 자신의 기질(tempérament)에 따라서 반응하게 된다. 그러면서 점차 융이 "어린이의 세계"(le pays de l'enfance)[19]라고 명명한 세계 속으로 들어가게 된다. 이 세계는 굉장한 나라이다. 이 세계의 지평선은 나날이 확장된다. 그러나 어린이는 아직도 보살핌과 보호를 필요로 한다. 누군가가 여전히 그를 돌보아 주어야 하는 것이다. 그리고 그는 성장하고, 발달하기 위해서 다른 사람을 의존하고, 그에게 자기의 마음을 주고, 신뢰를 보낼 줄 알아야 하는 것이다. 그가 부모와 떨어져서 살고

---

[18] 프로이드는 사람의 유년기를 구강기, 항문기, 성기기로 구분하고, 각 시기에서는 특별한 심리적 태도가 두드러지게 나타난다고 주장하였다.
[19] Das Kinderland

있거나, 부모가 없을 때 이 욕구는 다른 사람들에게 주어진다. 그러나 이때의 욕구는 그와 같은 나이 또래 다른 어린이들의 투사와 그 내용에 있어서는 같은 것이다. 이 "어린이의 세계"가 그의 외부 환경에 의해서 감염되지도 않고, 왜곡되지도 않는다면, 그 어린이는 그 자신은 물론이거니와 다른 사람들에 관해서도 알게 되고, 그 자신의 안전을 훼손 받지 않으면서 그의 삶의 첫 번째 체험들을 하게 된다. 이 "어린이의 세계"는 그에게 무한하게 가치가 있는 콤플렉스로 구성되어 있는 어떤 세계이다. 그 세계 속에서 어린이들은 그의 무의식과 분리되지 않으면서 살 수 있다. 그러나 이 "세계"는 불행하게도 종종 왜곡되고, 상처받으며, 초토화되고 만다. 정신분석을 해보면, 어린이들에게서 이 훼손 경험이 얼마나 결정적인 것이었는가 하는 점이 발견되곤 한다. 어린이들이 이 세계로부터 빠져나올 때 그들은 흔히 그의 부모에게 공격성을 보이게 된다. 그래서 그들은 자유를 가장하면서 부모로부터 무작정으로 독립하려고 하거나, 자기주장을 한답시고 무조건적으로 부모로부터 떠나려고 할 수도 있다. 물론 어린이들의 성장 과정에서 공격성과 독립심과 원심성(遠心性)은 정상적이며, 필요한 것이다. 그것들은 그들이 "어린이 세계"로부터 분리된 결과 나타난 것이고, 또 그들의 깊은 존재를 지키고자 하는 방어의 노력이기도 하다. 결국 이 분리는 하나의 심리적 드라마인 것이다.

어린이는 모든 것이 그에게 쉬워 보이고, 모든 것이 따스하며, 사랑스러워 보이는 이 세계로부터 빠져나와야 한다. 그래야 그는 삶과 직면할 수 있게 된다. 그들이 청소년이 된 다음에도 이 세계의 유혹을 이기지 못하여 어린이의 세계로부터 분리되지 못하거나, 이 세계에서 급격하게 빠져 나오면, 그들은 결코 성인이 될 수 없다.

왜냐하면 그의 인격의 일부는 이 전단계에 고착되어 더 이상 발달하지 못하게 되고, 오래지 않아 그의 성격과 정신구조와 삶이 왜곡되어버리고 말기 때문이다. 사고(思考)의 영역에서는 완전히 성숙되어 있을지라도 감정의 영역에서는 유아적(幼兒的)일 수가 있으며, 거꾸로 감정의 영역에서는 완전히 성숙되어 있는데, 사고나 감각의 영역에서는 미처 어린 아이의 티를 벗어나지 못하는 수가 있는 것이다.

리비도(libido)는 본질적으로 역동적이다. 그래서 인간 정신의 어떤 기능 하나가 앞으로 나아가지 않으면, 그것은 퇴행할 수밖에 없다. 그런데 인간 정신의 발달에 있어서 퇴행은 불가피하게 일어난다. 그러나 퇴행은 그것이 우리에게 의식되지 못하는 경우 매우 부정적인 영향을 미친다. 하지만 그것이 의식될 경우, 그것은 우리가 앞으로 더 멀리 나아갈 수 있는 도약대가 된다.

여기에서 우리는 "어린이의 세계"와 유아성(幼兒性)을 구분해야 할 필요가 있다. 우리는 어떤 사람이 어른이 되었으면서도 어린 시절의 어느 한 단계로 되돌아가고자 하는 경우, 그것을 유아성이라고 부른다. 왜냐하면 그 사람은 그의 나이와 맞지 않기 때문이다. 구강기에 있는 어린 아이에게 이기주의는 자연스러우며 필요한 것이기까지 하다. 그러나 성인에게는 그렇지가 않다. 마찬가지로 공격성과 독립심과 원심성(excentricit?)은 청소년기에 있는 사람들의 본질적인 특성이다. 그러나 성숙한 사람들에게는 더 이상 어울리는 특성이 아니다. 그러므로 이런 유아성은 하나의 기형이며, "어린이의 세계"가 어울리지 않는 나이에 희화화(戱畵化)되어서 나타나는 것이다. 그것은 이제 우리의 삶에 아무런 청량감도 주지 못하고, 자발성도 주지 못한다. 더 이상의 성장을 약속해 주지 못하는 것은 말할 것도 없다. 오히려 우리의 존재를 풍화시키고 마는 것이다. 그러나 우리는 이런 유아적인 퇴행에 빠지고 마는 경우가 너무나도 많다. 그렇게 되는 경우 우리의 정신이나 육체 또는 감정의 질서는 "충격"을 받게 된다. 이때 무슨 일이 생기는 것일까?

 인간의 정신 에너지는 일관되어 있기 때문에 정신 발달에서 정지 상태란 있을 수가 없다. 따라서 정신 에너지의 일부가 내면적 혼란으로 막히게 되면 그것은 역류하게 되어 과거 상태로 흘러간다. 그리하여 우리의 정신 에너지는 우리 삶에서 어떤 정신적 외상(外傷) 때문에 우리의 존재(存在) 전체가 무의식적으로 심하게 흔들렸던 인생의 어떤 시기, 즉 인간 발달 단계 가운데 어느 한 단계에 고착되고 만다. 이렇게 정상적인 발달 과정에서 퇴행된 정신 에너지는 우리 정신 속에 있던 콤플렉스를 불러일으키거나 새롭게 만들어 낸다. 그리고 이 콤플렉스는 어떤 경우 신경증이나 정신병을 유발하게 된다. 유아성은 이렇게 우리의 인격 발달에 위협적인 요소가 되고 있는 것이다.

 만약에 어떤 사람이 그가 지금 어떤 나이에 접어들었는가 하는 사실을 깨닫지 못하는 경우, 그는 그 사실 때문에 고통을 받지 않을 수도 있다. 그러기는커녕 계속해서 다른 사람들이 그를 사랑해 주고, 돌보아 주게 할 수도 있다. 그러나 그는 다른 사람들이 그를 제대로 이해하지도 못하고 있으며, 그가 제대로 대접받지 못하고 있다고 느끼게 된다. 그의 주위에 있는 사람들이 아무리 온몸과 온정을 다 바쳐서 해 주어도 마찬가지이다. 그는 그 자신이 다른 사람들에 의해서 희생물이 되어가면서, 동시에 다른 사람들을 잘못 이끌고 가는 것이다. 그가 다른 사람들로부터 더욱더 많은 것을 받을수록, 너욱너 많이 요구한다. 그가 이렇게 된 데 대해서 어느 정도 책임이 있는 그의 환경이 매우 불안해서 쉬 바뀌는 것이면, 그는 더욱더 잘못되게 된다. 그 결과 그는 그런 환경 속에서 탈출구를 찾아 나서려고 하지도 않고 아무런 일도 하지 않으려고 한다. 그러면서 소심하고 겁이 많으며 물렁물

령한 사람이 된다. 또한 그는 그의 주위에 있는 사람들에게 그에게만 계속해서 관심을 가져주고, 그의 곁에 있어 달라고 요구한다. 그의 인격에 병이 든 것이다. 병이 들어도 중병이다. 그러나 그는 그가 병이 든 줄 모르고 있으며 그가 병들었음을 받아들이려고도 하지 않는다. 왜냐하면 무의식적인 유아성은 그자체가 유약(柔弱)한 것이기 때문이고, 그 보상으로 오만하거나 독단적인 것으로 나타나기 때문이다.

이와는 반대로 어떤 사람이 너무 성숙하기만 할 경우, 여기에서도 비극은 생겨나고, 그 비극의 강도는 더욱더 깊어진다. 왜냐하면 그는 그 자신 속에 깃들어 있는 유아성을 전혀 받아들일 수가 없기 때문이다. 이 경우 그 사람은 그 자신과 말할 수 없는 싸움을 하게 된다. 그 결과 그의 존재는 이 갈등으로 인하여 갈기갈기 찢기고 상처받게 된다. 그는 그의 유아성을 감추려고 무진 애를 쓰지만 결국 유아성에로 돌아가고 마는 것이다. 그래서 그는 불안에 휩싸이고 좌절감에 젖어들게 되어 결국 그가 마귀에게 사로잡혔다고 믿게 된다. 이때 그에게는 힘이 없는 것도 아니고 의지가 없는 것도 아니다. 그러나 그것들이 그를 전혀 구원할 수 없다는 데 문제가 있다. 이때 악(惡)은 그 사람 자체보다 강력하다. 왜냐하면 그가 이 악의 원인에 관해서 전혀 무지(無知)하기 때문이다. 그는 이제 곧 미칠 지경이 되며, 심한 경우 자살을 기도하게 된다. 왜냐하면 그는 그 자신을 초월하는 힘과 싸우느라고 기진맥진해 있으며, 그가 어떤 폭군에게 사로잡혀 있다고 생각하기 때문이다. 이때 그가 구원받을 수 있는 유일한 길을 그가 그 자신에 관해서 각성하는 것이다. 그 길만이 그가 이 같은 상태에서 빠져 나오는 데 도움이 된다.

오늘날 유아성(infantilisme)은 대단히 만연되어 있는 심각한 문제이다. 청소년기에서 성인으로 넘어오는 것은 문자 그대로 한 사람이 다시 탄생하는 것과 같은 것인데, 현대 사회에서는 이 과정에서 사람들을 도와줄만한 장치가 전혀 없어서 사람들이 유아성을 벗어나지 못하고 있기 때문이다. 원시인들에게서 이 시기를 원만하게 넘겨주게 했던 입사식(initiation)은 심리학적으로 대단히 중요한 것이다(이 문제에 관해서는 나중에 언급할 수 있을 것이다). 사람들이 성인의 나이에 도달하게 되면(이 나이는 어느 사람이 청소년기를 완전히 벗어난 시기이다), 인간 발달은 새로운 방향을 잡아서 나아가게 된다. 왜냐하면 사람들은 그 전에는 그 자신에게만 관심을 집중시키고 있었는데, 이제 다른 사람들에게 관심을 돌리게 되기 때문이다. 이 시기에 인간적인 문제들은 모두 그에게 들어온다. 사랑에 대한 문제는 말할 것도 없다. 인간의 발달은 한 사람이 자아를 벗어버리고, 자기(自己)에게 도달하는 방향으로 나아가야 한다. 헌신적으로 되며, 성숙하게 되어야 하는 것이다. 이 세상에 완전한 성인은 없기 때문에, 이 시기에 사람들 속에서는 여러 가지 다른 갈등들이 수도 없이 생겨나게 된다. 그런데 인간에게 있어서 진정한 성숙이란 그가 모든 개인적이며 사회적인 문제들로부터 벗어나서 영적인 문제를 심사숙고 하게 되며, 이제 앞으로 다가올 죽음을 준비하게 되는 것을 의미한다.

    융은 인간의 삶에는 서로 다른 두 시기가 있다고 주장하였다. 첫 번째 시기는 인생의 전반기이다. 이 기간 동안에 사람들에게서는 자아가 형성되고, 여러 가지 서로 다른 세상일들에 종사하게 된다. 따라서 사람들은 많은 갈등에 시달리게 된다. 이때 사람들은 "육(肉)의 자녀"가 되는 것이다. 그 다음 시기는 인생의 후반기이다. 이때 사람들은 거꾸로 자아(自我)를 벗어버리고, "영(靈)의 자녀"가 된다. 인생의 전반기와 후반기를 나누는 나이는 사람에 따라서 다르기 때문에 정확하게 언제라고 주장할 수 없겠지만 융은 대체로 서른다섯 살 전후로 잡고 있다. 인생의 후반기에서 사람들이 주로 몰두하게 되는 문제는 영적인 문제이다. 그래서 융 학파 분석가들은 젊은이들은 물론 40대 이상이 되는 사람들에게도 많은 관심을 기울이고 있다.

  정신분석은 두말할 필요도 없이 사람들을 유아성에서부터 벗어나도록 해준다. 그렇게 함으로써 그들이 퇴행해버린 정신 에너지를 찾을 수 있기 때문이다. 이 힘이 일단 풀려나게 되면, 이 힘은 정신적 성숙을 위해서 사용될 수 있다. 이런 의미에서 우리는 정신분석을 정신적인 재교육(rééducation), 즉 유아성에서 벗어나 성인이 되게 하는 재교육이라고 부를 수 있다. 어른이 되는 것은 사춘기라는 위태위태한 도량을 넘는 것이며, 사회에 적응할 수 있게 되는 것이고, 한 사람의 성인으로서의 책임감을 짊어질 줄 알게 되는 것이다. 또한 그것은 어머니, 아버지가 되어 가정을 꾸리게 되는 것이기도 하다. 여기에 도달하기 위한 가장 본질적인 조건은 사람들이 부모, 즉 "어린이의 세계"로부터 떠나는 것이라고 이 세상의 모든 종교와 모든 금욕 수행법, 그리고 종족들에게서 발견되는 입사식(入社式)은 한 목소리로 말하고 있다. 그러면 이 분리(分離)란 무엇을 의미하는가? 이 분리는 정말 문자 그대로 부모님의 곁을 떠나는 것인가? 물론 대부분의 경우 젊은이들이 결혼하기 위하여 부모님의 집을 떠날 때 이 분리가 실제로 이루어진다. 그들이 부모님의 집을 떠나는 것은 그들이 성인의 나이에 도달했다는 것을 의미하기 때문이다. 그러나 그것만 가지고는 충분하지 않다. 결혼했다고 해서 완전히 성인이 된 것은 아니기 때문이다. 실제로 이 세상에는 아직도 환상 속에 살면서 자신의 욕망을 제어하지 못하고 살아가는 유아적인 부부들이 대단히 많이 있다. 이런 엉터리 부부들 때문에 이혼율 역시 상당히 늘어나고 있다.

결혼을 했으면서도 아직 그들의 삶을 책임 있게 이끌어나가지 못하며, 자신의 인격을 제대로 확립하지 못하는 한 그들이 아무리 부모님의 곁을 떠났다고 할지라도 그들은 여전히 어린이일 뿐이다. 그것은 다만 어린이들이 부모님 곁을 떠나서 멀리 사는 것에 불과하며 "자기네끼리의 삶"을 살려고 요란한 소리를 내면서 이사 가는 것에 불과한 것이다. 이러한 경우, 그들은 방어적인 태도를 보이거나 공격적인 성격을 보이게 되는데, 이것부터가 그들이 아직 어른이 되지 못했다는 증거이다. 그러나 부모님으로부터의 분리는 성숙한 인격을 이루기 위해서는 무엇보다도 중요한 것이다. 그리고 부모님들과의 심리적인 분리가 이루어지지 않는 한 사람들은 결코 성년(成年)에 도달할 수 없다는 사실을 정신분석은 명백하게 보여주고 있다.

부모님들과 다투고 나서 부모님 집의 대문을 "쾅" 소리를 내면서 뛰쳐나간 젊은이들은 아무리 그들이 부모님들로부터 독립되었고, 스스로 살아갈 수 있게 되었다고 생각할지라도 아직도 어머니 콤플렉스(mother complex)나 아버지 콤플렉스(father complex)에 사로잡혀 있는 경우가 많다. 그들은 부모님의 곁을 떠났다고 믿고 있지만, 사실은 그들의 부모님을 그들의 내면에 억압시켜 버렸기 때문이다. 따라서 그들의 삶 전체는 아직 청산되지 않은 부모님의 투사(projection)에 묶여 있게 된다. 그들이 용감하게 부모님으로부터 뛰쳐나왔다고 생각하는 것이 사실은 그들로부터 도피한 것에 불과한 것이다. 부모님으로부터의 분리란 "문자적인 것"을 의미하지 않는다. 오히려 상징적인 것을 의미한다. 그러므로 어떤 사람이 외국으로 이민을 간다든지 수도원에 들어간다든지 해서 겉으로는 아무리 요란하게 부모님으로부터 분리된다고 할지라도 거기에 심리적인 분리가 수반되지 않는다면 아무 의미도 없는 것이다. 심리적인 분리란 결코 부모님들과 단순하게 헤어짐으로써만 이루어지지 않는다. 오히려 부모님들과 깊이 화해한 다음에만 이루어질 수 있다. 즉 그들의 내면에 어머니와 아버지를 통합시켜야만, 다시 말해서 그들의 내면에 원초적인 가치(valeurs primordiales)를 받아들여야만 그들은 부모님과 실제적으로 분리될 수 있고, 그 결과 성인이 될 수 있는 것이다.

상징적인 의미에서 부모님과의 분리는 흔히 어머니로부터의 분리로 그려지고 있는데, 이것은 실제로 적절한 표현이다. 왜냐하면 성인이 된다는 것은 "어린이의 세계"를 떠나는 것이며, 어린이의 세계는 또한 어머니의 품으로 상징되기 때문이다. 우리가 어른이 되려면 우리는 반드시 심리적인 탯줄을 끊어버려야 한다. 이 심리적인 탯줄을 끊는다는 것이 상징적으로는 어머니와의 분리로 표현되고 있지만 여기에는 좀 더 복잡한 내용들이 담겨 있다. 이 내용을 이해하기 위해서는 우리가 몇 가지 상징의 의미를 생각해 보아야 한다.

모든 상징의 원천에는 네 가지 요소가 있다. 그 중 두 가지는 남성적인 것으로서 공기(air)와 불(feu)이며 나머지 두 가지는 여성적인 것으로서 물(eau)과 땅(terre)이다. 이 넷은 거의 언제나 대극(對極)의 법칙에 따라서 하나의 쌍을 짓고 있다. 즉 공기와 땅, 불과 물 등으로 나타나는 것이다. 남성적인 요소로서, 공기는 긍정적이고, 활동적이며, 번식적(fécondant)이다. 그래서 아버지, 남성, 신(神), 영(靈), 이성(理性)을 나타낸다. 여성적인 요소로서 땅은 수용적이고, 수동적이며, 풍성하다. 그래서 어머니, 여성, 여신, 영혼(靈魂), 직관을 나타낸다. 이 요소들은 서로 분리되어 있을 때, 아무것도 생산하지 못한다. 땅이 없는 공기는 존재할 수 없으며, 공기 없는 땅은 불모지일 뿐이다. 이 세상에 있는 모든 우주 창조 신화나 그 밖의 신화들은 이 남-여성의 결합 사상에 기초를 두고 있다. 다시 말해서 많은 신화들에서 나타나는 이미지들이 여러 가지 다른 모습을 하고 있지만 그것들은 모두 원초적인 결합상인 공기-땅(또는 공기-물)에 그 근원을 두고 있는 것이다. 알기 쉽게 말하자면, 이 세상에서 무엇인가가 창조되기 위해서는 생산적인 남성적 요소와 수용적인 여성적 요소가 만나야 하는 것이다. 지극히 자연적이고 생리적인 이 법칙은 심리학이나 상징의 영역에서도 똑같이 실제적이고 진리이다. 그러면 이제 잠시 여성적인 요소인 물과 땅을 생각해 보자. 물과 땅은 태초로부터 언제나 태모(Magna Mater: 모든 것의 어머니 상징이었다. 사실 물과 땅은 무엇인가를 담는 그릇으로서 씨를 받고, 배아(胚芽)를 보호하며, 그것을 낳게 한다. 많은 우주창생신화에서 물이나 땅은 우주의 자궁(子宮)으로 생각되고 있다. 그래서 어머니-물(eau-mère) 이미지는 많은 신화와 종교에서 자주 등장하고 있다.

그런데 다른 모든 중요 상징처럼 물과 땅은 두 가지 의미를 지니고 있다. 한편으로 땅은 씨앗을 받아들여서, 그것을 자라게 하며, 결국 그것을 탄생시키는 풍부한 자궁인가 하면, 다른 한편으로는 땅은 모든 것을 삼켜버리고, 썩게 하며, 파괴시키고, 변질시켜버리는 괴물이기도 하다. 그러므로 물과 땅은 무엇인가를 탄생시키기도 하고, 죽여버리기도 하는 것이다. 여기에서 나타나는 사상은 죽음이란 존재 형태의 변화 또는 변형으로서, 다른 차원에서 새롭게 태어나는 것이다. 여성적인 요소가 가지고 있는 이 이중적인 상징주의는 모든 상징과 그 상징에서 생겨난 이미지들 속에서 나타나고 있다. 그래서 태모(太母:Magna Mater)나 여신들 및 인간의 어머니에게도 이 이중적인 상징주의가 예외는 아니다. 말하자면 태모는 무엇인가를 보호하고, 발달시키는 양육자일 뿐만 아니라, 그것을 삼켜버리고, 잡아먹는, 계모이며 칼리-두르가(Kali-Doura: 힌두 신화에 나오는 검은색의 죽음의 여신)를 닮은 "탐식자"(貪食者) 이기도 하다. 그래서 많은 신화들을 보면, 영웅들이 정복해야 하는 부정적이며, 불길한 여신들과 마귀들, 마녀들, 요괴들 및 못된 요정들이 수도 없이 나오고 있다. 이 모든 모습들은 상징적으로 말하자면 어머니의 부정적인 측면, 즉 그림자 측면의 의인화인 것이다. 하지만 이 두 모습이 한 인물에 의해서 동시에 표출되는 법은 그리 많지 않다. 대부분의 경우 어떤 이미지들은 긍정적인 것으로, 다른 이미지들은 부정적인 것으로 나타나고 있을 뿐이다.

우리의 논의에서도 여성이 가지고 있는 이중적인 상징주의는 똑같이 작용한다. 그리고 이것은 어떤 한 사람이나 여러 사람들에게 투사될 수 있다. 만약에 이 상징적인 의미가 어떤 한 인물, 예를 들어서 어머니에게 투사될 때, 그것은 사람들에게 양가적(兩價的) 감정을 불러일으켜서, 사람들은 어머니로부터 사랑과 미움을 동시에 느끼게 된다. 그러므로 우리가 여성적인 이미지가 가지고 있는 이 상징주의의 의미를 명확하게 인식하고 있어야만, 상징의 이 모호성으로부터 자유로워질 수 있다. 예를 들어서 어머니는 어떤 경우 "암탉 같은 어머니"가 될 수 있다. 이때 어머니는 그 자식들을 무조건적으로 감싸고, 돌보려고만 해서, 자식들이 문자 그대로 그녀 속에 감금되어버리고 마는 수가 있다. 또 다른 경우 어머니는 "계모 같은 어머니"가 되어서 자식들에게 질투를 느끼고, 고약하게 굴어서 자식들의 성장을 막아버리는 수도 있다. 하지만 그 어떤 경우에서도 사람들이 "어린이의 세계", 즉 어머니의 품을 벗어나기란 쉬운 일이 아니다. 거의 불가능한지도 모른다. 왜냐하면 유아성에서 벗어나지 못한 어른들은 그의 주위 사람들에게 그 자신이 어머니로부터 받은 감정을 투사하기 때문이다. 그 사람이 이 투사로부터 자유롭게 되는 것은 그가 인간의 삶에 있어서 어머니의 역할이란 과연 무엇인가 하는 사실을 명확하게 각성해야 이루어진다(여기에서 우리는 모든 투사란 언제나 무의식적인 현상이라는 사실을 기억해야 한다).

　어머니로부터의 분리는 종종 어머니의 죽음이라는 상징으로 나타난다. 우리는 많은 신화 속에서 어느 영웅이 괴물 또는 용과 싸우는 것을 본다. 그런데 이 괴물 또는 용은 상징적으로 말해서 어머니를 나타내고, 괴물과의 싸움은 영웅인 아들의 해방 투쟁을 의미한다. 어떻게 어머니가 괴물이나 용으로 나타날 수 있는가? 이 사실을 우리는 이미 수차례씩이나 말했다. 즉 청소년들에게 어머니는 긍정적으로 나타나기보다는 반드시 극복해야만 하는 장애물로 일시적으로나마 작용한다고 주장한 것이다. 이 투쟁 끝에 이루어지는 괴물의 죽음(어머니의 죽음)은 종종 칼이나 창 등 찌르는 무기에 의해서 이루어진다(이것의 현대적인 표현은 아마 권총이 될 것이다). 어머니에 대한 청소년들의 공격성을 강조하고 있는 이 무기들은 동시에 그들의 성기(性器)로 상징되는 남성의 자기주장을 의미하기도 한다. 그래서 신화 속에서 어머니를 죽이는 행동은 상징적인 의미에서 청소년들이 그들의 남성다움을 가지고서 어머니를 극복하는 행동과 같은 것이다. 이처럼 한 사람이 정신적인 발달을 이루기 위해서는 그들이 어머니의 영향력에서 벗어나는 것이 무엇보다 중요한 일이다. 결국 어머니 살해는 청소년들이 유아적인 세계로부터 분리되는 원형적인 상징인 것이다. 이 상징에서 나타나는 폭력성이나 잔인성은 모든 청소년들이 또 다른 세계에 도달하기 위해서 그들의 내면 속에서 실제로 벌이고 있는 내면적 투쟁의 강렬함을 나타낸다. 여기에서 우리는 젊은이들이 왜 꿈 속에서나 공상 속에서 어머니를 죽이거나, 어머니를 사로잡으려고 하는지 그 이유를 알 수 있게 된다. 이 주제들은 실제로는 결코 이루어질 수 없는 것들이지만, 청소년들이 보편적으로 가지고 있는 깊은 내면적인 요청을 드러내는 것이다. 우리들이 만약에 상징 언어의 의미를 제대로 해석해낼 수 있다면, 우리는 우리 주위에서 일어나고 있는 많은 오해나 범죄들을 피할 수 있을 것이다.

그러면 이제 어머니로터의 분리가 실제로 어떤 역할을 하는가 하는 사실을 살펴보자. 그러나 우리는 이 사실을 탐구하기에 앞서서 상징이란, 그 상징의 의미를 제대로 파악하지 못하는 사람이나, 상징을 실제로 체험해 보지 못한 사람에게는 매우 혼돈된 것으로 나타날 수도 있다는 사실을 잊지 말아야 한다. 왜냐하면 모든 상징은 언제나 이중적인 의미를 가지고 있기 때문이다. 우리가 용이나 괴물을 만나고, 그 괴물을 죽이는 상징은 우리의 삶에서 매우 밀접하게 연결되어 있는 발달의 두 시기를 나타낸다. 그러나 우리가 이 두 시기를 문자 그대로 체험하는 법은 극히 드물기는 하다. 이것은 오히려 모든 종교의 내면적인 교리에서나 나타나는 재생의 교리를 나타낸다고 해야 할 것이다. 하지만 우리가 정신분석을 해보면 우리는 우리 속에서 우리가 실제로 이런 신화를 살고 있다는 것을 발견할 수 있다. 즉 청소년들을 어린이의 세계로부터 분리시키는 공격적인 행동은 우리들이 유아성에서 벗어나 남성에게로 이끄는 것을 볼 수 있을 것이다. 그래서 많은 신화나 설화는 물론 민담 속에서 주인공인 영웅은 괴물과 싸우고 그 괴물을 무찌른 다음에야 비로소 그의 아니마(순결한 처녀나 공주로 나타나는 여인상)와 결합할 수 있는 것이다.[20] 융의 심리학 용어로 해석해 보면, 이 사실은 우리가 아니마(또는 아니무스)와 만날 수 있는 것은 우리가 성인이 되어야 비로소, 즉 어린 시절로부터 분리되어야 비로소 가능하다는 사실을 의미한다. 물론 어머니를 죽이고, 어머니를 무찌르는 것은 상징적인 행동이다. 그러나 우리는 이 심리적인 사실을 잘못 해석하지 말

---

20) 여기에 해당되는 신화는 페르세우스 신화이며, 이밖에도 많이 있다.

아야 한다. 이런 각도에서 볼 때 소위 오이디푸스 콤플렉스라고 부르는 것은 주목해야만 할 정도로 의미 변화를 보이게 되며, 그 전과는 근본적으로 새로운 의미를 지니게 된다. 즉 집단무의식에 관해서 알지 못했던 프로이드에게서 어머니의 죽음이나 어머니 극복이라는 주제는 어머니 개인에게 한정될 수밖에 없었고, 한 사람이 정신적 발달을 이루기 위해서 근친상간적 욕망을 극복해야 한다고 축소, 해석될 수밖에 없었다. 그러나 융은 집단무의식을 발견할 수 있었으므로 근친상간적 문제를 좀 더 넓은 지평에서 우리 인간을 해방시켜 주는 위대한 원형 가운데서 해석할 수 있었다. 하지만 우리는 우리 주위에서 실제로 발견되고 있는 근친상간의 감정을 부정해서는 안 된다. 오히려 거기에 담겨져 있는 진정한 의미를 간파해야 한다. 즉 그 상징의 빛에서 그 의미를 해석해야 하는 것이다. 어떤 사람이 근친상간적인 반응을 보였다면, 우리는 그가 꾼 꿈을 분석하여, 그 반응이란 그가 좀 더 높은 차원의 삶으로 다시 태어나기 위해서 어머니(어린 시절)로부터 해방되려고 하는 부름이라고 가르쳐 주어야 한다. 근친상간이 명백하게 보일 경우, 우리는 무한한 인내를 기울여서 한 사람을 그의 어머니에게 붙들어 매고 있는 유아적인 동기를 찾아내야 한다. 그리고 그 분석은 당사자에게는 물론이거니와 그 사태에 대해서 책임이 있는 어머니에게도 초점이 맞추어져서 행해져야 한다. 우리가 이 개인무의식의 문제를 집단무의식의 문제로 변화시켜 해석할 수 있게 될 때, 그 사람은 머지않아 구원받게 된다. 우리가 앞에서 어떤 소년 또는 소녀에 관해서 이야기 했다면, 그것은 융이 어머니로부터의 분리와 극복은 남성에게는 물론 여성에게도 중요하다는 사실을 발견했기 때문이다. 이 사실은 이 문제가 개인적인 영역을 벗어나, 보편적인 진리라는 사실을 입증해 준다. 사실 분석을 통해서 볼 때, 우리는 여성들 역시 이 까다로운 문제에 봉착해 있는 것을 알 수 있다. 왜냐하면 사람들이 태어나고, 또 거듭나기 위해서는 그가 생물학적으로, 그리고 상징적으로 어머니의 품을 통과하지 않으면 불가능하기 때문이다. 근친상간 금기는 이런 분리를 상징하고 있는 영원한 원형(原型)이다. 우리는 이 사실에 관해서 이미 많이 말해왔다.

이렇게 되면 우리는 어머니 콤플렉스가 남자들만의 문제가 아니라는 사실을 알 수 있게 된다. 여성들 역시 정신적인 성장을 해야 하기 때문에 어머니로 대표되는 어린이의 세계와 싸워야 하고, 거듭나기 위해서 어머니를 정복하고, 극복해야 한다. 상징의 의미는 영원하다. 그래서 사람들은 상징을 이해할 수 있고, 상징을 그의 몸으로 살 수 있다. 어머니와의 싸움이라고 하는 원형적인 상징은 그 의미가 청소년에게서와 성인에게서 결코 같은 것으로 나타나지 않는다. 그 이유는 이 두 시기에서 삶의 과제가 다르기 때문이다. 청소년기에서 이 상징을 그가 그 자신은 그의 부모와 다른 존재라는 사실을 깨닫고, 이와 같은 각성 위에서 사회에 제대로 적응하기 위하여 그가 그의 어린 시절 및 유아적인 행동으로부터 벗어나야 한다는 것을 의미한다.

이 단계에서 투쟁의 원형(l'archetype du combat)이 없을 수 없다. 그래서 그가 한 위상에서 다른 위상으로 옮겨질 때마다 그는 이런 현태의 투쟁이나 저런 형태의 투쟁을 하고 있다. 우리는 이런 싸움을 한 사람이 성숙한 인격을 갖추어 나가는 과정에서 많이 하고 있는 것을 볼 수 있다. 우리는 여기에서 이 원형의 깊은 의미를 찾아 볼 수 있다. 그 의미는 이제 더 이상 그가 유아 시절에서 벗어난다거나, 어머니의 품을 떠난다거나 하는 것에 국한되지 않는다. 많은 신화나 설화에 나오는 용이나 괴물은 새로운 의미를 지니게 되는 것이다. 그것들은 무의식의 상징이다. 한 사람이 그 자신의 본질을 깨닫기 위해서 정복하고, 극복해야 하는 무의식을 나타내고 있는 것이다. 그렇다 용이니 괴물이니 하는 것은 태모(Magna Mater)를 나타낸다. 우리가 영적인 존재로 다시 태어나기 위해서 그의 품으로 다시 돌아가야 하는 우주적인 어머니의 상징인 것이다. 여기에서 땅이나 물의 상징 역시 새로운 의미를 지니게 된다. 왜냐하면 땅인-어머니(Terre-Mere:地母)는 성장하고 있는 존재를 받아들여서 싹틔우고 있는 그곳을 의미하고 있기 때문이다.

사람들이 자신에 대해서는 죽고, 또 다른 존재로 태어나는 것은 태모(太母:태모란 우리의 자연적 어머니가 승화된 모습이 아니다. 또 다른 개념이다)의 품속에서이다. 이때 사람들은 "거듭나기 위해서 죽는다." 이렇게 삼켜지고 다시 내뱉어지는 과정을 융은 "밤의 항해"(la traversée nocturne)라고 불렀다. 그것은 태양이 저녁이 되면 바다에 잠겼다가, 아침이 되어 다시 동쪽 하늘에 새로운 태양으로 되어서 떠오르는 모습과 같기 때문이다. 이 사실을 좀 더 개진하기 전에 잠시 공격성(agressivité)에 관해서 언급해 보자.

우리는 공격성이란 유아 또는 청소년들에게서 정상적으로 나타날 수 있는 발달 위기의 징후라고 생각한다. 그러나 그것이 성인에게서 나타날 때, 그것은 거꾸로 유아적 퇴행이며, 고착인 것이다. 그러면 이 공격성이란 과연 무엇인가? 사람들은 성장 과정에서 왜 공격성을 보이는 것일까? 여태까지 이 질문에 관해서 많은 답변이 행해졌다. 그리고 그 답변들은 모두 그 나름대로 가치가 있다. 그러나 우리는 이 문제에 고통(la souffrance)이라는 의미를 첨가시켜서 좀 더 넓게 접근하고자 한다. 앞에서 우리는 성인이 되는 것은 매우 힘들고, 또 많은 수고가 필요한 과정이라고 말했다.[21] 사람들은 성인이 될 때, 한 고비를 넘겼다고 믿는다. 그

---

21) 또한 그의 자녀가 성인이 될 때 부모들 쪽에서도 세심한 주의와 이해를 기울여야 한다

러나 사실은 그는 성인이 되지 않기 위해서 도피하려고 무진 애를 썼었다. 도피(la fuite)란 퇴행이나 거부, 즉 어머니에 대한 유아적인 고착만을 의미하지 않는다. 도피란 속으로는 그렇지도 않으면서 겉으로만 어떤 것을 과장되게 흥분하여 받아들이는 태도도 포함하고 있다. 이런 예로써 어떤 사람은 현실과 유리되어 학문이나 영성 등 고상한 이상만을 추구하는 경우도 있다. 이와 반대로 또 다른 사람은 감각적인 것이나 일탈된 행동을 추구하기도 하며 악으로 떨어져버리기도 한다. 도피란 대부분의 경우, 무엇인가를 극복하지 않으려는 의도이며, 좌절된 시도이고, 해방되지 못한 절망을 의미하고 있다. 그래서 우리는 도피에서는 인생의 괴롭고, 적대적인 측면에서부터 도망가고자 하는 사람들의 욕망을 발견할 수 있다. 즉 인생의 고통스럽고, 어두운 측면, 그러나 그가 싸워야만 하는 측면에서 도주하는 모습을 보게 되는 것이다. 정신분석을 해보면, 소위 어른이라고 하는 많은 사람들이 삶에 필연적으로 따라오는 고통과 죽음이라는 인생의 문제와 맞부딪치지 않고 매일 도망 다니기 때문에 결국 병에 걸리게 된 것을 보고 깜짝 놀라게 된다. 그들은 삶의 깊은 차원에 관해서는 눈을 감아버리고, 그들이 일상적으로 접하게 되는 개인적인 문제에만 관심을 기울이든지, 그 모든 문제를 지적으로나 철학적으로만 관찰하고는 그 문제를 지배했다고 생각한다. 또 그런 사람들 가운데는 우리 삶의 문제를 모두 십자가에 투사해 놓는 경우도 있다. 그러면서 그들은 높은 영성을 추구한다고 착각하고 있다. 그러나 그것이 이런 형태로 나타나건, 저런 형태로 나타나건 무의식적으로는 도피하고자 하는 욕망을 포장해 놓은 것에 불과하다. 인간의 삶에 있어서 고통의 문제란 대단히 심각하고, 신비스럽기까지 한 문제이다. 그래서 여기서는 깊이 다루지 않겠다. 다만 고통과 공격성이 겹쳐지는 부분에만 조명을 하겠다. 자기 자신이나 다른 사람을 향한 공격성은 그 사람이 고통의 의미를 깨닫고, 거기에서 새로운 의미를 발견하고, 그것을 자기의 것으로 받아들일 때 소멸된다고 우리는 여러 차례 말해왔다. 결국 우리의 공격성이란 우리가 어떤 고통을 받을 때 그 고통을 우리의 원수로 생각하지 않고 우리를 이끌어 주는 인도자로 생각할 때 사라지는 것이다. 우리가 이렇게 고통과 직접 대면하는 것은 대단히 중요한 일이다. 우리가 고통의 문제와 직면하지 않는 한 아무런 영적인 발달도 이룰 수 없기 때문이다. 이런 의미에서 후쉐(Suzanne Fouché)는 다음과 같이 말한 적이 있다: "고통을 이해한다는 것은 고통을 두 손으로 힘껏 움켜잡는 것과 같다. 그것은 마치 일꾼이 쟁기를 힘껏 움켜잡고 밭을 가는 것과 같은 것이다…고통을 그의 삶의 한 부분으로서, 또는 그의 삶 자체로서 받아들이는 것은 고통을 그의 삶에 동화시키는 것이고, 이용하는 것이며, 드디어는 변화시키는 것이다."22)

십자가의 성요한이 주장하고 있는 "밤의 항해"(la traversée nocturne)라고 하는 개념은 우리들에게 이 문제, 즉 고통에 직면하는 문제를 다시 살펴보게 하고, 우리가 여태까지 생각해 왔던 가치들을 다시 돌아보게 만든다. 이 문제를 깊이 다루기 전에 먼저 우리 기독교에서는 "어린이의 세계"와 분리되는 것을 교리적으로 어떻게 말하고 있는가 하는 점에 관해서 이야기해 보자. 사실 정신분석에서는 이 문제가 모든 사람들에게 심리적인 측면에서 절대적으로 필요한 것이라고 주장하고 있다. 영적인 측면에서도 마찬가지다. 성서에도 우리가 "어린이의 세계"로부터 분리되어야 할 것을 강조하는 구절이 대단히 많다. 그 모든 구절들을 다 살펴볼 필요는 없지만, 몇몇 구절들을 살펴보면 다음과 같다.

---

22) Suzanne Fouché, 《고통: 인생의 학교》(Souffrance:Ecole de vie), Raris: éd. Spes.

제일 먼저 구약의 창세기에서부터 야훼 하나님은 다음과 같이 외치고 있다: "이러므로 남자가 부모를 떠나 그 아내와 연합하여 둘이 한 몸을 이루게 될 것이다"(창2:24). 누가 이 말씀보다 더 명확하게 우리 인간의 영적 발달에 관해서 언급할 수가 있겠는가? 사람들은 어느 정도 성장하면 모두 그의 부모님을 떠나야 한다. 그리고 그의 반대편 짝인 아내를 만나서 그녀와 함께 또 다른 통일체를 이루어야 하는 것이다. 말씀이 언급하고 있는 상징의 의미는 더욱더 의미심장하다. 왜냐하면 여기서 언급하고 있는 것은 모든 사람들이 그의 내면에서 그 자신의 영혼인 '아니마(anima)를 발견하여, 그 아니마와 하나가 될 것을 암시하고 있기 때문이다. 그는 본래 그의 아니마와 하나였다. 즉 본래적인 통일체였다. 왜냐하면 "하나님이 인간을 '그의 형상대로' 창조하셨기" 때문이다.(창 1:27).

같은 창세기에 이런 말씀도 있다. "하나님이 아브라함에게 이렇게 말씀하셨다. '너는 너의 본토, 친척, 아버지의 집을 떠나서 내가 너에게 이르는 땅으로 가라'"(12:1). 여기에서 성서가 말하고자 하는 것은 초월적인 측면이다. 우리는 여기에서 하나님이 나타나셔서 우리에게 영적으로 발달하고, 새로운 나라로 찾아가며, 성숙할 것을 촉구하고 있는 것에 주목해야 한다. 하나님은 결코 우리들이 그 자리에만 머물러 있기를 바라지 않으신다. 정신분석 역시 그 심리학적 측면에서 볼 때 마찬가지이다.

그러면 복음서는 무엇을 말하고 있는가? 누가복음을 보면 예수님은 사춘기 때 그의 부모님 곁을 떠나서 예루살렘 성전에 머무른 적이 있다. 그의 부모님들이 자기 아들이 없어졌다고 걱정하고 있는데도 말이다. 이때 예수님은 마리아와 요셉에게 무엇이라고 답변하였는가? "왜 나를 찾으셨습니까? 내가 내 아버지의 집에서 해야 할 일이 있는지 알지 못하셨습니까?"(눅 2:49)라고 대답하지 않았는가? 내 아버지 집에서 해야 할 일이란 과연 무엇인가? 성인(成人)이 되어야 하는 일이 아닌가?

우리는 또한 마태복음 8장 21절에서 다음과 같은 구절을 볼 수 있다: "그의 제자 중 한 사람이 그에게 말했다. '선생님, 제가 가서 제 아버지를 묻고 오게 해 주십시오.' 예수께서 그에게 말씀하셨다. '나를 따라 오너라. 그리고 죽은 자들로 하여금 죽은 자들을 묻게 하라.'" 또한 누가복음에도 이것과 같은 맥락의 구절이 나와 있다. "또 다른 제자가 말했다. '주여, 제가 주를 따르겠습니다. 그러나 제가 저의 식구들에게 인사를 하게 허락해 주십시오.' 그러나 이 말씀에 대해서 예수님은 이렇게 답변하셨다. '누구든지 쟁기를 잡고 뒤를 돌아보는 사람은 하나님 나라에 합당하지 않다.'"(눅 9:61-62). 그러나 세배대의 아들 요한과 야고보에 관해서는 다음과 같이 기록되어 있다. "즉시 그들은 배와 아버지를 떠나서 예수님을 쫓았다"(마 4:22). 이 말씀은 진정한 영적 발달의 상태가 어떠한 것인지를 나타내는 마태복음 10장 37절-39절까지의 말씀과 같은 맥락에 서 있는 말씀이다: "자기 아버지나 어머니를 나보다 더 사랑하는 사람은 나에게 합당하지 않고, 자기 아들이나 딸을 나보다 더 사랑하는 사람도 나에게 합당하지 않다. 자기 십자가를 지고, 나를 따르지 않는 사람은 누구나 나에게 합당하지 않다"(마 10:37-39).

영적인 삶을 위해서 우리가 부모님의 품을 떠나야 한다는 사실을 성서보다 더 강력하게 주장하는 것은 없을 것이다. 사실 복음서는 이러한 필요성에 관해서, 즉 부모로부터의 분리에 관해서 난폭할 정도로까지 언급하고 있다. 우리는 이에 관한 구절을 마태복음 10장 34절, 35절에서 칼과 칼날의 상징을 통해서 찾아볼 수 있다: "내가 너희들에게 평화를 주려고 이 땅에 온 것으로 생각하지 말라. 나는 평화를 주려고 온 것이 아니라 칼을 주려고 왔다. 나는 아들이 아버지에게, 딸이 어머니에게, 며느리가 시어머니에게 대적하게 하려고 왔다. 모든 사람들은 그의 가족을 원수처럼 대하게 될 것이다"(마 10:34-35).

이 말씀의 의미는 더욱더 확장되고, 심화될 수 있다. 그리스도가 마태복음에서 말한 칼은 그의 말씀, 즉 하나님의 말씀과 동일시 될 수 있는 것이다. 그런데 "하나님의 말씀은 그 어떤 두 날을 가진 칼보다도 예리하고, 효과적이며, 살아있다. 그래서 하나님의 말씀은 우리의 혼과 영을 파고 들어가서 쪼개기까지 한다" (히 4:12).

육신의 어머니를 꿰뚫고 들어간다는 것은 영(靈) 자체이신 하나님의 말씀을 가지고 어머니를 극복하는 것을 의미하며, 혼과 영을 쪼갠다는 말은 자기 내면에서 새 사람을 낳게 하기 위해서 그의 옛 사람이 그의 환경과 그 자신으로부터 벗어나는 투쟁을 의미한다. 이 모든 사실은 "밤의 항해"이며, "밤의 항해"라는 표현은 이 모든 투쟁들을 가장 잘 말해 주고 있다. 그래서 예수 그리스도는 요한복음 14장 27절에서 "나는 평화를 주고 간다. 내 평화를 주는 것이다"라고 말했다. 여기에서 말하는 평화는 세상이 주는 평화가 아니라 영혼의 평화라는 사실에 주목해야 한다. 이 평화는 앞에서 말한 그 어려운 내적 투쟁을 거쳐야만 비로소 얻어질 수 있는 것이다. 하나님의 요청은 절대적이다. 하나님을 따르려면 모든 것에서부터 떠나야 하기 때문이다: "많은 무리가 예수와 함께 길을 갈 때에 예수는 몸을 돌려서 그들에게 말하였다. '누구든지 내게로 오는 사람 가운데 자기 아버지나 어머니, 또 자기 아내나 자식은 물론 자기 형제나 자매, 심지어 자기 목숨까지 미워하지 않으면 내 제자가 될 수 없다. 자기 십자가를 지고 나를 따르지 않는 사람들은 어느 누구라도 내 제자가 될 수 없는 것이다'"(눅 14:25-27). 같은 맥락에서 예수는 마가복음

8장 34절부터 36절에서 이렇게 말하고 있다: "그의 제자들과 무리들을 부르시며 그는 이렇게 말했다. '어느 누구든지 나를 따라오려거든, 그는 자기 자신을 부인하고, 자기 십자가를 지고, 나를 따라와야 한다. 누구든지 자기 목숨을 구하려면 잃을 것이요, 누구든지 나와 복음을 위하여 자기 목숨을 잃으면, 그것을 구할 것이다. 사람이 온 천하를 얻고도 자기 목숨을 잃으면, 무슨 소용이 있겠는가?'"(막 8:34-36).

예수 그리스도가 우리에게 요구하고 있으며, 우리는 오직 하나님의 은혜에 의해서만 성취할 수 있는 것을 정신분석은 자연적인 차원에서 우리에게 조금씩 조금씩 준비시키고 있다. 여기에서 우리는 부모님으로부터의 분리, "어린이의 세계"로부터의 절연이 심리학적으로는 물론 영적으로도 필요하다는 사실을 알 수 있다. 그러나 여기에서의 절단은 단지 문자적인 것만은 아니다. 왜냐하면 수도원의 높은 담장 안에 몸을 숨기고 있다든지, 외국에 나가서 산다든지 하는 것만으로 모든 문제가 풀리는 것은 아니기 때문이다. 사실 우리가 때때로 발견하게 되는 수도사들의 유아성(幼兒性)의 가장 큰 원인 가운데 하나는 이렇게 그들이 "문자적으로만" 어린이의 세계로부터 떠나 있기 때문이다. 다시 말해서 그들이 심리적으로나 영적으로 완전히 어린이의 세계로부터 떠나 있는 것이 아니라 겉으로만 떠나 있기 때문이다. 그 결과 그들의 정신은 아직도 통합되지 않고 어머니나 아버지의 상을 그들의 상급자나 종교적인 인물 또는 사제들에게 투사시킨 채 여전히 어린아이들로 남아있는 것이다. 기독교 성인(聖人)들과 진실한 기독교인들은 이 사실을 잘 알고 있었다. 그래서 아빌라의 성녀 테레사는 이 말씀의 의미를 깨닫지 못하는 사람들에게 다음과 같이 말했다: "나는 부모님에 대한 의존관계가 가져 올 수 있는 해악을 생각할 때, 놀라지 않을 수가 없다. 이점은 그 사실을 체험해 보지 않은 사람들은 결코 이해하지 못하리라고 생각한다 … 우리가 하나님을 위하여 이 세상에 있는 모든 것들을 버렸노라고 말할 때, 우리가 이 세상에서 가장 떼어버리기 어려운 관계는 바로 부모님과의 관계이다. 그래서 어떤 사람이 그들의 부모님으로부터 벗어나기 위해서, 그들이 살던 고장을 떠난다면, 그리고 그것이 그들의 분리 작업을 도와주기만 한다면, 그것도 좋은 일이다 … 물론 부모님으로부터의 분리가 부모님과의 육체적인 거리와 비례하지 않는다고 할지라도 말이다."

태어나면서부터 인간의 심리에 대해서 일가견이 있었던 아빌라의 테레사는 이 분리가 잠정적인 것이라는 사실을 잘 알고 있었다. 그래서 사람들이 그들의 영적 발달 과정에서 아무리 일시적으로는 그의 가족과 분리된다고 할지라도 나중에는 그들의 가족과 다시 깊은 관계를 맺을 수 있다는 사실을 잘 알고 있었다. 그래서 아빌라의 성녀 테레사는 다음과 같이 말했다. "여자 수도자에게 있어서, 그녀가 종교적인 삶을 살고 있지 않는 그의 부모님들을 만나고 싶은 강한 욕망이 일어난다면, 그녀는 자신의 내면에서 아무런 분리(分離)도 일어나지 않았다고 생각해야 한다. 그녀는 아직 불완전하며, 어떤 경우 그녀의 영혼에 병이 들었을 수도 있다고 생각해야 하는 것이다. 이때 그녀는 영(靈)의 자유를 전혀 느낄 수 없으며, 마음의 완전한 평화를 맛볼 수가 없다. 그녀는 치유 받을 필요가 있는 것이다. 그래서 나는 이렇게 말한다. 그녀가 그녀의 가족들을 떠나지 않는다면, 그녀는 그 병에서 나을 수가 없고 수도 생활에도 더 이상 적합하지 않다. 이 병에서 나을 수 있는 가장 좋은 방법은—내 생각으로는—그녀가 진정으로 자유로워질 때까지 그녀의 부모님들을 만나지 않는 것이다. 그런데 이런 종류의 내면적 자유는 그녀가 깊은 기도 속에서 하나님으로부터 은혜로서 얻을 수가 있다. 드디어 그녀가 그녀의 부모님을 만나서 이야기를 나누더라도 그것이 그녀에게 십자가로 작용하지 않는 단계에 이르면, 그때 그녀는 그녀의 부모님들을 만날 수가 있다. 그리고 이때에야 비로소 부모님과의 만남이 그녀의 영혼에 아무런 해도 끼치지 않고, 유익할 수가 있다.[23] 이 말은 물론 대단히 어려운 말이다. 그의 영혼이 온전히 하나님에게만 매어 있으며, 이 세상을 떠나서 온전히 하나님과 하나가 되기를 원하는 사람들을 위한 말이다. 그러나 정도의 차이는 있을지언정, 모든 사람들이 유아적인 상태에서 성숙한 상태로 발달하려면 모든 사람들에게 어느 정도 필요한 작업이기도 하다.

하지만 성서를 보면 이것과 정반대되는 구절들도 있다. 특별히 십계명에도 다음과 같은 구절이 나와 있다. "당신의 하나님 야훼가 명한 대로 당신의 어머니와 아버지를 공경하시오. 그리하면 이 땅위에서 오래 살고 행복할 것입니다"(신 5:16). 또한 레위기 10장 9절에는 "누구든지 자기 아버지와 어머니를 모욕하면 죽을 것이다"라는 말씀이 나와 있다.

그래서 정신분석은 우리들에게 우리가 부모들과 분리되어야 하는 가장 중요한 이유 가운데 하나는 부모님들과 화해하기 위함이라고 말하고 있다. 왜냐하면 우리가 어떤 사람과 진정으로 분리되면 분리될수록 그 사람을 더욱더 깊이 존경할 수 있게 되기 때문이다. 하나님도 마찬가지이다. 우리가 하나님과 상징적인 의미에서 "분리"되어 있으면, 분리되어 있을수록 더 경외할 수 있는 것이다.

---

[23] Thérèse dÀvila, 《완전에의 길》(Chemin de la perfection), 9장, 10장. Paris : Seuil.

제 6 장
밤의 항해: 영혼의 어두운 밤

　우리 영혼의 발달 단계 가운데 하나로 십자가의 성 요한이 명명(命名)한 이 단계는 그 이름을 가지고 우리에게 이 단계의 속성에 관해서 말해 준다. 그것은 이 단계가 무엇보다도 항해라는 사실이다. 즉 이 단계가 하나의 종착역이 아니라 하나의 과정이라는 것이다. 그런데 이 항해는 어둠 속에서 이루어지고 있다. 무의식 속에서 이루어지고 있는 것이다. 다소 길게 진행될 수도 있는 이 항해 기간 동안 우리 의식은 어둠 속에 머무르게 된다. 의식은 우리 속에서 어떤 일이 일어나고 있는지 알지 못한다. 우리 의식은 길을 잃고, 버려져 있으며, 이리저리 표류하고 있다고 느끼게 된다. 그의 내면에서 무엇이 일어나고 있는지를 알게 해 줄 아무 빛도 비치지 않는다. 그가 지금 "밤의 항해"를 하고 있다는 깨달음 역시 그에게 아무런 도움을 주지 못한다. 그는 다만 두렵고 불안할 뿐이다. 그가 이렇게 느끼는 것은 당연할 수도 있다. 왜냐하면 이 "항해" 속에서 그의 자아 또는 자아의식의 일부는 죽어 버리기 때문이다. 그가 이 기간을 지내는 동안 그의 존재는

가공할만한 "막다른 골목"에 접어든다. 모든 것은 파괴된 듯이 보인다. 이제 그는 더 이상 그의 과거에 대해서 아무런 자부심도 느끼지 못하고, 앞으로 어떻게 될지도 알지 못한다. 그의 옛사람이 죽고, 새사람이 태어나는 심리적 용광로 속에 잠겨 있는 것이다. 이 시기는 그의 존재를 파괴시켜 버릴 수도 있다. 이 시기가 때때로 너무 가혹하기 때문에 사람들에게는 이 시기에 아무런 자신감도, 인내심도 남아있지 않게 될 수가 있다. 이 시기는 말하자면 사람들이 그 자신을 모두 포기하고, 앞으로 도달하게 될 그 단계에 이르는 중간 단계인 것이다. 즉 새로운 존재가 탄생하는 위대한 "변형"(transmutation)의 시기인 것이다. 이 시기는 모든 신화나 입사식(initiation)이나 종교 속에서 발견되는 자기-희생의 시련기인 것이다. 이 시기는 대단히 중요한 시기이다. 왜냐하면 이 시기에 도달한 다음에 사람들은 더 이상 과거 상태로 되돌아 갈 수 없기 때문이다. 만약에 이 시기에 도달해서도 겁을 집어먹고 있으면, 사람들은 더 이상 앞으로 나아가지 못하고 어둠 속에서만 있게 된다. 고대 이집트 비의(秘儀)나 율리시즈 신화 또는 연금술 속에서 이 "밤의 항해" 고난은 종종 상징적으로 표현되고 있다. 즉 인류 공통의 자궁인 태모(Magna Mater)에게로 돌아가는 것으로 표현되는 것이다. 이집트 신화 속에서 이에 해당되는 이야기로는 오시리스(Osiris) 이야기가 있다. 수확과 풍요의 신인 오시리스는 어둠의 영(靈)인 그의 형제 세트(Seth)에 의해 난자(亂刺)당한 채 관 속에 담겨지고, 이어서 바다에 버려진다. 또한 율리시즈 신화 속에 데메떼르(Déméter) 여신의 딸 꼬레(Koré)는 지하의 신 플뤼톤(Pluton)에게 납치되어 땅 속으로 들어간다. 연금술에서도 마찬가지로 납은 금으로 변화되기 위해서 용광로 속에 부어진다. 우리는 이런 상징을 성서에서도 찾아볼 수 있다. 성서 속에서 요나(Jonas)는 고래 뱃속에 들어가는데, 요나는 무덤

속에 계신 예수님의 원형이다. 이런 예화는 수도 없이 찾아볼 수 있으나, 여기에서 줄여야 한다. 그러나 이 예화들이 말하고자 하는 것은 단 하나의 상징이다. 그것은 태모(太母)에로의 귀환이다. 즉 다시 새롭게 태어나기 위해서 영원하고 보편적인 땅인 태모에게로 되돌아가는 것이다. 오시리스가 담겨져 있던 관과 그가 던져진 바다는 모두 어머니의 상징이다. 또한 꼬레가 내려간 세계인 하데스(Hades)는 알곡이 돋아나기 위해서 씨가 뿌려진 땅이고, 납이 끓고 있는 용광로 역시 어머니의 품을 가리키고 있다. 고대인들은 농경을 통해서 재생(再生)에 대한 영감을 많이 받았다. 이 영감은 그들에게 미래의 수확을 위해서는 반드시 씨를 뿌려야 한다는 생각을 불러 일으켰으며, 이러한 생각은 그들에게 이와 관계되는 비의(秘儀)와 입사식(入社式)을 만들어내게 하였다. 그런데 중요한 사실은, 땅에 뿌려진 씨앗은 그것이 죽지 않으면 싹으로 돋아나지 못한다는 사실이다. "밀알 하나가 땅에 떨어져 죽지 않으면, 한 알 그대로 남아있을 것이다. 그러나 죽으면 많은 수확을 거둘 것이다"(요 12:24). 그러므로 모든 "밤의 항해"는 이런 사실을 깨달은 사람들에게 이 죽음, 이 자기-포기를 의미한다. 정신분석에서도 이 사실을 나타내는 표징들은 많이 있다. 그래서 자기에 대한 더 깊은 인식과 자기-이탈을 강조하고 있다. 왜냐하면 "밤의 항해"는 존재의 진정한 변환을 지향하기 때문이다. 옛사람의 죽음은 순전히 지적이고 문학적인 이미지가 아니다. 오히려 가끔 극적으로 진행되는 살아있는 실재인 것이다.

그러나 단 한 차례의 "밤의 항해"는 존재의 완전한 변형과 옛 자아의 완전한 죽음을 가져오지 않는다. 왜냐하면 우리의 무의식은 언제나 천천히 움직이기 때문이다. 하지만 우리의 존재 깊은 곳으로 일단 들어가기만 하면, "밤의 항해"는 더욱더 깊이 진행된다. 즉 정신분석을 통해서 사람들이 그의 무의식 속에 들어가면 그들은 마치 종교체험에서와 마찬가지로 무의식에 대해서 더 많은 것을 알게 되는 것이다. 실제로 사람들이 정신분석을 통해서 자기(自己)에게로 더 가까이 다가가거나, 종교체험을 통해서 하나님에게로 더 가까이 다가가면 그의 무의식이나 하나님은 그의 의식에게 더욱더 많은 것을 요구한다. 사실 두꺼운 유리 위에 앉은 때나 얼룩은 별로 드러나지 않는다. 그러나 얇은 유리 위에 그것이 있다면 문제는 달라진다. 금방 눈에 띄는 것이다. 더구나 투명한 수정위에서는 그 어떤 얼룩도 용납되지 않는다.

우리의 영혼이 발달한다는 것은 우리 영혼이 개발되는 것을 의미한다. 그런데 우리 영혼이 발달해서 수용적으로 되면 수용적으로 될수록 그 영혼에는 더욱더 많은 것이 요구된다. 그것은 마치 영리한 학생이 그렇지 않은 학생보다 더 성적이 좋도록 요구되는 것과 마찬가지이다. 계절의 순환에 비겨서 말한다면, "밤의 항해"는 겨울에, 그것을 통한 재생(renaissance)은 봄에 해당된다. 이 이미지는 그래서 많은 신화와 종교, 그리고 입사식에서도 쉽게 발견된다. 이들 신화를 보면 으레 어떤 영(esprit)이 어둡고 추운 나라(겨울)에서 왔다가 다시 돌아가는데, 그의 귀환은 곧바로 새로운 태양(봄)의 솟아남을 예고하고 있다. 이런 예를 우리는 이집트 신화의 호루스(Horus; 새로 솟아난 태양)에게서 찾아볼 수 있다. 호루스는 오시리스가 "밤의 항해" 후에 다시 태어난 존재이기 때문이다. 그것은 또한 꼬레(Koré)가 하데스에서 다시 솟아 나와서 온 자연이 다시 꽃피게 되는 것으로도 나타난다. 마찬가지로 이 세상 사람들을 구하기 위해서 추운 지방에서 돌아온 로엥그린(Lohengrin) 역시 이렇게 태어나는 존재이다. 미트라종교(Mithraism)에서는 이것이 희생된 소의 피로부터 생겨나는 봄으로 표상된다. 기독교의 예수 그리스도도 마찬가지이다. 예수 그리스도 역시 한 겨울에 태어나서 부활절에 다시 살아나기 때문이다.

제6장 밤의 항해: 영혼의 어두운 밤 / 135

"밤의 항해"는 여러 사람들에게서 서로 다른 모양으로 나타난다. 즉 모든 사람들이 그렇게 짙은 어둠 속을 항해하지는 않는 것이다. 어떤 사람들은 어린 아이로부터 성인이 될 때 그렇게 심한 고통을 받지 않는다. 그 경우, 그 사람은 그의 존재의 영적인 변형 없이 자연스럽게 그의 사회적이며 가족적인 태도를 나이가 들면 변화시킬 수 있는 것이다. 그러나 또 다른 사람들은 그의 페르조나나 콤플렉스, 또는 그 밖의 여러 가지 정신적 결함 때문에 "밤의 항해"를 거쳐야 한다. 그 결함들이 청산되어야 하기 때문이다. 그 결함들은 그가 의식적으로 그의 태도를 새롭게 바꾸고, 발달되기를 요청하고 있다. 한편 매우 드물게 나타나고는 있지만 어떤 사람에게는 "밤의 항해"가 전혀 일어나지 않는 경우도 있다. 다시 말해서 어떤 사람에게는 내면에의 부름이 전혀 느껴지지 않는 사람도 있는 것이다. 이때 그런 사람들을 그가 도달할 수 있는 곳보다 더 높은 곳으로 데리고 가면 대단히 위험하다. 그런 사람들은 그대로 두어야 하는 것이다. 외면적인 발달이 분석가의 요청에 따라서 이뤄지지 않기 때문이다. 분석가들은 언제나 그를 믿고 따르는 피분석자의 내면적인 욕구를 존중하고 그에 맞추어서 분석을 진행시켜야 한다. 어떤 사람에게 있어서 삶의 회심(回心)이 전적으로 일어나지 않는 경우, "밤의 항해"는 대단히 고통스럽게 느껴진다. 이때 그는 함부로 굴어서는 안 된다. 왜냐하면 정신적으로 퇴행(退行)될 우려가 있기 때문이다. 우리가 매일매일 느끼는 일이지만, 우리의 정신이 발달하면 발달할수록 우리 무의식의 부정적 요소들은 더욱더 우리를 잘못된 길로 인도하려고 한다. 이 함정은 종종 너무나 교묘해서 우리가 아무리 주의를 기울여도 곧잘 빠져버리고 만다. 우리가 이 함정에 빠졌을 때 우리에게서 나타나는 심리적인 퇴행은 우리들로 하여금 우리의 잘못을 깨닫게 하기도 한다. 그리고 우리들은 이 퇴행을 도약대로 삼아서 그 다음의 발달을 이룰 수 있는 것이다(물론 이 퇴행이 바람직한 것은 절대 아니다). 이것은 종교체험의 경우에서도 마찬가지이다. 왜냐하면 우리의 영혼이 하나님께로 가까이 나아가면 가까이 나아갈수록, 사탄은 우리의 영혼을 함정에 빠뜨리려 한다고 많은 성인들이 주장하기 때문이다. 사실 하나님 안에서 사는 삶(la vie en Dieu)이란 안전한 포구(浦口)에 머물러 있는 것이 아니라, 투쟁 가운데 있는 것이다.

우리 내면의 깊은 곳에서 "밤의 항해"가 이루어질 때, 이 항해는 우리 속에 "영적인 아이"(enfant spirituel)를 낳게 하며, 우리를 진정한 회심에로 이끌고 간다. 기독교에는 이 "어둠 속의 항해"와 유비적인 관계에 있는 것들이 많이 있다. 그래서 우리가 이것들을 모두 열거한다면 성서의 모든 구절들과 기독교 제의의 모든 절차들을 열거해야 한다. 사실 기독교 교리는 기독교의 이 근본적인 진리, 즉 새 사람으로 태어나기 위해서는 먼저 옛사람이 죽어야 한다는 진리에 흠뻑 젖어 있다. 물론 기독교가 우리에게 요구하는 것은 정신분석이 우리에게 요구하는 것보다 훨씬 많다. 왜냐하면 우리가 앞에서도 누차 언급한 바 있듯이 기독교는 우리의 자연적인 차원을 넘어서기 때문이다. 우리는 이 사실을 잊지 말아야 한다.

구약성서에도 집단적인 차원에서는 물론이려니와 개인적인 차원에서의 영적 갱신에 앞서서 그 개인이나 집단 전체에 어두운 국면이 전개되는 예는 많이 있다.[24] 노아의 홍수라든가 가나안 복지 입성에 앞서 있었던 광야 생활과 바빌론의 포로 생활은 이

---

24) 여기에서 우리는 성서와 기독교 사상에 나타난 예만을 살펴보고자 한다. 그러나 인간의 발달에서 이와 똑같은 현상은 고대 사회 어느 문명권에서나 발견되고 있다는 사실을 잊지 말아야 한다. 왜냐하면 이 현상은 원형적인 것이기 때문이다. 원형적이라는 말은 보편적이라는 말을 의미한다.

스라엘 민족 전체가 겪었던 "밤의 항해"였으며, 요나가 고래의 뱃속에 들어갔던 사건과 욥의 고난 및 시편 기자의 고난은 한 개인이 영적으로 갱신되기 전에 있었던 "밤의 항해"였던 것이다. 정신분석은 현대인들의 무의식 속에서도 신구약성서에 나타나는 이 "밤의 항해"와 같은 상징 또는 이미지가 똑같이 나타난다고 말해준다: 그 상징들은 홍수, 사막, 암흑, 고통, 땅 속에 묻혀 있는 것 등이다. 기독교에서는 이 상징들에 언제나 정화(淨化) 사상을 밀접하게 연결시키고 있다. 그 이유는 기독교가 한 개인이나 민족은 언제나 이러한 시련을 거쳐서 구원받고 있음을 주장하기 때문이다. 노아 시대의 홍수는 하나님의 말씀을 듣지 않았던 이스라엘 백성들을 정화시키기 위해서 보내졌다. 그러므로 그 다음에 나타나는 노아의 방주는 어머니 뱃속을 표상할 수밖에 없다 (우리는 여기에서 방주가 나무로 만들어졌음에도 주목해야 한다. 왜냐하면 나무란 어머니의 상징이기 때문이다). 이윽고 새 인류는 이 방주로부터, 성령을 표상하는 비둘기의 메시지 다음에 태어난다.

  우리는 이런 구조를 요나에게서도 발견한다. 요나가 고래 뱃속에 갇힌 것은 그가 야훼의 말씀을 듣지 않고 방황했기 때문이다. 그러나 그의 감금은 구원을 받기 위함이었다: "요나는 길을 떠났다. 그러나 그 길은 그가 야훼로부터 멀리 도망쳐 다시스로 가기 위함이었다. 그래서 그 배는 거의 난파될 지경에 이르렀다"(욘 1:3-5). 선원들은 공포에 사로잡혀서 각자 그들의 하나님께 애원했다. 그러나 이때 요나는 그 배 밑창에서 잠을 잤다. 선장이 요나를 깨워서 그들과 함께 기도드리자고 했다. 얼마 후 요나가 이 모든 사태에 대해서 책임 있는 것으로 제비 뽑히자 요나는 선원들에게 이렇게 말했다: "나를 집어서 바다에 던지시오. 그러면 풍랑이 잠잠해질 것이오. 나는 왜 이러는지 알고 있소. 이 사나운

폭풍이 당신네들을 덮치려고 하는 것은 바로 나 때문이요." … 야훼는 큰 물고기를 시켜서 요나를 집어 삼키게 하였다. 요나는 물고기 뱃속에서 삼일 밤과 삼일 낮을 지냈다. 물고기 뱃속에서 요나는 그의 하나님 야훼께 이렇게 기도했다. "내가 고통스러울 때 주께 불러 아뢰었더니 주께서 내게 응답하셨습니다. 내가 스올 한가운데서 살려 달라고 외쳤더니, 주께서 나의 호소를 들어 주셨습니다. 주께서 나를 바다 한가운데, 깊음 속으로 던지셨으므로, 큰 물결이 나를 에워싸고, 주의 파도와 큰 물결이 내 위에 넘쳤습니다 … 물이 나를 두르기를 영혼까지 하였으며, 깊음이 나를 에워싸고, 바닷물이 내 머리를 휘감았습니다. 나는 땅 속에 멧부리까지 내려갔습니다. 땅이 빗장을 질러 나를 영영 가두어 놓으려고 했습니다만, 주 나의 하나님, 주께서 그 구덩이 속에서 내 생명을 건져 주셨습니다"(욘 2:2-6).

절망에 가까운 이 탄식은 결코 문학적이거나 시적인 표현이 아니다. 한 인간의 육체와 영혼과 영 전체가 겪은 산 체험 속에서 우러나온 외침인 것이다. 이런 체험을 겪은 사람이라면 누구나가 다 똑같이 이렇게 외칠 것이다.[25] 사람들은 누구라도 그가 이런 지경에 처해 있으면 그가 겪고 있는 일들을 합리적인 언설(言說)로 말할 것 같지는 않다. 누구라도 상징이라는 영원한 언어로 말할 것이다.

"밤의 항해"가 가지고 있는 특성 가운데 하나는 그 항해 중에 있는 사람을 정신분석이나 신비주의에서 발견되는 "어두운 밤"에서 보다 훨씬 더 짙은 어둠 속에 잠기게 한다는 사실이다.

"위대한 신비주의자들에게 개인적인 정화(淨化)를 이루게 해 주는 것은 그들의 체험 속에서 발견되는 '밤'이라는 요소이다.

---

25) 우리는 이와 똑같은 상징을 꿈 속에서 찾아 볼 수 있다.

그들은 이 밤 속에서 그들의 삶을 뒤흔드는 시련이 왜 찾아왔는 가 하는 사실을 따지기를 그만두고, 그들이 이제 하나님으로부터 절대적으로 멀어졌구나 하는 사실을 깨닫게 된다. 여태까지 그의 영혼은 그를 어떤 목표에 인도해 주리라고 생각되는 길을 따라 왔다. 그가 떼어놓는 한 발자국, 한 발자국이 아무리 힘들게 느껴 지더라도 그 발자국들은 그를 그 목표에 다가가게 하는 것처럼 보였다. 그러나 이제 그는 막다른 골목에 접어든 듯이 생각된다. 여태까지 이 길이 아무리 험하고 힘들게 느껴지더라도, 그는 하 나님의 자비와 하나님의 정화 작업에 깃들어진 선의(善意)를 의 심하지 않았다. 그러나 이제는 하나님의 인도가 도무지 이해할 수 없고, 너무 자의적이며, 부당한 것처럼 느껴진다. 모든 것은 그 의 계획을 틀어지게 하고, 고통과 불안 속으로 집어넣고 있다 … 밤인 것이다 … 그의 영혼이 그 자신의 빛만 가지고서는 결코 깨닫지 못하고, 깨달아서는 안 되는 그것이 그에게 계시되는 것 은 바로 이 '밤'의 암흑 속에서인 것이다."[26]

정신분석에서도 이렇게까지 깊은 경지에 이르는 어둠이 찾아 오지는 않지만, 이것과 비슷한 단계가 찾아오기는 한다. 이 단계 에서 피분석자는 갑자기 그가 왜 분석을 받고 있는지, 무의식이 무엇인지, 삶이란 도대체 무엇인지 하는 것들을 알지 못하게 되 고, 그것들을 받아들이지 못하게 된다. 왜냐하면 이 모든 것들이 갑자기 그에게서 무의미해 보이기 때문이다.[27]

구약의 예언자 예레미야도 이 "어두운 밤"에 관해서 알고 있

---

[26] Paul-Marie de la Croix, 《구약성서: 영적인 삶의 원천》 (L' Ancien Testament: Source de vie spirituelle), Paris: Etudes carm?litaines, 1952, p.849.
[27] 이때 사람들은 종종 분석 받기를 그만두고자 하는 유혹을 받게 된다. 왜 냐하면 분석 받는 것이 어리석고 무용하다고 생각되기 때문이다. 이 단계는 그에게 매우 중요한 고비가 된다. 이때 그만두면 그에게 실제로 큰 위험이 닥치게 된다.

었다. 그가 이 어둠 속에서 부르짖었던 외침도 욥이나 요나의 외침만큼이나 가슴 저미는 외침이다.

예레미야 애가를 보면 예레미야의 영혼은 이 깊은 어둠 속을 들어간다. 이 어둠 속에서 그는 그 후에 나타나는 수많은 신비가들이 토해내는 목소리로 하나님이 그를 버리시는 것과 하나님의 이해할 수 없는 잔인한 행위를 규탄하고 있다. "하나님은 나를 이끄셔서 빛이 아닌 어둠 속을 걷게 하신다 … 그는 나를 마치 오래 전에 죽은 사람들처럼 어둠 속에서 살게 하신다. 내가 도망갈 수 없도록 담을 쌓아 가두시고, 무거운 족쇄를 채우신다. 살려달라고 소리 높여 부르짖어도 내 기도를 듣지 않으시며 다듬은 돌로 담을 쌓아서 내 앞길을 가로막아 길 가는 나를 괴롭힌다. 그는 엎드려서 나를 노리는 곰과 같고 몰래 숨어서 나를 노리는 사자와 같다 … 내 영혼은 모든 안전에서부터 거칠게 떨어져 나왔다"(애 3:4-17). 시편 기자도 우리 삶의 이 깊은 고뇌를 알고 있었다. 그래서 시편에 보면, "심연 속에서 나는 야훼께 부르짖고 있습니다"라는 절규가 종종 등장한다.

그러나 빛이 숨어 있는 곳은 언제나 어둠이 가장 짙게 깔려 있는 그곳이다. 우리는 우리 삶 어느 곳에서나 대극(對極)의 역설을 발견한다. 융의 분석심리학은 바로 이 대극의 법칙 위에 서 있다.

"나에게서 멀리 떠나 있지 마십시오. 나에게 불안이 가깝습니다. 나에게는 아무런 구원도 없습니다. 수많은 황소가 나를 에워싸고, 바산의 힘센 짐승들이 나를 감싸고 있습니다. 그들이 입을 벌려 으르렁거리며, 사자가 몸을 던지며 달려듭니다"(시편 22편).

이 말씀을 분석심리학적으로 살펴보면, 우리는 여기에서 많은 집단무의식의 상징들을 찾아낼 수 있다. 이 말씀은 또한 다음과 같이 이어진다. "나는 쏟아진 물처럼 퍼져버렸고, 뼈마디가 모두

어그러졌습니다. 내 마음은 촛농처럼 창자 속에서 녹아내렸습니다. 내 기력은 옹기처럼 말라버렸고, 나의 혀는 입천장에 붙어버렸습니다"(시 22:14).

그러나 가슴을 찌르는 듯한 이 외침 옆에서 우리는 언제나 하나님의 자비를 기다리는 믿음과 구원의 소망을 찾아볼 수 있다. 그래서 시편 10편에서 기자는 이렇게 읊고 있다. "커다란 희망을 안고 나는 야훼를 기다립니다. 그는 나에게 몸을 구부려 내 외침을 들어주십니다. 그는 나를 죽음의 질곡에서 꺼내 주시며, 수렁 속에서 건져내 주십니다. 그는 나를 바위 위에 굳게 서게 하시며, 내 발자국을 단단하게 하십니다. 그는 내 입에 새 노래를 담아 주사 나로 하여금 하나님을 찬양하게 하십니다"(시편 10편)

이와 비슷한 맥락을 가지고 있는 시편 구절은 대단히 많이 있다. 이제 시편을 그만 뒤지고 욥기를 살펴보자. 욥기 전체는 "밤의 항해"가 그 주제로 되어 있다. 욥과 더불어서 우리는 소위 "의인의 고난"이라는 신비스러운 문제에 접근할 수 있다. 의인의 고난은 하나님이 허락한 고난이다. 그러나 하나님으로부터 비롯된 것이 아니라, 사탄으로부터 비롯된 것이다. 욥은 그의 영혼이 정화되기 위해서 가장 깊은 비탄에 잠겼던 인물이다. 욥은 이 세상에서 모든 것을 빼앗겼다. 그의 가족, 재산, 건강, 친구, 그리고 하나님의 현존까지 빼앗겼다. 욥은 혼자였다. 가공할만하게도 혼자였다. "언제 이 밤이 끝납니까? 날이 샐 때까지 나는 근심 속에 잠겨 있습니다"(욥 7:1-6). 욥이 외친 소리이다.

우리의 폐부를 찌르는 이 서사문학의 중요한 모티브는 밤과 어둠이다. 그런데 새로운 존재로 다시 태어나기 위해서 우리 자신이 죽어야 한다는 사실을 깨닫지 못한다면, 욥이 당한 이 시련은 아무런 의미도 있을 수 없고 용납될 수도 없는 것이다. "그러나 우리 영혼은 그럴 수가 없다. 우리 영혼이 이 고통을 거치면서도 거듭날 수 없다면 그것은 차라리 이 고통의 절정에서 사위어버려야 하는 것이다. 하나님은 우리 영혼을 막다른 경지에까지 밀어 넣으신다. 그래서 우리 영혼은 부서지고, 소멸되려고 한다. 우리 영혼은 그 무시무시한 고통 속에서 살기보다는 차라리 죽는 것이 더 나을 것이라고 생각한다. 이 상태에서 느껴지는 육체적인 고통과 도덕적인 고통은 참을 수 없는 것이다. 정말 하나님이 그를 버린 것처럼 느껴지고 있다. 이 모든 것들은 하나로 합쳐져서 그의 영혼을 괴롭힌다. 이 세상에 있는 그 어떤 말로도 이 상태를 표현해 낼 수가 없다. 이 상태는 고통의 극치인 것이다. 그 자신의 실체까지도 모두 으깨어진 그 존재는 이제 액화(液化)되어버린다. 이때 고통을 받는 것은 그의 육체만이 아니다. 그의 영혼 역시 말할 수 없는 고문을 받고 있다. 그 영혼의 고통이 없다면, 그의 육체의 고통은 그리 참을 수 없을 정도는 아닌 것이다. 하나님은 지금 그의 실체를 보시고자 한다. 그의 영혼을 당신의 불로 태우시고, 살리시는 것이다.[28]

"밤의 항해"는 아무리 잘 묘사해도 결코 제대로 묘사해 낼 수가 없다. 그것이 어떤 것인가를 파악하려면, 그것을 체험해 보아야 한다. 이 단계를 체험해 보지 않고 욥기나 시편, 예레미야서를 아무리 읽어봐도 소용이 없다.[29] 고작 얻을 수 있는 것이라고는 "밤의 항해"가 가지고 있는 상징적인 모습이나 철학적인 측면 또는 문학적인 미(美)밖에 없다. 그래서 뽈-마리 드 라 크르와(Paul-marie de la Croix)는 이렇게 말하고 있다. "우리가 욥의 절망

---

28) Paul-Marie de la Croix, op. cit., p.860
29) 성서 이외에도 "밤의 항해"를 그려내고 있는 책들은 많이 있다. 예를 들어서 Hermes Trismégiste라든가 이집트의 《사자의 서》(死者의 書)라든가 플라톤의 《공화국》, 단테의 《신곡》(Divine Com?die), 괴테의 《파우스트》등에서도 찾아볼 수 있다.

과 회한의 절규를 제대로 이해하려면 어떤 식으로든지 정말 막다른 골목에 처해보고, 치료 불가능한 우울 속에 빠져 보아야 한다"30)고 말하였다.

　신약성서에도 이에 대한 비유는 많이 있다. 왜냐하면 "밤의 항해"란 매우 의미심장하고 가치 있는 관념이기 때문이다. 성육신과 부활로 표상되는 예수 그리스도의 삶은 어떻게 보면 그 자체가 하나님의 "밤의 항해"이다. 하나님 자신이 물질을 거룩하게 하시고, 그 거룩하게 하는 방법을 우리에게 가르쳐 주기 위해서 성육신하신 것 자체가 신(神)의 입장에서 보면 이미 "밤의 항해"이다. 또한 예수님이 공생애를 시작하기 전에 나사렛에 은거(隱居)하신 것이나, 광야에서 유혹 받으신 것, 겟세마네 동산에서의 고뇌에 찬 기도, 그의 수난, 십자가 위에서의 죽음, 무덤에 갇힘, 음부로의 하강 등 복음서와 기독교 전례에서 발견되는 이 모든 사실들과 상징은 "밤의 항해"를 말해 주고 있다. 어쩌면 사순절과 부활절에 연관되어 있는 모든 본문 구절들도 이에 덧붙여야 하는지도 모른다. 기독교인의 삶은 그리스도를 본받는 삶이다. 다시 말해서 그리스도와 함께 부활하기 위해서 그리스도와 함께 죽는 삶이다. 우리는 여기에서 "십자가 없이는 아무런 기쁨도 없다"는 말씀을 기억해야 한다. 그래서 시편 기자는 다음과 같이 노래했다. "눈물을 흘리며 씨를 뿌리는 사람은 기쁨으로 거둔다. 울며 씨를 뿌리러 나가는 사람은 정녕 기쁨으로 단을 가지고 돌아온다"(시 125:5-6).

　기독교 교리는 언제나 우리에게 성서의 본문을 글자만 가지고는 이해할 수 없다고 강조한다. 우리가 실제로 그리스도의 수난 속에 들어가 우리 몸으로 그 수난을 당하고, 우리 자신을 부인하

---

30) Paul-Marie de la Croix, op. cit., p.862

며 죽어야 한다고 주장한다. 우리가 진정으로 부활하기 위해서는 우리들의 십자가를 지고 끝까지 그리스도를 따라야 하는 것이다. 그래서 야고보 사도는 다음과 같이 말했다. "온유한 마음으로 여러분 속에 심어주신 말씀을 받아들여야 합니다. 여러분은 말씀을 그저 듣기만하여 스스로를 속이는 사람이 되지 말고, 말씀을 실천하는 사람이 되십시오. 말씀을 듣고도 실천하지 않는 사람은 있는 그대로의 자기 얼굴을 거울 속으로 들여다보기만 하는 사람과 같습니다. 이런 사람은 자기의 모습을 보고 떠나가서 그것이 어떠했는지를 곧 잊어버리는 사람입니다"(약 1:21-24). 분석에 있어서도 마찬가지다. 정신분석을 행할 때 우리는 단순한 구경꾼이 되어서는 안 된다. 마치 영화관에 앉아서 필름이 돌아가는 것을 맥없이 바라보듯이 자기 꿈이 전개되는 모습을 보고 앉아 있기만 해서는 안 되는 것이다. 우리가 무의식으로부터 얻은 가르침은 우리의 삶이나 행동에 적용되어야 한다. 이러한 적용 없이 꿈의 해석은 아무 소용도 없고, 우리 삶을 더 낫게 하지 못한다. "밤의 항해"와 같은 시련은 그것이 우리의 영과 육을 변형시키는 한에 있어서만 창조적일 수가 있다.

성서는 하나님께서 그의 종들을 얼마나 애통의 용광로에 넣고 시련을 겪게 하며, 그때마다 얼마나 많이 그들에게 찾아가시는가 하는 사실을 말해 준다(사 40:10). 토비트서에도 다음과 같이 나와 있다. "천사장 라파엘이 늙은 토비트에게 이렇게 말하였다. '하나님께서 사랑하기 때문에 그대는 유혹의 시련을 받아야 한다'"(토비트 12:13). 우리의 영혼이 고통의 진정한 의미를 깨닫고, 그 자신이 정화되며, 신적인 삶에 자신을 개방할 수 있게 되는 것은 그가 그 자신의 심층에 내려갈 때뿐이다. "하나님의 손에 붙잡힐 때 우리 삶은 정화된다. 우리 삶은 언제나 우리 삶이 내포하고 있는 모든 내면적 요청을 따라서 그 모든 정황(情況)에 직면해야 한다"31)고 뽈-마리 드 라 크르와는 말했다. "그러나 우리 삶에서 흔히 발견되는 고통들은 우리가 그것을 아무리 많이 겪을지라도, 그리고 아무리 그것들이 깊을지라도 우리를 하나님과 하나가 되게 하지는 못한다. 우리 영혼은 하나님의 침묵 앞에서 보아야 하는 것이다. 그리고 그것이 우리 영혼에 걸림돌이 될 정도로까지 깊이 느껴져야 하는 것이다. 우리에게 이해할 수 없을 정도로까지 잔인하게 느껴지는 하나님의 이 행위 앞에서 우리 영혼은 비로소 어두운 밤 속으로 빠져들어 간다. 이것만이 우리 영혼을 변형시킬 수 있는 정화 작용을 하게 하는 것이다 … 우리 영혼은 죽음 속에 내려가 보아야만 진정으로 새로운 생명으로 태어날 수 있다."32)

우리를 변형시키는 영혼의 정화 작용에 대한 사상은 신비주의의 핵심이다.33) 그러나 구약성서에서 그렇게 강조하는 이 사상에 신약성서는 희열에 찬 부활사상을 첨가시키고 있다. 그래서 신약성서에서 고난은 그 자체가 하나의 목적으로 간주되고, 추구되어서는 안 된다. 오히려 그것은 부활하신 그리스도와 하나가 되기 위해서 우리 자신의 허물과 잘못과 죄를 정화시키는 수단으로 간주되는 것이다. 그리스도의 수난 역시, 그것이 아무리 잔인한 것이라고 할지라도 우리를 기쁨으로 안내해 주는 절차였던 것이다. 예레미야의 비탄은 결국 주에 대한 찬양(Alleluia)으로 응답되고, 욥의 고난은 예수 그리스도의 부활로 보속(保贖)되는 것이다. 신약성서에서의 부활사상, 다시 말해서 인간 존재의 전적인 변형사상은 정화(purification)사상과 대단히 밀접한 관계에 있다. 그러

---

31) Ibid., pp.841, 798.
32) Ibid., pp.798, 841.
33) 이 문제에 관해서는 아빌라의 테레사, 십자가의 성요한, 이냐시오 로욜라의 저작들을 참고하라.

므로 우리가 고난에만 초점을 맞추고, 고난만을 추구한다면 그것은 대단히 중대한 오류이다. 그러므로 우리는 바울의 다음과 같은 말을 귀담아 들어야 한다. "여러분은 지난날의 생활방식에 얽매여서 허망한 욕정을 따라 살다가 썩어 없어질 옛사람을 벗어버리고, 마음의 영을 새롭게 하여, 하나님을 따라 참된 의로움과 거룩함으로 지으심을 받은 새 사람을 입으시오"(엡 4:22-24). 이와 같은 사상은 로마서에서도 발견된다. 로마서 6장 4절부터 6절 사이에서 바울은 다음과 같이 말하고 있다. "그러므로 우리는 그분의 죽으심과 연합하는 세례를 받음으로써 그분과 함께 묻혔습니다. 이것은 그리스도께서 죽은 사람들 가운데서 아버지의 영광으로 살리심을 받은 것과 같이 우리도 새로운 생명 가운데서 살아가게 하려는 것입니다. 우리가 그의 죽으심과 같은 죽음으로 그와 연합하는 사람이 되었으면 또한 분명히 그의 부활하심과 같은 부활로 그와 연합하는 사람이 될 것입니다. 우리는 우리의 옛사람이 그리스도와 함께 십자가에 달려서 죽은 것이 죄의 몸을 멸하여서 우리가 다시는 죄의 노예가 되지 않게 하려는 것임을 압니다"(롬 6:4-6).34) 많은 열매를 맺기 위해서 씨앗이 땅에 떨어져야 한다는 이 사상은 성서뿐만 아니라 기독교의 많은 신비사상가들의 저서 속에서도 발견된다. 즉 십자가의 성요한이 지은 《까르멜 산의 등정》이나 《어두운 밤》이라든지, 아빌라의 테레사의 《밤》이나, 아기-예수의 테레사(Thérèse de l' Enfant-Jésus)의 글 속에서도 많이 찾아볼 수 있는 것이다. 스페인의 가톨릭 종교개혁자 이냐시오 로욜라 역시 유명한 《영신

---

34) 골로새서에서도 바울은 다음과 같이 말하고 있다. "여러분은 옛사람을 그 행실과 함께 벗어버리고 새 사람을 입으십시오. 이 새 사람은 자기를 창조하신 분의 형상을 따라 끊임없이 새로워져서 지식으로 이르게 됩니다" (골 3:9-10)

수련》(Exercices spirituelle) 속에서 이 사상에 대해서 언급하고 있다.《영신수련》》의 서두에서부터 로욜라는 우리의 영혼이 하나님 앞에 서기를 요구한다. 그 다음에 그는 우리 영혼이 용감하게 우리 내면에 내려가서 우리의 내적인 삶을 하나하나 살펴보라고 권유한다. 우리가 그렇게 할 경우 우리는 우리 내면에 있는 가장 섬세한 생명의 뿌리를 발견할 수 있을 것이며, 악의 가장 내밀한 실체를 발견할 수 있기 때문이다.

우리가 우리 내면의 무질서나 결함들을 극복하려면 우리는 먼저 그것들이 우리 내면에 존재하고 있다는 사실을 깊이 체험해야 한다. 그것은 다만 우리 속에 어떤 잘못된 음모가 숨어 있다는 사실을 발견하고, 확인하기만 해서는 안 되는 것이다. 오히려 우리 속에 그런 것들이 존재한다면 그것이 왜 존재하고 있는지 파헤쳐야 하며, 우리 영혼의 심층을 파고들어서, 옛 자아의 형체를 부수어야 하는 것이다. 그것을 통해서 우리 내면에 겸손이라는 든든한 기초가 세워지고, 그 위에 새로운 삶이 건립될 수 있는 것이다. 융의 언어로 말하자면 그것은 우리 내면에 있는 "그림자"의 여러 측면들을 각성(prise de conscience)하고, 그것들을 통합(intégration)하는 것을 의미한다. 영신수련은 자질을 갖춘 지도자의 지도 아래서 수행된다.[35] 영신수련 과정을 통해서 우리 영혼은 고통스러운 과정을 거쳐서 그리스도의 형상을 따라 나아간다. 그리스도와 함께 부활하고자 그 길을 들어서는 것은 참으로 "밤"을 지나가는 작업이다.

정신분석에서 거치게 되는 "어둠 속의 항해"는 영신수련에서의 항해만큼 깊을 수는 없다. 그것은 기독교 신비주의에서 말하는 "어두운 밤"과 비교해서 그 영적 깊이나 높이에까지 다다를

---

35) 정신분석에서도 마찬가지이지만 영신수련에서도 견식있고 숙달된 인도자는 말할 것도 없이 필요하다.

수는 없는 것이라고 말해야 한다. 그러나 정신분석도 인간적인 측면에서 그것을 미리 준비하게 해 주며, 미리 형상화시키는 작용을 한다. 초자연적인 측면에서 하나님이 우리 영혼과 더 깊이 하나가 되기 위해서 우리 영혼을 체험하듯이, 무의식이 우리 존재를 체험하고 변형의 과정에 참여하는 것이다. 이런 점에서 융이 "정신분석이란 일종의 구원이다"라고 말한 것은 전적으로 옳은 말이다. 정신분석을 제대로 이해하고, 제대로 수행하고 있는 사람들에게 정신분석이란 실제로 영적 발달을 위한 부름이다. 하나님은 그런 사람들을 깨우치고, 당신께로 부르시기 위해서, 그리고 궁극적으로는 그들의 영혼을 구원하기 위해서 정신분석이라는 도구를 사용하시는 것이다. "영혼의 어두운 밤"에서처럼 "밤의 항해"에서도 우리 영혼과 하나님, 또는 우리 영혼과 무의식 사이에서는 긴밀한 협조가 이뤄져야 한다. 그런데 이때 우리 의식(le conscient)에서는 일종의 수동성이 생겨난다. 다시 말해서 우리 의식은 무의식의 충고를 따라가야 하며, 무의식의 인도를 받아들여야 하는 것이다. 이것은 우리 영혼이 하나님의 사로잡음 앞에서 겸손하게 꿇어 엎드리는 것과 같다. 이와 같은 수동성과 굴복은 이상하게도 우리 자신에게 대단히 역동적인 작용을 한다.

"하나님의 선물과 인간의 행동이 하나로 결합되는 것은 우리의 영적 세계에서 언제나 발견되는 일관된 법칙이다. 이런 법칙을 따라서 우리 영혼이 정화됨으로써 우리 내면에는 새로운 기초가 다져진다. 이렇게 생각할 때 이 정화 작용 역시 하나님과 인간 사이의 긴밀하고 역동적인 협업(協業)의 열매가 아닌가? … 정말 하나님이 이 과정 전체를 이끌어 가시는 것 같다. 그리고 인간 역시 정화과정 전체 속에서 완전히 수동적인 것 같지만은 않다."[36]

---

36) Paul-Marie de la Croix, op. cit., pp.823-824.

신비주의에서 "어두운 밤"이 영원한 부활을 위해서 신비주의자들을 하나님과 하나가 되도록 이끌어 간다면, 정신분석에서 "밤의 항해"(traversée nocturne)는 자기(自己)의 상징인 "영적인 어린이"를 낳게 하기 위해서 우리의 영혼을 변형시킨다. 그런데 의식과 무의식의 하나 됨은 우리가 남성인 경우 우리의 아니마(anima)를 통합시키지 않는 한?여성인 경우 아니무스(animus)―이루어질 수 없다. 따라서 우리가 우리 영혼의 변형에 관해서 살펴보려면 우리 영혼 속에 있는 아니마와 아니무스에 관해서 먼저 언급하지 않으면 안 된다.

제 7 장
아니마-아니무스: 에로스와 카리타스

　아니마와 아니무스를 고찰하는 것은 우리로 하여금 집단무의식(inconscient collectif)에 더욱더 깊숙이 들어가게 한다. 그런데 아니마 또는 아니무스와 같은 집단무의식의 원형을 우리는 내면적인 체험, 따라서 지극히 개인적인 체험을 통해서 밖에는 제대로 알 수가 없다. 아니마와 아니무스의 경우에 있어서도 우리는 우리 영혼의 무의식적 구성 요소가 대극의 법칙(la loi de polarité)에 따라서 이루어지고 있음을 볼 수 있다.
　융은 그의 오래고, 끈질긴 연구 체험을 통해서 남성과 여성 속에는 그들의 성(性)과 반대되는 정신적 요소가 들어 있다는 사실을 발견하였다. 즉 그는 남성 속에는 수용적인 특성을 가지고 있는 여성성(féminité)이 들어 있으며, 여성 속에는 씩씩한 특성을 가지고 있는 남성성(masculinité)이 있다는 사실을 발견한 것이다. 융은 전자를 아니마(anima), 후자를 아니무스(animus)라고 불렀다. 인간 자아의식의 대극적인 축으로서의 아니마와 아니무스는 무의식속에 깊이 잠겨서, 자동성(自動性)을 가지고 작용하고 있다. 그런데 아니마와 아니무스가 무의식 속에서 하는 일은 의식이 거의 발달시키지 못했거나 전혀 발달시키지 못한 기능들이다. 여기에서 우리는 우리 의식이 사고(pensée), 감정(sentiment), 직관(intuition), 감각(sensation) 등 네 가지 기능을 원활하게 한다는 사실을 기억할 필요가 있다. 이 네 가지 기능은 에난시오드로미(énantiodromie) 법칙을 따라서 언제나 하나의 쌍을 이루면서 작용한다.36) 즉 사고와 감정이 하나의 쌍으로 작용하고, 직관과 감각이 또 다른 쌍을 이루어서 작용하는 것이다. 그런데 융은 사고와 감정을 합리적인 기능, 직관과 감각을 비합리적인 기능이라고 말하였다. 이 네 가지 기능은 서로 대극적인 관계 속에 있기 때문에 어떤 사람이 사고(思考)와 감각(感覺)을 많이 발달시켰을 경우, 그는 자기도 모르는 사이에 감정과 직관의 기능을 배척하게 된다. 그래서 어느 날 이렇게 배척당했던 감정과 직관 기능이 그의 의식적인 삶에서 자기들의 정당한 권리를 주장할 경우, 이 기능들은 그의 삶 전체를 어떤 심각한 문제 속으로 이끌고 간다. 다만 그가 그의 정신의 모든 상황을 명확하게 각성하고, 그에게서 제대로 발달하지 못한 정신 기능들을 자기 정신의 전체 체계에 통합시켜야만 이 부진한 기능들이 해방될 수 있는 것이다.

다시 아니마와 아니무스의 문제로 돌아가자. 아니마와 아니무스는 융 심리학에 의하면, 우리 영혼의 본질적인 측면을 나타내

---

36) 역자 주: 에난시오드로미(enantiodromie)란 융의 심리학에서 핵심적인 사상이다. 융은 인간의 정신 요소 가운데서 대극의 쌍을 이루는 어느 한 편에 정신 에너지가 너무 많이 부어지면, 어느 순간 반대편 짝에서 반발을 일으켜 이 과부하(過負荷)를 교정하려고 한다고 주장하였다. 예를 들어서 어떤 사람이 의식에만 몰두하며 자신의 무의식적인 요청을 등한시 할 경우, 어느 순간에 무의식은 전혀 예상하지 않았던 상태에서 튀어나온다는 것이다. 말실수(lapsus)나 착각 또는 정신병적 증상들은 이 에난시오드로미 현상을 보여주는 것이다.

고 있다. 융에 의하면 남성의 영혼은 여성적인 것이고(아니마), 여성의 영혼은 남성적인 것을 알 수 있다(아니무스). 그런데 우리는 모든 무의식적 요소들은 외부 세계에 투사(投射)되고 있음을 알고 있다. 이 투사(projection) 현상을 아니마-아니무스와 결부시켜 생각해 보면 이것들은 매우 복잡하게 나타난다.

안드로진(androgyne: 兩性俱有)에 관한 믿음은 인류에게 매우 보편적으로 퍼져 있다. 다시 말해서, 하나님의 형상대로 창조된 인간 존재는 태초에, 그를 창조하신 하나님의 모습을 따라서 자웅동체(雌雄同體)였다는 믿음이 있는 것이다. 그런데 이 안드로진은 태초의 인간이 하나님과 같아지려고 한 죄, 즉 교만 때문에 파괴되고 말았다. 이에 따라서 그의 통일체(l'unité)도 훼손되고 말았다. 인간이 한편으로는 남성으로, 다른 한편으로는 여성으로 나누어진 것은 그 때문이다. 그 이해로 인간의 실존은 그의 반쪽을 찾아내어 잃어버린 통일체를 이루려는 복구 작업을 지향하고 있다. 그래서 남성은 여성과 하나가 되고, 여성은 남성과 하나가 될 것이다. 그러나 이러한 전체성을 이루려는 작업은 그것이 아무리 불가피한 것이고, 가치 있는 것이라고 할지라도 아직 충분하지 않다. 왜냐하면 그것이 외면적인 것이기 때문이다. 이 복구 작업이 진정한 것이 되려면, 그 작업은 인간의 내면에서 이루어져야 한다. 이 복구 작업에 나서는 사람들은 그의 정신이 발달해 감에 따라서 먼저 그의 내면에 영혼이 존재하고 있음을 각성하고, 그의 영혼을 인식하여, 그 영혼과 하나가 된다. 즉 그의 내면 속에서 태초의 통일체를 복구하는 것이다.

이와 같은 사실을 말해 주고 있는 신화와 설화는 대단히 많다. 그 가운데서 플라톤의 《향연》(Le Banquet)에는 다음과 같은 이야기가 나온다: "그것은 일종의 안드로진이었다. 그것은 남성과 여성이라는 이름을 가진 다른 두 종(種)으로 이루어졌었는데, 오늘날에는 더 이상 존재하지 않는다. 안드로진은 오늘날 평판이 좋지 않은 이름이 되어버렸다. 모든 사람들은 대체로 둥근 모양을 하고 있었다 … 그들은 공 같은 모양을 하고 있었으며, 그들의 거동도 그러했다. 왜냐하면 그들의 부모들도 그랬기 때문이다. 그들은 비범한 힘과 기력을 가지고 있었다. 또한 그들은 용감했기 때문에 신들을 공격했다. 호머(Homère)가 에피알트(Ephialte)나 오토스(Otos)에 관해서 이야기 하는 것은 바로 그들에 관해서 이야기 하고 있는 것이다. 즉 신들과 싸우기 위해서 하늘에 올라오려던 이들에 관해서 읊고 있는 것이다. 이때 제우스는 이 사례에 관해서 어떻게 할 것인가 하고 다른 신들과 함께 토의했다. 이때 사태는 매우 당황스러운 것이었다. 이때 신들은 그들이 지난날 거인족(les géants)을 죽일 때처럼 인간들을 천둥을 가지고 일거에 죽여버릴 수도 없었다. 왜냐하면 사람들을 죽여버리면 신들은 이제 더 이상 사람들이 바치는 제사도, 예배도 받지 못하게 될 터이기 때문이었다. 그렇다고 해서 신들은 인간의 이 오만불손한 태도를 용서해 줄 수도 없는 노릇이었다. 그러다가 결국 제우스는 하나의 편법을 찾아내어 이렇게 말했다. '자, 나는 인간들이 더 이상 방종하지 못하게 하면서, 그들을 죽이지도 않는 방법을 찾아냈습니다. 그것은 그들을 약하게 하는 것입니다. 나는 이제 그들을 두 부분으로 나누어 놓겠습니다. 그렇게 되면 우리에게는 두 가지 이득이 있습니다. 하나는 그들이 약해진다는 것이고, 다른 하나는 우리가 그들로부터 더욱더 많은 것을 얻어낼 수 있다는 점입니다. 왜냐하면 그들을 둘로 쪼갤 경우 그들의 숫자는 두 배로 불어나기 때문입니다 … 인간의 신체가 그렇게 두 부분으로 분할되면, 나누어진 그 반쪽들은 다른 반쪽들을 그리워하며 나머지 반쪽을 찾아 나서게 될 것입니다 … 이때 사람들 속에서는 다른 이를 향한 사랑이 움트게 될 것입니다. 사랑은 사람들에게 그의 본성을 다시 찾을 수 있게 합니다. 사랑이 두 존재를 녹여서 하나로 만들고, 분열되었던 인간의 본성을 치유시키기 때문입니다.'"37)

연금술(alchimie)에도 이런 사상이 나와 있다. 연금술에서 발견되는 왕과 왕비, 해와 달 사이의 모든 작업 과정 역사 융합(conjunctio)을 궁극적인 목표로 하기 때문이다. 다시 말해서 서로 반대되는 특성을 가진 것들을 하나로 통일하는 과정을 이 상징들이 나타내고 있기 때문이다. 그런데 이 모습은 "연금술에서의 안드로진"으로 이미 표명되어 있는 통일체이다.38) 한편 고대 신비종교에서 말하고 있는 신성혼(神聖婚: hieros-gamos) 사상도 이것을 나타내고 있으며, 기독교 전통에서도 아담과 이브는 본래 "한 몸"이었다는 사실을 인정하고 있다. 따라서 우리는 아니마와 아니무스의 문제를 살펴볼 때, 우리 속에는 우리 속으로 돌아가서 통일체를 이루고자 하는 내적 욕구가 불가피하게 존재한다는 사실을 깨닫지 않을 수가 없다. 여기에서 우리는 두 가지 결론을 내릴 수 있다. 첫째는 그의 반려자와의 외적인 통일이다. 여기에서는 인간적인 측면에서의 사랑이 문제시 된다. 둘째는 그 자신의 영혼과의 내면적인 통일이다. 이것을 통해서 그에게는 정신적인 발달이 이루어질 수 있다. 실제의 삶에 있어서 이 두 측면은 결코 분할되지 않는다. 거의 동시에 이루어지고 있다. 어느 한쪽이 시련으로 작용하여 다른 쪽이 태어날 수 있게 하는 것이다.

우리가 우리에게 본질적으로 중요한 우리 자신의 일부를 다른 사람에게 투사시키는 한, 그 사람이 우리 눈에 대단히 귀중한 존재로 보이게 되고, 우리가 그에게 상당히 의존적으로 된다는 사

---

37) Platon, Le Banquet, 14장-15장.
38) Cf. C. G. Jung, Psychologie und Alchemie, 1944. Die psychologie der Uebertragung, 1946.

실은 별로 놀라운 일이 아니다. 사랑은 맹목적인 것이라고들 한다. 이 말은 어떤 사람이 사랑의 열정에 사로 잡혀서 그 열정에 전적으로 지배받고 있으며, 그가 사랑하는 사람(또는 사랑한다고 믿고 있는 사람)에게 종속되어 있을 때는 백번 옳은 말이다. 이때 그 사람은 그가 자기 영혼의 일부분을 그의 밖에 투사시켜 놓았다는 사실을 알지 못한다. 그래서 그는 사랑이 성숙하는 과정에서 요청되는 좀 더 깊은 의미의 문제에 관해서는 눈을 감고 만다. 왜냐하면 이런 사랑에는 열정만이 존재하기 때문이다.

어떤 사람이 투사시키고 있는 모습과 그가 사랑하고 있는 사람의 특성이 우연찮게도 들어맞는 경우, 그것은 행운에 속한다. 그러나 거기에서도 파열은 생겨날 수 있다. 그가 상대방에게 투사시켰던 것들을 거두어들이거나, 어떤 오해 때문에 둘 사이에 불화가 생기고 그 불화가 점점 커져갈 수 있기 때문이다. 어떤 사람이 자기 자신의 일부를 상대방에게 투사시키고 있다는 사실을 알지 못할 경우, 그는 그가 사랑하는 사람을 보고서 그 사람은 그가 오랫동안 꿈 꾸어왔던 바로 그 사람이라고 믿을 수가 있다. 그러나 상대방이 그가 바라마지 않던 모습을 이제 더 이상 보여주지 않을 경우, 그는 그 사람이 변했다고 생각해서 다시 본래 모습으로 돌아와 달라고 간청한다. 그는 회한과 비탄한 마음을 가지고 상대방을 들들 볶으면서 그 사람이 여태까지 가지고 있었던 모습들을 되찾아 달라고 애원하는 것이다. 그러면서 그는 이제 그의 불행의 모든 책임을 상대방에게 전가시킨다. 이때 그는 각성해야 한다. 즉 상대방은 언제나 그 모습 그대로 남아 있는데, 그가 그의 아니마(또는 아니무스)를 그에게 덧입혀서 자기 멋대로 상상했음을 깨달아야 하는 것이다. 인간의 결합에는 언제나 투사 기제가 작용하기 때문에, 여기에서 생겨나는 문제는 매우 복잡하다. 따라서 이 문제들을 이해하고 해결하려면 우리는 언제나 그 문제를 객관적으로 판단해야 한다. 사랑하는 사람 사이에서의 그 많은 이별과 이혼, 심지어 범죄까지도 투사라는 마술 때문에 생겨나는 경우가 많다. 그러므로 사실이 정말 어떤가 하는 것을 분석해 보는 일이 우리가 이 투사에서 풀려나는 데 있어서 무엇보다도 중요한 일이다.

투사 작용은 우리에게 열정을 가져다주고, 때때로 우리를 폭력적으로 만든다. 또한 우리를 고통에 빠뜨리기도 하며, 놀라운 일을 가져다준다. 어쨌든 투사는 우리의 인간적인 차원에서의 사랑, 즉 자연적이고 감각적인 차원에서의 사랑에서 많은 부분을 차지하고 있다. 우리가 투사에 관해서 알려면, 실제로 투사 작용을 일으켜 보지는 않는다고 할지라도, 투사에 직면해 보아야 한다. 왜냐하면 우리가 어떤 것을 극복하려면, 우리가 극복하는 대상에 관해서 알고 있어야 하기 때문이다. 그러므로 우리가 우리 내면에 있는 정욕의 늪에 빠지지 않으려면, 우리가 그 정욕을 실제로 체험해 보지는 않는다 할지라도, 그것이 우리 내면에 버티고 있다는 사실을 명확하게 각성하고, 우리 속에 있는 아니마(또는 아니무스)의 실체를 정면으로 들여다보아야 한다. 이 앞에서 우리는 위선적으로 정숙한 척해서도 안 되고, 문제의 성적이며 감각적인 측면을 승화시키려고만 해서도 곤란하다. 오히려 P. 레가메(Régamey)가 말했듯이 있는 그대로 발가벗겨서 마주 보아야 한다.39) 레가메가 "발가벗긴다"고 하는 말은 결코 그가 물질적인 면, 육체적인 면을 부정한다는 말이 아니다. 오히려 그것들을 성화(sanctifier)시키기 위해서 받아들인다는 말이다. 많은 분석가들은 우리가 그림자로부터 진정으로 벗어나려면 우리가 그 그림자를 있는 그대로 살아야 한다고 주장한다. 그러나 이 말은 잘못된

---

39) P. Régamey, "심층보고"(Avertissement des Profondeurs), D《영성생활》(La Vie Spirituelle), 1956. 2월호, p.146.

말이다. 왜냐하면 우리가 우리 그림자가 이끄는 대로 살려고 한다면, 그림자는 어느 순간 우리의 삶 전체를 지배하기 때문이다. 그 대신에 우리는 우리 그림자를 완전히 각성하고 그것을 우리의 외면적인 삶에서는 물론 정신세계(psychisme) 내에서도 통합해야 한다. 이렇게 해야 비로소 우리는 그림자로부터 해방될 수 있다. 그림자를 산다는 것은 언제나 그것을 우리 바깥에 있는 다른 대상에 투사시켜 놓는 것이며, 또 다른 새로운 콤플렉스들을 낳게 하는 것이다. 또한 그림자를 승화시킨다는 것은 엄밀하게 말해서 그림자로부터 도망치는 것이다. 왜냐하면 우리 그림자의 승화 대상이 되는 것이 아무리 이상적인 것이라고 할지라도 그것은 우리의 그림자를 다른 어떤 것으로 치환(置換)시켜 놓는 것에 불과하기 때문이다. 그러므로 우리를 본래적인 통일체로 돌아가지 못하게 하는 모든 반대 세력들을 없애기 위해서 우리는 우리 그림자를 받아들여야 한다.

  사랑은 그 자체가 우리를 발달시키는 매우 훌륭한 수단이 된다. 사랑은 그것이 가장 낮은 수준에 머물러 있을 때라도, 다시 말해서 그것이 성욕이나 감각적인 차원에 머물러 있을 때라도, 사랑은 이미 내적인 조화를 이루려는 무의식적인 추구인 것이다. 사랑의 본성이 본래 그렇기 때문에 사랑은 그것이 아무리 악에서 파생되었거나, 그 본래의 원천에서 벗어났다고 할지라도 언제나 인간을 발달시키는 방향으로 나아간다. 서로 하나가 됨으로써 사람들은 이상적인 통일체로 나아가는 것이다. 이 통일체란 그들이 그들의 내면 깊은 곳에 담고 있던 것이다.

  플라톤은 그가 쓴 매우 정교한 변증법을 통해서 이 사실을 기술했다. 그는 사랑에 많은 단계가 존재하고 있음을 알았다. 플라톤에 의하면 사랑은 이 계단을 하나씩 하나씩 밟아서 우리를 우리의 지성이 인도하는 곳보다 훨씬 더 높은 곳으로 인도하는 것이다. "디오티모(Diotime)가 소크라테스에게 물었다: '사랑이란 선함과 아름다움과 진리와 불멸성을 얻고자 하는 욕망입니까?' 이 물음에 대해서 소크라테스가 대답했다: '사랑이란 우리 육과 영의 아름다움 속에서 태어나는 그 무엇이다 … 이 속에서 우리는 신의 역사(役事)를 발견할 수 있다. 그리고 죽을 수밖에 없는 존재들은 생식(生殖)과 수정(受精)을 통해서 불멸성에 참여한다. 하지만 부조화 속에서 우리는 불멸성을 찾아볼 수 없다. 아름다운 것이 신적인 것과 잘 어울리는 반면에 추한 것은 신적인 것과 어울리지 않는다 … 그런데 우리는 불멸에 대한 욕망을 선함의 욕망과 분리시킬 수가 없다 … 우리가 거기에 참여하든지, 아니면 우리가 그 길을 따라가든지 사랑의 길이란 눈에 보이는 아름다운 것에서 떠나서 초자연적인 아름다움으로 끊임없이 올라가는 것이다."[40]

사랑의 단계에는 무한하게 많은 단계가 있다. 우리는 여기에서 그 단계들을 모두 말하려고 하지 않는다. 여기서 우리에게 중요한 것은 사랑의 두 종류인 에로스(eros)와 카리타스(caritas)를 구분하는 것이다.

에로스는 자연인(自然人)이 할 수 있는 모든 종류의 사랑으로서 아직 투사(projection)의 영역 아래 있다. 피조물이 피조물을 사랑하는 사랑으로서, 에로스는 아름다움과 실수, 기쁨과 고통, 사랑의 성취와 비참함 실연(失戀)의 무대가 된다. 그러나 카리타스는 초자연적인 사랑이다. 그것은 사람을 매혹시키는 투사에서 벗어나 있으며, 이 땅 위에서의 환상(illusion)으로부터 안전하다. 그리하여 사랑의 원천인 하나님을 향해 나아가는 헌신적인 정화된 사랑이다. 여기에서 우리가 주의할 것은 카리타스가 결코 에로스

---

[40] Platon, Le Banquet, 23장-24장.

의 억압이 아니라는 사실이다. 그것은 성욕 앞에서 유아적으로 도피하지도 않으며, 인간적인 사랑 때문에 생겨나는 모든 문제들 앞에서 퇴행하지도 않는다. 이 사랑은 사랑의 궁극 도달 지점이며, 온전히 성숙한 인간의 모든 기능이 신격화될 때 생겨나는 사랑이다.

에로스의 차원에서도 우리는 사람들이 사랑할 수 있으려면 성인이 되어야 한다는 사실을 알고 있다. 그래서 성서는 이렇게 말한다: "그러므로 남자는 아버지와 어머니를 떠나, 아내와 결합하여 한 몸을 이루는 것이다"(창 2:24). 자기의 아니마 또는 아니무스와 결합하기 위해서 우리는 어머니를 극복해야 한다고 창세기 신화는 말하는 것이다. 정신분석은 이 진리를 좀 더 과학적으로 말한다. 정신분석은 우리가 우리의 투사 내용들을 우리 인격 속에 통합시킴으로서 그 투사에서 벗어나야 한다고 말하는 것이다. 이러한 투사의 회수 없이 우리가 내면적으로 온전한 삶을 살 수 없기 때문이다. 우리는 인격적으로 성숙되어 갈수록 사랑이 무엇인가 하는 점과 사랑의 역할 및 가치를 좀 더 세밀하게, 좀 더 폭넓게 알 수 있다. 그래서 우리는 어떤 사람이 사랑하는 방식을 살펴보면, 그 사람의 인격 수준을 측정할 수 있다고까지 말할 수 있는 것이다. 그래서 이런 말도 있다: "자, 당신이 어떻게 다른 사람들을 사랑하고 있는지 나에게 말해 보시오. 그러면 당신이 어떤 사람인지 가르쳐 드리겠소."

유아적인 사람은 사랑이 무엇인지 알지 못한다. 그는 다만 성적일 뿐이다. 다른 사람에게 부드럽게 대하는 것만으로는 사랑이 아니다. 유아적인 사람들 가운데서 우리는 성적인 것에 매우 강하게 지배되어 있는 사람들을 흔히 보게 된다. 그 이유는 그 사람들에게는 영적인 것이 아직 의미화 되어 있지 않아서 그들이 그들의 성욕을 제대로 관리하지도, 유용(有用)하지도 못하기 때문이다. 그들은 성욕을 억압하거나, 성욕의 노예가 된다. 또 어떤 경우 성욕을 왜곡시켜서 그들의 영혼에 커다란 손상을 입히기도 한다. 카리타스로서의 사랑은 성적인 사랑을 초월해 있다. 그것은 모든 투사가 사라진 그곳에서부터 시작된다. 그러나 투사가 무엇인지 하는 것을 전혀 모르거나 잘못 아는 사람들은 투사가 그치게 될 때 사랑도 그치게 된다고 생각한다. 하지만 이런 생각은 투사도 사랑도 알지 못하고 있다는 사실을 고백하는 것밖에 되지 않는다. 왜냐하면 우리가 정말로 자유롭게, 정말로 객관적으로 다른 사람을 사랑할 수 있는 것은 우리가 그 사람에게 무의식적으로 투사했던 것들을 회수했을 때이기 때문이다. 사랑이란 우리가 우리를 위해서, 또 우리를 통해서 다른 사람을 사랑하는 것이 아니다. 사랑이란 그 사람 그대로를 사랑하는 것이며, 그 사람을 위해서 사랑하는 것이다. 사랑은 본질적으로 자기-희생적인 것이다.

사랑의 원천은 하나님과의 하나 됨 속에 있다. 하나님은 그가 생명이듯이, 사랑이다. 사랑과 생명은 하나님보다 선행한다. 그래서 사랑은 언제나 우리 인간들 속에서 먼저 어떤 역할을 맡아 수행했으며, 구원의 임무를 완수하였다. 사랑이 어떤 수준에 머물러 있든지 간에, 그것이 성실하고, 더 높은 곳을 지향하기만 하면 그것은 하나님으로부터 나온 것이다. 하지만 영적인 가치가 소멸되어버린 현대 세계에서 사랑의 진정한 의미는 무시되고, 망각되었다. 사랑은 이제 그의 진정한 원천에서 차단되어 길을 잃어버렸고, 물질 속에 갇혀졌다. 사랑의 영적 불씨는 질식당하고, 암흑 속에 갇혀진 듯하다. 그러나 아직 꺼지지는 않았다. 왜냐하면 인간의 육체와 그의 욕망은 우리의 영혼(âme)과 영(esprit)에 그 발걸음을 내딛고 있기 때문이다. 이제 우리는 우리 육체가 사랑의 한 요소이며, 사랑의 한 측면일 뿐이라고 말하지 않는다. 오히려 사랑은 그 모든 것을 지향하고 있다고 생각한다. 사랑을 위해서 육체가 배제되어야 하며, 사랑은 오직 우리 영에만 가치가 있다고 말한다면, 그것은 우스꽝스럽고 모순된 말이다. 이 말 대신에 우리는, 육체도 거기에 포함되어야 한다고 강조하고 싶다. 왜냐하면 육체 역시 우리 존재의 전일성(totalité)을 이루는 데 참여하기 때문이다. 만약에 우리의 사랑에서 육체가 해야 할 역할이 없다면, 그 사랑은 무엇인가가 결여된 사랑이다. 그것은 마치 우리 육체가 영을 희생시켜서 우리의 사랑에 지배적인 역할을 할 때 생겨나는 것과 같은 결손된 사랑인 것이다. 우리 육체는 사랑을 받아들이는 그릇이다. 육체는 사랑을 단지 그 속에 가두어 두려고 받아들이는 것이 아니다. 오히려 사랑에 의해서 조명(照明)되고, 인도받으려고 받아들이는 것이다.

우리 눈에 보이는 것에 대한 사랑은 우리 눈에 보이지 않는 것에 대한 사랑으로 이끌어 간다. 이 둘은, 우리 육체가 진정한 사랑에 의해서 올바른 조화를 이룰 수 있다면, 하나이다. 인간의 영은 물질 속에서 퇴화되고 갇혀버리게 될 위험이 있다. 그것은 우리 영이 물질 속으로 들어가면서 그 물질을 정화시키고, 영성화시키지 않는 경우에는 반드시 그러하다. 왜냐하면 물질은 결코 영이 아니기 때문이다. 이 사실을 신화나, 문학, 예술, 종교는 물론이려니와 통과의례나 점성술도 그 많은 이와 유사한 상징을 통해서 증명하고 있다.

지금 우리가 말하는 것이 우리의 본래 주제에서 크게 벗어나는 것은 아니다. 왜냐하면 아니마와 아니무스의 투사상을 우리 속에 통합하는 것이 우리가 여태까지 설명해 왔던 것을 다시 한번 확인하는 것이기 때문이다. 투사의 철회란 우리의 정신에서 가장 본질적인 부분을 다시 찾는 작업이 아닌가? 이 부분은 여태까지 우리에게 무의식적이었으며, 우리 바깥에 존재해 왔기 때문에 우리가 사용하지 못했던 우리 인격의 일부이다. 이 부분이 일단 풀려나면 이 힘은 우리 속에서 대극(對極)간의 조화를 이루게 해주며 우리 속에서 "영적인 아이"(enfant spirituel)를 낳게 해줄 것이다.

다시 한번 되풀이 하지만, 우리의 영적 성숙의 조건이 되는 이 내면적인 통일은 자아중심성(egocentriste)이라고 하는 일방적인 내향성(內向性)과는 전혀 다른 것이다. 그러기는커녕 이것은 이기적인 자아의 죽음을 의미한다. 우리 자아가 죽을 때 우리 자아는 그의 능력을 다른 사람을 위해서 쓰게 되고, 다른 사람은 우리의 투사로부터 풀려난다. 이러한 투사의 철회야말로 우리의 인격이 활짝 피어날 수 있게 되는 기회이다. 우리 속에서 "영적인 아이"가 태어난 것처럼 보일지라도 우리 행동에 아무런 변화도 생기지 않는다면, 우리는 그것을 의심해 보아야 한다. 왜냐하면 이것은 정신분석에서도 종종 발견되는 "거짓된 자기"(faux soi)일 수가 있기 때문이다. 우리의 실제 생활에서는 우리가 겉으로 어떤 단계에 도달한 듯이 보이지만 내용적으로는 그렇지 않은 경우가 많이 있다. 한 예로서 우리의 내면적인 발달이 순전히 지적인 측면에서만 이루어 질 때, 그것은 우리를 진정한 "자기"(自己)에로 이끌어 가지 못한다. 그러면서 우리에게 자족감(自足感)을 가지게 된다. 이 자족감이란 여태까지의 분석을 통해서 얻어진 심리학 지식으로 포장되어 우리를 그 전보다 더 교묘하게 자만심을 가지게 한다.

"영적인 아이"의 출현은 우리에게 카리타스로서의 사랑을 가질 수 있게 하는가? 반드시 그렇지는 않다. 왜냐하면 우리가 앞으로 살펴보겠지만 카리타스로서의 사랑이란 우리의 심리구조를 뛰어넘는 것이기 때문이다. 그러나 정신분석이 우리를 하나님께로 인도할 수 있듯이, "영적인 아이"는 우리로 하여금 사랑의 왕인 독생자 하나님의 은혜를 받을 수 있게 한다.

특별히 사랑을 강조하고 있는 기독교 교리는 우리가 여태까지 설명한 이 은총에 관해서 많이 언급하고 있다. 그런데 기독교에서도 사랑을 두 가지 종류로 설명하고 있다. 첫 번째는 하나님의 사랑 또는 하나님을 위한 사랑이고, 다음으로는 이웃과 피조물을 위한 사랑이다. 하지만 우리가 하나님의 가르침에 충실하게 머무른다면, 이 둘은 분리되지 않는다. 왜냐하면 하나님만이 모든 사랑의 원리로서 하나님으로부터 유래되지 않는 사랑이란 존재할 수 없으며, 모든 사랑이란 그 목표인 하나님께로 귀속되기 때문이다.

"'네 마음을 다하고, 목숨을 다하고, 뜻을 다하여 주님이신 너희 하나님을 사랑하라.' 이것이 가장 크고 첫째가는 계명이고, '네 이웃을 네 몸과 같이 사랑하라'는 둘째 계명도 이에 못지않게 중요하다. 이 두 계명이 모든 율법과 예언서의 골자이다"(마 22:37-40). 그리스도의 이 이중적인 명령은 사랑의 통일성을 전제로 하고 있다. 그리고 여기에 사랑의 진수가 들어 있다. 여기서 우리가 알 수 있는 것은 사랑에는 아무 복잡한 것도, 분열된 것도 있을 수 없다는 사실이다. 다만 그 대상에만 복잡한 것이 있다는 점이다. 사랑의 원천은 하나다. 모든 사람들은 그가 받은 은사에 따라서, 그의 본성에 따라서 자기 방식대로 사랑을 이런 모양이나 저런 모양으로 베푸는 것이다. 그래서 기독교 교리는 인간의 심리를 꿰뚫는 통찰력을 가지고 인간의 사랑 속에 담겨진 신적 속성을 자신 있게 주장하며, 점차 물질화 되어가는 사람들 속에 사랑의 그 타오르고 빛나는 불꽃을 계속 살아나게 하려고 권고와 충고를 아끼지 않는다. 마치 태양으로부터 햇빛이 나오듯이 신적인 마음으로부터 사랑이 직접 흘러나오게 하려는 것이다. 여기에서 말하는 사랑은 다른 사람의 비위나 맞추려고 하는 사탕발림의 사랑이 아니다. 오히려 진지하고, 죽기까지 자기를 내어 주는 그런 사랑을 말하는 것이다. 이 점에 있어서 기독교 이외의 다른 종교는 이런 사랑을 알지 못한다고 말할 수밖에 없다. 왜냐하면 기독교에서만 하나님이 그의 한없는 자비 때문에 그의 아들에게 인간의 몸을 입혀 보내어 인간을 구원하게 하였다고 주장하기 때문이다. 그래서 요한은 이렇게 증언한다: "하나님은 사람을 그처럼 사랑하셨습니다. 그래서 하나님은 그의 하나밖에 없는 아들을 보내서 그를 믿는 사람들은 멸망하지 않고 영원한 생명을 얻게 하셨습니다"(요 3:16).

다음과 같은 기독교 교리들, 즉 성육신, 성찬식, 그리스도의 고난, 구속(救贖), 부활 등은 바로 하나님의 이런 사랑을 증언하는 교리들이다. 그래서 예수 그리스도의 그 초라한 베들레헴의 말구유에서부터 십자가의 죽음에 이르기까지 그 속에서 하나님의 사랑과 빛이 넘쳐나고 있음을 볼 수 있다.

기독교 교리는 이와 같이 사랑에 매우 커다란 가치를 부여하고 있다. 따라서 기독교 교리대로라면 인간 사이의 결합인 결혼 역시 성례(聖禮)의 경지에까지 고양된다고 말할 수 있다. 한편 예수님은 이미 가나의 결혼식 잔치에서 결혼을 성화(聖化)시키신 바 있다. 예수님은 이 결혼 잔치에서 그의 첫 번째 기적을 보이셨으며, 나중에 생기게 되는 성찬식을 예비하고 계시다. 여기에서 볼 때, 우리는 에로스적인 측면에서의 사랑도 하나님께 봉헌될 수 있으며, 하나님께 속하는 것이라는 인증을 받고 있음을 알 수 있다. 사정이 이러니 기독교에서 이혼을 금하고 있는 것이 별로 놀라운 일은 아닐 것이다: "하나님께서 결합시키신 것을 사람이 나눌 수는 없습니다"(마 19:5). 하나님은 언제나 한결 같으시고, 신실하시다. 결혼 관계가 결코 훼손될 수 없다는 사실은 사랑이 이처럼 깊은 원천에서 흘러나온다는 심오한 인식에 기초를 두고 있다. 기독교에서 결혼을 이토록 귀중하게 생각하는 것은 인간의 본성이 분할되어 있기 때문에 그것을 하나로 합치는 수단으로 간주하고 있기 때문이다. 그래서 에베소서는 이렇게 말하고 있다: "남편 된 사람들은 그들의 아내를 마치 자기 몸처럼 사랑해야 한다. 자기 아내를 사랑하는 것은 자기 몸을 사랑하는 것이 아닌가? 도대체 자기 몸을 미워하는 사람은 없다. 오히려 자기 몸을 기르고, 보살핀다. 이것은 마치 그리스도께서 교회를 기르고 보살피는 것과 같다 … 그래서 사람이 부모를 떠나 자기 아내와 결합하여 둘이 한 몸을 이룬다고 하는 것이다 … 그러므로 모든 남편들은 자기 아내를 자기 몸과 같이 사랑하고, 아내들은 자기 남편을 존경해야 한다"(엡 5:29-33).

교회의 결혼식 예문 기도에도 이 같은 기독교 교리가 다음과 같이 반영되어 있다: "오, 하나님, 당신은 우리 인간을 당신의 형상대로 만드시고, 모든 남편과 아내를 서로 뗄 수 없는 도움의 관계 속에 넣어 주셨습니다. 당신은 남편들에게 여자의 몸의 원리가 되도록 하셨고, 우리에게 이 관계를 끊을 수 없다고 가르치셨습니다. 오히려 우리가 통일체를 이루기를 즐거워하십니다 … 오 하나님, 모든 아내들은 당신을 인하여 남편과 하나 되었으며, 제일 긴요한 결합체를 이루고 있습니다"(결혼식 예문).

여기에서 우리는 기독교 교리가 인간의 사랑이 어떤 환상이나 투사의 함정에 빠지지 않고, 오히려 성숙한 사랑을 지향케 하고 있다는 사실을 찾아 볼 수 있다. 그것은 사랑을 한 차원 더 높인 것이다. 하지만 우리의 실생활에서 이런 사랑은 그렇게 많이 이루어지지 않는다. 그래서 많은 기독교인들은 그들의 결혼 생활에서 순결을 지키는 것을 어렵게 생각하고 있으며 이혼으로 치닫기까지 한다. 그러나 우리가 기독교 결혼의 이상을 지켜나가려면 우리의 본능적이고 육체적인 욕구가 바람직한 것일 수도 있다는 좀 더 현실적인 가르침을 생각해 보아야 한다.

이 문제에 접근하려면 우리는 먼저 인간에게 있어서 영이 하는 역할은 무엇이고, 육체의 역할은 무엇인가 하는 점을 따져 보아야 한다. 우리 삶에서 육체가 거부된다면, 육체는 억압 때문에 강박증에까지 이르러 우리 삶을 온통 뒤흔들게 된다. 반면에 우리가 깊이 헤아리지 않고 육체의 요청에 넘어가 버리면, 우리는 육체의 노예가 된다. 그래서 우리는 우리 육체가 발달되어야 한다는 현실적인 가르침을 주어야 한다. 우리 삶에서 물질적인 측면, 즉 우리 육체는 더러운 것으로 정죄되어서는 안 되는 것이다. 오히려 우리에게 용납되고, 우리 삶에서 올바른 자리를 차지해야 한다.

물질과 육체는 하나님이 창조하신 것으로서 그 자체가 나쁜 것이 아니다. 그것들을 나쁘게 만드는 것은 우리가 그것을 쓰는 방식이다. 우리가 육체의 존재를 인정하고, 그 욕구를 인정하는 것은 마리아의 품에 안긴 예수 그리스도의 성육신에 참여하는 것이다. 그러나 우리는 여기에 머물러서는 안 된다. 성육신이 목적이 아니라 고난과 죄의 구속을 통한 부활이 종착역이기 때문이다. 이렇게 해서 우리의 물질적인 육체는 우리가 우리의 지상적인 삶을 정화시키는 시련을 이해하고 용납할 때 영광스러운 부활로 부름 받는 것이다. 우리 육체는 우리의 성화과정에서 우리와 가장 가까운 동역자이다. 그리고 우리 육체는 영혼의 타오르는 불꽃이다. 그래서 우리는 육체 없이 살 수 없으며, 어떤 방식으로도 육체를 부정하거나 무시할 수 없는 것이다. 육체는 환상이 아니라, 우리가 손으로 만질 수 있는 실재(réalité)이다. 우리 영이 담겨진 질그릇이다. 영은 우리 육체에 씨를 뿌리고, 그 씨를 죽여 싹이 돋게 하고, 육체를 경작한다. 그것은 마치 비옥한 땅에서 열매가 맺히는 것과 같은 이치다. 예술가가 물질을 가지고 작업하듯이, 영은 육체 속에서 작업한다. 영은 마치 미켈란젤로가

카라르의 대리석을 망치로 힘껏 두들겨서 작품을 만들거나, 일본의 예인(藝人)들이 스칠 듯 말듯 미세한 움직임으로 작업을 하듯이 우리 육체에 작업을 한다. 또한 영은 때로는 보석 세공사가 보석 세공을 하듯이 우리 육체를 격렬하게 파헤치며, 때로는 열심히 우리 삶을 재단한다. 마치 반 고흐의 화폭에 햇빛이 작열하거나, 중세기 네덜란드의 채색 삽화가들이 그들의 작품에 열심히, 그리고 꼼꼼하게 정성을 기울이는 것처럼 말이다.

우리 몸이 영의 작용에 순종하는 것은 예술작품의 재료들이 예술가의 손에 순종하는 것과 같은 형국이다. 그러나 죄는 우리가 축을 벗으며, 본래의 원천에서 멀어지게 한다. 우리는 이제 더 이상 영의 권유를 이해하지 못하게 되고, 영을 따르지 않으며, 영에 반항하고, 영에 무관심해지는 것이다. 하지만 우리 육체는 영의 도구가 되고, 영과 관계를 맺고 있는 한에서만 가치가 있다. 그리고 영의 역할은 결코 우리 육체를 굴복시키거나, 강제하는 것이 아니다. 오히려 우리 육체를 지혜롭게 교육하고 이해하여 우리 육체가 더욱 더 많은 빛을 받아들이도록 하는 것이다. 우리 육체가 우리 영에 봉사해야 한다면, 우리 영은 우리 육체가 제대로 나아갈 수 있도록 육체의 사정을 감안해야 한다.

상징은 이 사실을 매우 잘 나타내고 있다. 우리는 앞에서 바람—즉 영을 의미한다—은 그의 대극상(對極相)인 땅이 없으면 아무것도 아닌 것을 보았다. 그런데 물질과 육체는 최초의 상징인 땅을 가리키고 있다. 땅처럼 물질과 육체는 수용적이고, 유연하다. 그리고 우리 육체가 영의 방문을 달갑게 생각한다면 우리 육체는 많은 형상을 만들어낼 수 있다. 땅에 바람의 개입이 없을 때 땅에 아무런 일도 일어나지 않듯이 육체에 아무런 영적인 개입이 없을 때 육체는 아무것도 이룰 수가 없다. 물질과 육체는 땅처럼 자기희생적인 요소인 것이다. 바람은 희생제의 제관이고,

땅은 희생제의 대상인 것이다. 모든 희생이 물질을 정화시키기 위한 시련이며, 우리 옛 자아를 더욱더 철저하게 벗기는 시련인 것을 잊지 말아야 한다.

희생이란 결코 부정적이거나 소극적인 개념이 아니다. 왜냐하면 희생을 통한 분리는 우리를 한 걸음 더 큰 연합으로 이끌어가기 때문이다. 희생이라는 말의 기독교적인 의미는 거룩하게 한다는 것이다. 물질을 성화시키는 것이지 물질을 부정하는 것이 아니다. "희생은 영혼을 살찌우는 데 반해서 억압은 영혼에 해독을 끼친다"(G. 띠봉). 여기에 탈육(deincarnation)적인 개념은 아무 데도 없다. 성육의 개념이 이렇게 중요한 위치를 차지하고 있는 기독교에서 어떻게 탈육이 가능할 것인가? 그러므로 이제 우리는 육체에 대해서 절대로 가치 평가하기를 두려워해서는 안 된다. 오히려 정당하게 평가해야 한다. 육체는 죄의 도구가 될 뿐만 아니라 구원의 도구가 되기 때문이다.

마리아가 성령을 받았을 때 마리아는 그의 내면이 온통 영향을 받았다. 그래서 "예수님은 그대 내면의 열매다"라는 말이 있다. 정결한 여성이기는 했지만 마리아는 이때 당황하지 않고 사랑을 느꼈다. 그녀는 그가 성령인 것을 알았기 때문이다. 그래서 성령을 수태하기 위하여 전인적인 존재 속에 자리 잡았던 것이다. "그리하여 말씀이 육신이 되었다." 이때 마리아가 느꼈던 전율은 그녀의 가슴을 흔들지도 않았으며, 그녀의 영혼을 침체시키지도 않았다. 마리아는 이기적이지도 않았고, 허영에 들뜨지도 않았다. 오히려 사랑에 가득차서 그녀의 사촌인 엘리자베스의 집으로 달려갔다. 이때 이 두 여자 사이에서는 무슨 일이 오갔는가? 이 두 여자는 어떤 철학적인 이야기를 주고받았는가? 아니면 어떤 중요한 개념들이나 느낌들을 주고받았는가? 그런 것이 아니다. 이때 일어난 일은 엘리자베스의 뱃속에 있던 선구자 요한이 마리아의 뱃속에 있는 성령을 만나고서 몸을 떨면서 생명의 각성을 했던 것이다. 성령이 그들을 찾아왔기 때문에 그들의 내정이 온통 뒤떨린 것이다. 여기서 우리는 하나님이 우리 삶에 개입할 때면 우리의 육체 전체가 영향을 받는다는 반박할 수 없는 실례를 보게 된다. 이때 마리아에게 터져 나온 "마리아 찬가"는 이 사실을 말해주는 움직일 수 없는 증언이다(눅 1:46-55).

　우리 몸의 반응과 동작들은 우리 영적인 삶의 전체를 구성하고 있다. 그것들 모두가 기도인 것이다. 이 사실은 기독교 안에서 우리의 육체적인 태도가 얼마나 중요하게 취급되는가를 보여 주고 있다. "당신의 몸이 성령의 전인 줄 알지 못하십니까?"(고전 4:19). 이처럼 하나님은 그의 피조물과 함께 하기 위해서 그의 극진하신 사랑을 가지고 우리 몸 전체 속에 들어오신다. 그러나 이때 생겨나는 어려움은 우리 육체가 더욱더 정화될 때 생길 수 있는 어려움 보다 한결 덜 심한 것이다. "깨끗한 사람들에게는 모든 것이 깨끗합니다"(딛 1:15). 여기서 우리는 모든 영적인 삶의 필수적인 조건이라고 할 수 있는 일반적인 신비인 정결에 관해서 말하고 있다. 우리는 나중에 다시 이 문제에 관해서 더 언급하게 될 것이다. 여기서는 그것이 이해의 문제가 아니라 체험의 문제라는 사실만 말해두자. 정결은 잘못된 점잖음이나 수줍음에서 나오는 것이 아니다. 오히려 남성적인 덕성으로서 강하고 균형 잡힌 본성에서 나오는 것이다. 정결은 무의식적인 것이 아니라 높은 인식이나 지혜와 관계있는 것이다.

　성서에 나오는 물질과 영 사이의 밀접한 관계는 교부들이나 교회 박사들에 의해서도 강조되었다. 하나님은 눈에 보이지 않는 것들을 우리에게 계시하기 위해서 눈에 보이는 것들을 사용하신다. 하나님은 빵과 포도주를 변형시켜서 그의 육체와 피를 나타내게 했으며, 보리와 포도 넝쿨을 가지고 그의 현존을 본질적으로 말하게 하였다. "어떤 사람이 하나님 나라가 이 땅에 있는 어떤 것과 비슷하다고 한다면 그것은 그 말을 듣는 사람의 정신이 그가 아는 것으로부터 알지 못하는 것으로 올라가게 하려는 것이고, 눈에 보이는 이미지로부터 눈에 보이지 않는 실재로 옮아가게 하려는 것이다. 마찬가지로 그가 체험해 볼 수 있는 진리로 그의 몸을 불사르고, 그의 몸을 훈훈하게 덥히려 하는 것이며, 그가 알고 있는 것으로부터 비롯되는 사랑에 의해서 그가 알지 못하는 것을 사랑하게 하려는 시도인 것이다."41)

심지어는 교회에 늘 출석하는 성실한 기독교인들까지도 신비주의의 용어가 이 점에 있어서 그렇게 "열정적"인 것을 발견하고서는 종종 깜짝 놀라고 가끔 충격을 받기도 한다. 그러나 그런 놀라움은 한편으로는 우리 몸과 영혼의 관계에 관해서 잘 모르기 때문에 생기는 것이고, 다른 한편으로는 우리 본성이 대단히 제한되어 있기 때문에 영적인 문제들을 그렇게밖에 다루지 못해서 생겨나는 현상이다. 생리적인 측면에서 볼 때도 사람들이 깊은 감동을 받으면 그것이 어디서 생겨난 감동이든지간에 그와 비슷한 반응을 이끌어낸다. 마찬가지로 우리가 쓰는 말에 있어서도 우리가 어떤 단어를 발음하면 그에 해당되는 물질적인 가정이나 영적인 감정이 불러일으켜진다. 언제나 우리 영은 그것을 창조하기 위해서나 스스로를 들어내기 위해서 어떤 감각적인 것을 필요로 하는 것이다. 그러나 어떤 자극에 대한 반응이 비슷해 보이거나, 어떤 단어의 발음이 그 내용과 비슷하게 들릴지라도 그 자극이 처음 주어졌을 때의 의미와 원천 및 결과와는 언제나 같지 않다. 예를 들어서 말하자면 아씨시의 성 프란체스코가 지은 것으로서 사랑의 불타는 내용을 담고 있는 시구는 우리에게

---

41) Saint Gregoire, *Homélie sur Evangile*(Breviaire romain, au Commun des saintes Femmes)

어떤 감각적인 것을 불러일으키지 않는다. 오히려 우리에게 하나님의 사랑이 지니고 있는 아름다움을 깨우쳐 줄 뿐이다. "당신은 왜 나에게 그토록 자비로운 사랑으로 은총을 베푸시나이까? 당신의 가슴에 묶여있는 나의 가슴은 사랑으로 불타오릅니다 … 나를 당신 곁에 받아들여주십시오. 오 사랑이시여, 나를 언제나 품어주십시오. 사랑이시여, 나를 당신의 진리와 지고한 자비로 당신 안에서 변화시켜 주십시오."(아씨시의 성 프란체스코, 《사랑의 찬가》)

이 세상에서 사람들이 말하는 사랑의 언어의 원천은 모두 이 성인들의 언어 속에 있다. 다른 사람들은 다만 이 언어들을 빌려서 쓰고, 이 언어들을 왜곡하고 있을 뿐이다. 초월적인 세계를 알지 못하는 사람들은 사랑의 이 부름을 알지 못하고, 사랑의 오고감을 전혀 이해하지도 못하면서 그것을 자연적인 차원으로만 해석할 뿐이다. 여기에서 오해가 생겨나고, 사랑이 부당하게 비판받는다. 우리가 신적인 차원에서의 체험에 관해서 알지 못한다면 이런 사랑에 관해서도 판단하지 말아야 하며, 셰익스피어나 괴테의 사랑에 관해서도 판단하지 말아야 한다. 성녀 아빌라의 테레사의 노래를 들어보자.

"나는 살고 있지만 내 속에 사는 것이 아닙니다.
그래서 내가 죽는다 할지라도 내가 죽는 것이 아닙니다.
내가 당신에 대한 사랑으로 죽은 이래 나는 내 밖에서 살고 있습니다.
왜냐하면 그때 이래로 나는 주님 안에서 살기 때문입니다.
주님은 당신을 위해서 나를 원하셨습니다.
내가 주님께 나의 가슴을 바쳤을 때,
주님은 내 가슴에 이 문구를 새겨놓았습니다.

내가 죽는 것은 죽지 않기 위해서입니다.
내 가슴 깊은 곳에서 나는 갑자기 어떤 찌르는 것을 느꼈습니다.
그것은 하나님의 투창이었습니다.
주님은 내 안에서 어떤 놀라운 큰 일을 하셨습니다.
나를 찌른 그 상처로.
그 상처가 비록 치명적인 것이며,
나에게 더할 나위 없는 고통을 주었을지라도
그것은 나에게 생명을 주는 죽음이었습니다.

그는 나에게 사랑이 가득 담긴 화살을 쏘았습니다.
내 영혼은 내 영혼의 창조주와 하나 되는 계약을 맺었습니다.
그 이후 나는 이제 더 이상 다른 사랑을 바라지 않게 되었습니다.
내가 내 하나님께로 보내졌기 때문입니다.
내 사랑은 나의 것입니다.
그리고 나는 내 사랑의 것입니다.

사랑으로 불타는 가슴은 행복하여라.
그는 하나님께만 눈길을 주고 하나님만을 바라본다."42)

십자가의 성 요한은 또 이렇게 노래하고 있다.
"오, 사랑의 타오르는 불꽃이여,
그대는 얼마나 내 영혼의 깊은 곳을 그렇게도 살며시 헤

---

42) Sainte Therese d' Avila, 《전집》(Paris: Seuil, 1949).

집고 있는가?
오, 달콤한 화상(火傷)!
오, 감미로운 상처!
오, 부드러운 손길, 섬세한 접촉이여!
당신은 영원한 생명의 구원이시며,
생명을 위하여 나를 제물로 드리게 하여
내 모든 빚을 갚아주셨습니다.
어둡고 침침한 깊은 동굴 속에서
빛나고 있는 불꽃이여
그대는 나에게 지극히 사랑하는 이의 특별한
빛과 따스함을 가져다 줍니다《살아있는 불꽃》

이 세상에 아가서보다 더 열열하고, 아름다운 사랑의 시가 있을까? 그러나 아가서에는 모든 감각적인 것들이 배제되어 있다. 그것은 순수한 사랑이다. 그것은 하나님을 그리는 영혼의 사랑이다. 거기에서 노래되는 말은 이 땅의 단어들이지만 이 세상의 그 어느 것도 생각나게 하지 않는다. 우리가 앞에서 말했던 또 다른 차원에서 인식을 상기해 보자.

"그는 나에게 입을 맞춥니다.
나의 사랑하는 임은 내 가슴 사이에 있는 몰약 봉지 같아라.
건포도 과자로 내 힘을 돋구어 주어요.
사과를 주어요. 기운 좀 차리게요.
사랑하다가 나는 병이 들었어요.
그는 왼팔로 내 머리를 고이시고,
오른 팔로는 나를 안아 주십니다.
도장 새기듯 임의 마음에 나를 새기세요.

도장 새기듯 임의 팔에 나를 새기세요.
사랑은 죽음보다 더 강하고,
사랑의 시샘은 저승처럼 잔혹합니다.
그가 남겨놓은 자취는 불길과 같습니다.
그것은 하나님의 불꽃입니다.
큰 물도 사랑을 끌 수 없으며,
강물도 그 사랑의 불길을 잡을 수 없습니다."(아가서)

성령은 곧 사랑이다. 그것은 우리를 사랑의 불길로 사로잡는다. 우리가 앞에서 말한 카리타스로서의 사랑은 결코 하나님과 분리될 수가 없다. 그 사랑은 오직 하나님이 계시기 때문에 존재하며, 우리가 그리스도의 신비한 지체인 우리 이웃을 사랑할 수 있는 것도 우리가 하나님을 사랑하기 때문에 가능한 것이다. 그런데 이 사랑은 전혀 이기적인 것이 아니다. 우리 자아의 권리를 주장하지도 않는다. 사랑은 밖으로 널리 퍼지려는 특성을 가지고 있으며, 헌신적이다. 사랑은 우리로 하여금 다른 사람들을 실제로 사랑하게 하며, 우리가 모든 사람을 차별하지 않고 그들을 위해서 무엇인가를 하게 해준다. 그래서 사도 바울은 이렇게 말한다.
"내가 사람의 방언과 천사의 방언으로 말을 할지라도 내게 사랑이 없으면 울리는 꽹과리가 될 뿐입니다. 내가 예언하는 능력을 가지고 있을지라도 또 내가 모든 비밀과 모든 지식을 가지고 있을지라도 또 산을 옮길 만한 모든 믿음을 가지고 있을지라도 내게 사랑이 없으면 아무것도 아닙니다. 내가 모든 재산을 나누어 줄지라도 자랑스러운 일을 하려고 내 몸을 넘겨줄지라도 내게 사랑이 없으면 내게는 아무런 이로움이 없습니다. 사랑은 오래 참고, 진실합니다. 사랑은 시기하지 않으며, 뽐내지 않으며, 교만하지 않습니다. 사랑은 무례하지 않으며, 자기의 이익을 구하지 않으며, 성을 내지 않으며, 원한을 품지 않습니다. 사랑은 불의를 기뻐하지 않으며, 진리와 함께 기뻐합니다. 사랑은 모든 것을 덮어주며, 모든 것을 믿으며, 모든 것을 바라며, 모든 것을 견딥니다. 사랑은 없어지지 않습니다 … 그러므로 믿음, 소망, 사랑, 이 세 가지는 항상 있을 것인데 그 가운데 으뜸은 사랑입니다"(고전 13:1-8, 13).

또 마태는 이렇게 말했다. "나는 너희에게 말한다. 너희의 원수를 사랑하고 너희를 박해하는 사람을 위하여 기도하여라. 그래야만 너희가 하늘에 계신 너희 아버지의 자녀가 될 것이다. 아버지께서는 악한 사람에게나 선한 사람에게나 똑같이 해를 떠오르게 하시고 의로운 사람에게나 불의한 사람에게나 똑같이 비를 내려주신다. 너희가 너희를 사랑하는 사람만 사랑하면 무슨 상을 받겠느냐? 세리도 그만큼은 하지 않느냐? 또한 너희가 너희 형제자매들에게만 인사하면서 지내면 남보다 나을 것이 무엇이냐? 이방 사람들도 그만큼은 하지 않느냐? 그러므로 너희의 하늘 아버지께서 완전하신 것과 같이 너희도 완전하여라."

그래서 빼랭(J.-M. Perrin) 신부는 "사랑은 모든 것을 초자연적인 것으로, 또 신적인 것으로 변화시킬 수가 있다. 우리의 감정과 기쁨은 물론 우리의 의무와 근심까지 신적인 것으로 만들 수 있는 것이다 … 우리들로 하여금 이웃 사랑을 실천할 수 있게 하시는 하나님의 사랑과 우리 몸을 십자가에 못 박고, 우리 가슴을 이웃에게 열게 해주는 십자가는 바로 우리가 하나님이 살고 계시는 산꼭대기에 올라서게 되었다는 사실을 알려주는 하나님의 표징이다. 그곳에서 하나님은 마치 친한 친구들이 그러하듯이 우리들과 얼굴과 얼굴을 마주대고 말씀을 나눌 것이다 … 라꼬르데르 신부는 '내가 하나님의 선성을 믿고 있듯이 나는 인간의 사랑도 믿는다'고 말했다. 그런데 사람은 우리에게 실망을 안겨

주는데 반해서 하나님은 결코 우리를 실망시키지 않는다. 여기에 하나님과 사람 사이의 차이가 있다. 하지만 사람들이 항상 실망시키지는 않는다는 데 또 하나님과 인간 사이의 유사성이 있다. 인간이란 그가 매우 연약하고, 부서지기 쉬운 존재임에도 불구하고 사랑을 생각할 수 있으며, 그의 질그릇 같은 몸으로 사랑을 실현할 수 있다는 점에서, 그 사랑은 축복받은 것이다. 그는 이기주의에 빠지기 쉬운 정신을 가지고 있음에도 불구하고, 다른 한편으로 진지하게 사랑하며, 부패하기 쉬운 육체를 가지고 있음에도 불구하고 순수하게 사랑을 한다. 또한 언젠가 끝나버리고 말 시간 속에서 영원한 사랑을 한다. 그러나 나는 이 사랑을 믿고 있으며, 이런 사랑들을 알고 있다."[43]

특별히 신학적인 의미를 지니고 있는 카리타스로서의 사랑은 에로스를 초월한다. 그리고 이 초월은 우리 내면의 꾸준하고, 힘든 노력을 통해서 평생을 두고 조금씩 조금씩 이루어진다. 그래서 라꼬르데르 신부는 다음과 같이 덧붙인다. "그것은 사람들이 어떤 목표를 향해서 나아가는 길이다. 그런데 길은 사람이 그 위에 머무르라고 존재하는 것이 아니다. 앞으로 나아가라고 존재하는 것이다. 길 위에는 아무것도 완전한 것이 없다. 아무것도 결정적으로 이루어진 것은 없다."[44] 복음의 온전한 견지에서 볼 때, 진정한 사랑이란 매우 드물게 존재하며, 실행하기도 어려운 것이다. 그러나 모든 그리스도인이 자신의 발전을 위해서 나아갈 수 있는 길이며, 절대적인 사랑을 향해서 나아갈 수 있는 길이다. 하나님의 은혜와 기도는 우리의 노력이 진지하고 너그러운 것이기만 하다면, 우리의 불완전한 노력을 보충시켜 주실 것이다. 진정한 사랑은 투사(projection)를 뛰어넘으며, 자유롭다. 그것은 하나

---

[43] J.-M. Perrin, La Virginite, ed., du Seuil
[44] Ibid.

제7장 아니마-아니무스: 에로스와 카리타스 / 177

님과 구분할 수 없을 정도로 뒤섞여 있기 때문에 아니마와 아니무스를 초월하는 것이다.

그런데 정신분석은 우리 삶의 자연적인 차원, 즉 정신에 관여하면서, 우리가 투사를 철회하도록 도와주며, 우리를 그보다 더 높은 차원의 삶, 즉 초자연적인 삶의 영역으로 이끌어간다. 정신분석이 우리 삶의 초자연적인 차원에서 요청을 어느 정도 실현시키는 데 도움을 주는 것은 사실이다. 왜냐하면 정신분석이 교회로 하여금 우리 정신의 여러 가지 얽힌 맥락들을 따라가고, 규명해낼 수 있는 경험적이고, 실제적인 방법을 제공해 주기 때문이다.

카리타스는 어느 정도 사랑의 최고봉인 순결성을 나타낸다. 이 사랑은 우리가 하나님에 대한 깊은 믿음이 없이는 도달할 수도 없고, 받아들일 수도 없는 사랑이다. 정결과 순결은 하나님과의 관련 아래서가 아니라면 아무 의미도 없는 단어들이다. 이것들은 결코 당위적이거나 과시적인 수행이 아니다. 오히려 그의 영혼과 그의 창조주 사이에서 스스로 결심하는 것이다. 아무도 이것을 밖에서 부과할 수가 없다. 자신의 선택으로 나와야 하는 것이다. 우리에게서 억압은 언제나 무의식적으로 이루어진다. 그래서 어떤 사람이 자기는 성에 대한 문제를 완전히 극복했다고 주장하지만, 그가 아직도 그 경지에 도달하지 못한 경우가 많다. 그러므로 이 선택은 그의 완전한 자유의지에서 나온 것이어야 한다. 그가 실제로 무엇을 받아들이고 무엇을 거부하는가 하는 것을 완전히 의식한 가운데서 이루어져야 하는 것이다. 여기서 우리는 유아성이란 단지 아직 검증되지 못한 순결성만을 의미할 뿐이라는 사실을 알아야 한다. 왜냐하면 진정한 순결성이란 높은 경지에서의 성숙함을 요구하기 때문이다. 그러므로 우리는 우리 육체의 본성과 육체의 욕망을 명확하게 알고 있어야 한다. 그리고 그것을 똑바로 쳐다보고 거기에 대결할 수 있어야 한다. 그러지 못할 경우 우리의 순결 표방은 환상에 불과한 것이며, 실패로 돌아갈 수밖에 없게 된다. 자연히 우리 삶은 우리 삶 자체의 모호함과 비열함에 빠져들어 초라한 삶으로 전락할 수밖에 없게 된다. 대부분의 경우에 있어서 유아성이란 모호성과 동의어이다. 왜냐하면 모호함이란 언제나 우리가 잘못된 이상주의로 치장된 어떤 것에 무의식적이며, 과도하게 집착할 때 생겨나기 때문이다.

순결에로 부름 받은 사람은 결혼에로 부름 받은 사람과 마찬가지로 언제나 자기 몸을 잘 살펴야 한다. 왜냐하면 그는 앞으로 그의 본능과 싸우고, 본능을 통제하며, 다스려 나가야 하기 때문이다. 그는 그의 본능들을 죽여서는 안 된다. 오히려 그것들이 더 큰 사랑을 위한 디딤돌이 되게 하고, 더 본질적인 선물이 될 수 있도록 준비 시켜야 하는 것이다. 이러한 상태로의 부름은 결코 우리 본성을 분쇄하도록 하지 않는다. 동정을 지니고 있는 사람들은 남자이거나 여자이거나 결코 성적인 불구자들이 아니다. 우리와 똑같은 사람이다. 초자연적인 삶을 살 수 있었던 것은 많은 경우 그들의 그 열정 덕분이다. 사도 바울이나, 십자가의 성 요한, 성녀 아빌라의 테레사, 성 이냐시오 로욜라 등을 생각해 보라. 그들은 얼마나 열정적인 기질의 사람들이었는가?

이런 의미에서 띠봉(G. Thibon)의 다음과 같은 말은 정곡을 찌르는 말이다. "인간의 성(性)은 운명적으로 다음의 두 가지 선택 아래 놓여 있다. 영에 대한 사랑 때문에 그것을 통제하고 극복하거나, 영의 죄 때문에 방탕의 길로 나아가는 길 둘 밖에 없는 것이다."45)

정신분석은 우리 리비도가 내면적인 필요에 의해서 우리 내면

---

45) Ibid., p.16.

의 대극을 조화시켜서 변화되는 것을 알고 있다. 그러나 기독교에서 말하는 이 길, 다시 말해서 하나님과 하나 되는 길인 순결성은 정신분석과는 전혀 다른 차원의 초자연적인 길이다. 그것은 결코 좌절도, 착취도, 거세도 아니다. 오히려 하나님에 대한 사랑 안에서 그의 영혼이 만개(滿開)하는 것이다. 독신자들은 하나님과 결혼한 사람들이며, 하나님과 하나 되는 것이 그들의 모든 노력의 목적이다. 순결성이란 일종의 금욕이다. 그것은 육체에만 관계되는 것이 아니라, 존재 전체와 관계한다. 즉 마음과 생각과 영혼 모두가 순결해야 하는 것이다. 이 점에 관해서 빼랭 신부는 다음과 같이 말하고 있다. "우리가 순결의 가치를 말한다고 해서 우리 육체와 마음의 가치를 무시하거나 정죄하는 것은 결코 아니다. 우리는 순결이 초자연적인 것이지만 인간의 자연적인 차원 위에서만 이루어질 수 있다는 사실을 거듭거듭 강조해야 한다. 우리 앞에 놓여있는 하나의 길로서, 순결은 우리가 사랑이라고 하는 좀 더 높은 목적을 향해 나아가려는 정신 속에서 행해져야만 가치 있는 것이다. 어떤 사람이 아무리 정상 가까이에 와 있다고 할지라도 그가 그 꼭대기까지 올라가기란 쉬운 일이 아니다."46)

---

46) Ibid.

제 8 장
자기(自己): 통합

개성화 과정의 목표인 자기(le soi: the self)는 인간의 의식과 무의식이 통합되는 것이다. 그것은 우리 인격의 대극들이 점차적인 통합과정을 거치면서 하나씩 하나씩 조화를 이루어 가는 것을 전제로 한다. 자기에 도달한다는 것은 심리학적으로 말해서 인간의 온전성의 원형인 본래적인 안드로진(androgyn; 남성과 여성이 한 몸으로 되어 있는 신화적 이미지-역자 주)을 회복하는 것이다. 안드로진이란 우리의 내면과 외부가 조화상태에 있는 것이다. 자기 자신과 조화되어 있다는 말은 우주 전체와 조화되어있다는 사실을 의미한다. 그런데 우리는 자기(自己)가 자연적인 차원을 넘어서지 않고, 순전히 인간 정신의 내면적인 차원에서의 개념이라는 사실을 잊지 말아야 한다. 자기는 결코 초월적이거나 초자연적인 개념이 아니다. 융은 언제나 자기의 범주를 지키고, 그의 경험적인 입장을 벗어나지 않으려고 했다. 그러나 그도 인간 삶의 종교적인 질서 속에서 나타나는 정신 현상을 나타내기 위해서 종교적인 언어를 사용하지 않을 수 없었다. 여기서 어떤 혼돈을 피할 수가 없게 되었다. 특별히 자기(Self)의 경우가 그랬다. 융은 예수님이 붓다나 다른 존재들과 마찬가지로 영감을 받은 이였고, 비전(秘傳)을 전수받은 이였다는 점에서는 심리학적으로 그렇게 말할 수도 있을 것이다. 그러나 우리는 하나님의 계시와 우리의 믿음과 성서를 통해서 예수님을 알 수 있으며, 그것을 통해서 생각해 볼 때 위와 같은 주장은 성립될 수 없다.47) 여기에서 문제 되는 것은 용어 사용의 문제이다. 그러나 융은 언제나 하나님과 자기(自己)를 혼동해서 말한 적이 없다. 융의 다음과 같은 말을 들어보자. "하나님은 영혼과 영혼의 원형들을 창조하셨다. 우리가 접하고 있는 것은 사실 하나님의 이미지이며, 하나님이라는 이름 속에 깃들어 있는 어떤 성스러운 것이다. 여기에서 사람들이 자기와 하나님 사이를 혼동하는 일이 생겨난다. 왜냐하면 나의 비판자들은 아직 자기 원형이 가지고 있는 성스러운 특성을 체험해 보지 못했기 때문이다. 그러나 우리는 자기 원형의 성스러운 특성이 어떤 것인가를 알기 때문에, 자기 원형의 신적 능력을 알 수 있다. 물론 우리가 말하는 상징이 하나님이 아닌 것은 두 말할 필요도 없다. 예를 들어 말하자면 만다라는 어떤 원형에 대한 초월적인 체험을 묘사하기 위해서 사람들이 만들어낸 것이다. 그래서 나는 자기(自己)는 어느 정도 하나님과 비슷한 어떤 것이라고 말할 수가 있다. 내가 이렇게 말하면 어떤 신학자는 틀림없이 분개할 것이다. 왜냐하면 그들은 내가 하나님의 대체물을 만들었다고 생각할 것이기 때문이다. 그러나 심리학자들은 나의 그런 해석을 불합리하다고 생각할 것이며, 어떤 사람이 그렇게 어리석을 수 있을까 하고 놀라워 할 것이다. 그러나 내가 정

---

47) C. G. Jung, Aion, ed. Rascher, Zurich, 1951; Jung, Symbolik des Geistes, ed. Rascher, Zurich, 1948. 융은 그리스도 역시 자기의 상징이 될 수 없다고 주장하였다. 왜냐하면 그리스도에게는 어두운 부분과 죄가 없어서 그에게서 온전한 모습을 나타내는 통합상을 볼 수 없기 때문이다.

말 생각하는 것은 이것이다. 즉 한 사람의 심리학자로서 내가 말하는 하나님은 심리적인 이미지이지 진짜 하나님은 아니다. 마찬가지로 자기(Self) 역시 인간의 전체성을 나타내는 심리적인 이미지이며, 어떤 초월적인 것이다. 왜냐하면 우리가 자기를 완전히 이해할 수도 없고, 묘사해 낼 수도 없기 때문이다. 우리는 하나님과 자기가 서로 비슷한 상징에 의해서 표현되는 것을 안다. 이 상징들은 너무 비슷해서 구분할 수가 없다. 심리학은 이 이미지들이 우리 삶의 체험 속에서 발견되기 때문에 관심을 가지고 연구한다. 그리고 이 상징들의 행동과 작용은 우리 삶의 상황 속에서 비교되고 연구될 수 있다. 그러나 우리는 하나님에 대해서는 전혀 그런 일을 할 수가 없다. 어떻게 정상적인 사람이 과연 진짜 하나님을 다른 것과 대치할 수 있으리라고 생각하며, 하나님을 아무것도 아닌 존재인 듯이 함부로 다룰 수가 있겠는가? 나는 하나님을 다른 어떤 대치물로 대체시켜 놓을 수 있으리라고 생각할 만큼 바보는 아니다. 우리가 어떻게 하나님을 다른 존재로 대체시킬 수 있겠는가? 단추를 잃어버렸다면 그것을 새로 사야지 상상 속에서 상상의 단추로 대치시킬 수는 없는 것이다. 내가 고작 할 수 있는 것이라고는 하나님의 이미지를 생각하는 것뿐이다. 그리고 나는 거울 속에 비친 내 모습을 보고서 그것이 살아있는 내 실제 모습이라고 생각할 만큼 바보가 아니다."48)

결국 융이 주장하는 것은 하나님이 아니다. 다만 각 사람들이 하나님이라고 생각하고 있으며, 각 시대와 문명과 문화권에 따라서 달라지는 하나님에 대한 이미지이다. 따라서 문제가 되는 것은 실재하는 하나님이 아니라, 각 사람들이 생각하고 있는 하나님 이미지의 투사상이다. 융은 사람들이 하나님을 생각할 수 있

---

48) C. G. Jung, Lettre, 1948. 1. 13. in V. White, op. cit.

는 것은 오직 이 이미지를 통해서 뿐이라고 믿었던 것 같다. 그래서 우리는 융이 하나님에 관해서 말을 한다면 그가 바로 이 이미지에 관해서 말하고 있는 것이라고 생각해야 한다. 이렇게 해서 그는 우리를 초월적인 존재로부터 내재적인 존재에로 이끌고 가며, 우리의 정신 영역이 더 광범위하고, 더 심오한데도 심리학적인 탐구를 원형적인 차원으로 제한시켜버린다.

자기(自己)보다 높은 차원에서 우리가 앞서 언급한 바 있는 초월적인 무의식이 전개된다. 그래서 우리가 자기에게 접근할 때, 정신적 팽창 상태에 빠져 있지 않는 한 정신분석에 어떤 목적이 있다고 한다면 그것은 정신분석이 영성에의 출발점이 되기 때문이라고 생각하게 된다. 다시 말해서 우리가 자기에게 도달할 때에만 비로소 우리 무의식의 영적인 삶이 시작된다는 사실을 알게 된다. 우리의 의식과 무의식의 조화를 이루지 못할 때, 우리 정신은 중심축을 잃게 되고, 우리가 알지 못하거나 잘못 하고 있는 여러 다른 충동 속에 녹아버려서 지리멸렬되고 만다. 우리 정신은 그 요소들이 서로 흩어져 있는 퍼즐놀이(큰 그림을 조각조각 잘라놓고 원래 모습대로 맞추는 놀이-역자 주)와도 같다. 우리 정신을 좀 더 냉철하고, 명료하게 들여다본다면 우리는 서로 대극 관계에 있는 의식과 무의식이 서로 무관하게 지낼 수는 없다는 사실을 알게 된다. 말하자면 분석이란 이 퍼즐놀이 조각을 매일 매일 제자리로 옮겨 놓는 작업이다. 우리의 분석이 진행되면 진행될수록 서로 무관한 듯이 보이는 퍼즐 조각들의 의미는 분명해지고, 우리는 우리 자신을 더욱더 잘 맞추는 방향으로 나아가게 된다. 그래서 그 전까지 분산되어 있던 의식과 일방적으로 발달해왔던 정신은 인격의 중심을 축으로 해서 가운데로 모아지게 된다. 우리 정신은 다시 중심을 잡게 되고, 수많은 대극적인 요소들이 통합을 향해 나아가게 되는 것이다. 통합을 향한 재중심화가 바로 자기의 정점에 위치해 있다. 이러한 재중심화는 우리에게 이 세상에 있는 모든 것은 대극의 법칙을 따라서 운행되고 있으며, 궁극적으로는 통합되고 만다는 사실을 일러준다. 정신적인 실현으로서의 자기는 거기까지 작동한다.

그러나 자기는 인간 정신의 원형으로서 더욱더 강력한 힘을 가지고 있는 초월성을 지니고 있다. 이러한 통합이 무엇보다도 강력한 내면적 요청이라는 사실을 우리는 몸으로 체험한 다음에, 그리고 이 통합은 우주적이며 보편적인 통합과 연관되어 있다는 사실을 깨달은 다음에 우리가 해야 할 일은 과연 무엇인가? 그것은 우리가 통합 그 자체, 다시 말해서 우주 전체의 본래적인 통합 상을 찾아내야 하는 것이다. 즉 전 우주와 인간의 창조주이신 "통합 그 자체"를 찾아내야 하는 것이다. 이렇게 해서 정신분석을 통한 인격의 발달은 우리들에게 우리 삶의 본래적인 원천으로 나아가게 해 준다. 우리는 우리 내면의 부조화와 잘못된 길로부터 출발해서 이제 내면적인 조화를 되찾고, 내재적인 것들로부터 출발해서 초월적인 것들에 도달하며, 인간과 본래적인 통합 상이신 하나님과의 통합에 도달하게 되는 것이다.

하나님만이 본질적으로 전일적인 존재이며, 모든 통합은 하나님으로부터 생겨나기 때문에 모든 통합 작업은 궁극적으로 하나님께로 돌아가게 된다. 사람들이 하나님의 형상대로 지음을 받았기 때문이다. 그런데 자기(自己)는 전일성의 원형이며, 우리 정신 속에서 이루어지는 통합의 상징이다. 그러나 하나님은 이 통합을 생겨나게 하는 실재(réalité)이다. 자기 상징은 화해의 상징(symbole de reconciliation)이라고 불린다. 왜냐하면 그것이 우리 정신 속에 있는 수많은 대극들을 조화롭게 통합시키기 때문이다. 예를 들어서 우리 정신 속에 있는 네 가지 정신 기능들인 사고(pensée)와 감정(sentiment), 직관(intuition)과 감각(sensation)을 통합시키기 때문이다.

그래서 융은 그의 편지에서 이렇게 말하고 있다. "자기에로의 길에서 사람들은 자기 자신을 그저 본능적인 피조물이나 영혼을 상실한 존재로 한정짓지 말아야 한다. 오히려 자기 자신의 영적인 부분과 물질적인 부분을 조화시켜서 온전한 인간으로 존재하기를 추구해야 하는 것이다. 그는 그의 영혼과 육체 사이의 긴장을 십자가처럼 받아들여야 한다. 그리고 그 골고다를 통해서 그리스도의 부활에 도달할 수 있도록 노력해야 한다. 사고와 감정, 영과 영혼, 의식과 무의식, 아니마와 아니무스, 잘못과 용서 등 모든 것은 우리들로 하여금 인정받고 내면적으로 용납되기를 바라고 있다. 우리의 '편협한 자아'가 가지고 있는 단단한 껍질은 깨어져야 한다. 그리고 하나님과 우주 전체와의 실제적인 관계가 우리의 내면에서, 또한 외적인 삶 속에서 이루어져야 하는 것이다."[49] 자기에게 이렇게 통합적인 특성이 있기 때문에 우리는 여기서 다시 기독교의 성육신 사상을 상기하게 된다. 그러나 융에게 있어서 이렇게 대극들을 조화시키는 것이 개성화의 목적인 반면에 영이 물질 속에서 육화되는 기독교의 성육신은 물질이 영으로 다시 되돌아가는 첫 번째 발자국이라는 차이점이 있다. 자기 개념 때문에 우리는 우리에게 있어서 대극의 통합이 얼마나 필요한 것인가 하는 사실을 이해할 수 있다. 즉 영적인 것과 물질적인 것을 통합하는 것이 얼마나 필요한 것인가 하는 사실을 알게 되는 것이다. 그런데 여기서 물질적인 것의 본질적인 역할은 영적인 것에 의해서 희생되는 것, 다시 말해서 궁극적으로 성화되는 것이다.

자기를 나타내는 상징은 대단히 많이 있다. 그 가운데서 융은 사위성(四位性: quaternité)에 관한 것을 가장 많이 예로 들었다. 특

---

49) V. White, op. cit., pp.240, 249.

히 사위성과 원형이 합쳐져 있는 만다라의 예를 많이 들었다. 그와 반면에 그는 그의 경험을 통해서 삼위성(三位性: trinté)은 자기의 온전한 충만성(complétude)을 나타내지 못한다고 주장하였다. 삼위성은 오히려—항상 그렇다고 일반화시킬 수 없지만—아직 검증 되지 않은 완전성(perfection)을 나타내는 것이다. 왜냐하면 삼위성에는 사위성이 나타내는 전체성에 도달하기 위한 한 가지 요소가 빠져 있기 때문이다. 이러한 생각을 출발점으로 해서 융은 삼위성과 사위성에 관한 상징주의를 많이 연구하고, 다음과 같은 질문을 던졌다. "사위성이 우리 정신의 가장 완전한 모습인 자기의 상징으로 가장 널리 퍼져 있는데 기독교 교리는 어떻게 해서 지고자(至高者)를 삼위일체로 나타내게 되었을까?"[50]

그래서 융은 그 이래로 "두 가지 작업에 매달렸다. 우선 그는 한 사람의 심리학자로서 기독교의 삼위일체 교리가 주장하고자 하는 의미를 이해하려고 노력하였으며, 그 다음에 기독교 교리 속에 사위성에 관한 흔적이 남아있지 않은가 하는 것에 관하여 탐구하였다."[51] 이런 연구 속에서 융은 이집트나 메소포타미아, 그리스 등 고대 종교 속에 나타난 삼위성에 관해서 살펴보았다.

그런데 융은 삼위성에 관한 원형을 가지고 삼위일체 개념에 대해서 연구하였다. 그러나 바로 그 점에 그의 잘못이 있었다. 왜냐하면 기독교의 삼위일체 개념이 주장하는 것은 하나님의 삼위성이 아니라 하나님의 일체성인데 그는 삼위일체를 삼위성으로 혼동하고 있기 때문이다. 이런 유추(類推)가 심리학적으로는 있을 수 있는 일인지 몰라도 초월적인 차원에서는 있을 수가 없는 일이다. 그의 이런 혼동은 너무 결정적인 것이라서 우리를 종종 당

---

50) C. G. Jung, Symbolik des Geistes, ed. Rascher, Zurich, 1948. ch. "Versuch einer psychologischen Deutung des Trinitatsdogamas."
51) R. Hostie, op. cit., p.183..

혹시키고 있다. 아무리 신앙이 없는 사람일지라도 삼위일체에 관해서 설명하는 말씀들을 보면, 그에게 하나님의 계시가 임하지 않아도 하나님의 일체성에 관해서는 그의 지적 판단으로 능히 파악할 수가 있다.

그러나 융은 신의 내재성과 삼위일체의 상징적인 의미에만 관심을 기울이고 있었기 때문에 "성부, 성자, 성령으로 우리 신앙 속에서 구별되어 생각되는 삼위일체의 각 위격은 우리의 신앙발달 단계 속에서 우리가 하나님은 이런 존재가 아닐까 하고 생각하는 내용들을 투사해 놓은 세 모습으로 밖에는 이해될 수 없는 개념이라고 주장하였다 … 융의 주장에 의하면 삼위일체 개념의 기반을 형성하는 원형은 사람들이 그들의 인격을 통합하는 과정에서 겪게 되는 세 가지 서로 다른 심리적인 실재이다. 이렇게 볼 때 우리는 융이 말하고 있는 삼위일체란 사람들의 주관적인 세계가 형이상학적인 수준으로 옮겨진 것이라고 주장할 수 있다. 다시 말해서 사람들의 주체가 그의 밖으로 드러난 것이라는 말이다."52)

삼위성이란 언제나 서로 다른 세 가지 요소들? 즉 세 사람이나, 서로 다른 세 본질 등으로 구성되어 있다. 예를 들자면 남성과 여성 및 그 남성과 여성을 중재해 줄 수 있는 중성으로 구성되어 있는 것이다. 고대 신화에서 종종 발견되는 그 유명한 삼신론 역시 신, 여신, 아들 신 등 세 신으로 구성되어 있다. 이 세 신(神)에게 아무리 비슷한 운명이 닥쳐올지라도 이 세 신은 서로 분리되어 있으며, 서로 다른 존재로 그 운명을 극복한다. 그러나 기독교의 삼위일체는 이와 전혀 다르다. 여기에는 남성도 없고, 여성도 없고, 남성과 여성을 통합한 존재도 없는 것이다. 오히려 삼위

---

52) Ibid., pp. 184-5.

일체 신은 오직 한 존재이고, 하나의 본질, 즉 신의 본질로 구성되어 있는 것이다. 어떻게 이런 일이 가능할 수 있는가? 어떻게 셋이면서 동시에 하나일 수가 있는가? 이것은 인간의 오성(entendement)으로서는 도저히 파악할 수 없는 일이다. 삼위일체의 신비이며, 하나님의 신비인 것이다. 삼위일체와 삼위성의 본질적인 차이를 잘 드러내 주고 있는 글로는 "성 아타나시우스의 상징"(Symbole de Saint Athanase)이라는 이름으로 알려진 글이 있다.

"기독교 신앙은 우리에게 삼위일체 하나님을 경배해야 한다고 요구한다. 즉 우리는 그 안에 삼위성이 통합되어 있는 삼위일체 하나님을 경배해야 하는 것이다.

우리는 삼위일체 하나님의 세 위격을 혼동해서는 안 된다. 하나님의 본질을 나누어서도 안 된다.

성부 하나님의 위격과 성자 하나님의 위격, 성령 하나님의 위격은 서로 다르다. 그러나 성부 하나님, 성자 하나님, 성령 하나님은 모두 한 하나님이시다. 그들에게서는 그 영광이 언제나 똑같고, 위엄이 똑같이 영원하시다. 성부, 성자, 성령은 이런 분이시다.

성부는 피조되지 않으셨다. 성자도 피조되지 않으셨다. 성령 역시 피조된 분이 아니시다. 성부는 무한하시고, 성자도 무한하시고, 성령도 무한하시다. 성부는 영원하시고, 성자도 영원하시며, 성령도 영원하시다.

그러나 세 분이 영원한 것이 아니라, 한 분이 영원하신 것이다. 세 분이 피조되지 않으신 것이 아니며, 세 분이 무한하신 것이 아니다. 오직 한 분만이 피조되지 않으셨고, 오직 한 분만이 무한하신 것이다.

마찬가지로 성부는 전능하시다. 성자도 전능하시다. 성령도 전능하시다. 그러나 이 세상에 전능하신 분이 셋인 것은 아니다. 오직 한 분만이 전능하시다.

하나님은 성부이시다. 하나님은 성자이시다. 하나님은 성령이시다. 그러나 이 세상에 하나님이 세 분이 계신 것은 아니다. 오직 한 분 하나님밖에 없다.

마찬가지로 성부는 구주이시다. 성자도 구주이시다. 성령도 구주이시다. 그러나 우리 구주가 세 분이 될 수는 없다. 오직 한 분 구주밖에 없다.

우리는 기독교 진리를 따라서 성부, 성자, 성령이 우리의 하나님이며, 구주라고 고백한다. 그러나 우리는 하나님이 세 분이시고, 우리 구주가 세분이라고 말해서는 안 된다.

성부 하나님은 어느 누구에 의해서도 만들어지지 않았고, 어느 누구에 의해서 피조되지도 않았으며, 어느 누구로부터 태어나지도 않았다.

성자 하나님은 오직 성부 하나님으로부터만 출생하였다. 그러나 그것은 하나님에 의해서 만들어진 것도 아니고, 하나님으로부터 피조된 것도 아니다. 오직 하나님으로부터 태어난 것이다.

성령 하나님은 성부와 성자로부터 비롯되었다. 그러나 만들어진 것도 아니고, 태어난 것도 아니다. 오직 성부 하나님과 성자 하나님으로부터 생겨난 것(procéder)이다.

그러므로 이 세상에는 오직 한 분 성부만 계시지 세 분 성부가 계신 것이 아니다. 세 분 성자가 계신 것이 아니라 한 분 성자만 계시고, 세 분 성령이 계신 것이 아니라 한 분 성령만 계신 것이다.

삼위일체 하나님 가운데서 어느 분이 더 먼저 계셨고, 어느 분이 나중에 계신 것은 전혀 없으며, 어느 분이 더 위대하시고, 어느 분이 덜 위대하신 것도 전혀 없다. 세 분이 모두 동시에 영원하시고, 위대하신 것이다.

그러므로 우리가 앞서 말했던 바와 같이 우리는 무슨 일이 있어도 삼위일체 속에 나타나신 하나님의 전일성을 찬양하고, 전일성으로 나타나시는 삼위일체 하나님을 찬양해야 한다."53)

　기독교의 삼위일체 교리를 다른 종교의 삼위성과 혼동했기 때문에 융이 삼위일체 교리 속에서 다른 종교의 삼위성 체계 속에 나타나기 마련인 여성적인 요소를 발견하지 못하고 놀랐던 것은 당연한 일이다. 또한 사위성만이 모든 것을 통합하고 있는 완전한 원형이라고 생각했기 때문에 기독교의 삼위일체가 완전해지기 위해서 삼위일체에 결여된 제4의 요소를 필요로 한다고 생각했던 것 역시 당연한 일이다. 그러면 융에게 있어서 제4의 요소는 무엇이었는가? 그것이 원형적인 이미지이기 때문에 우리는 그것이 어느 것 하나라고 딱 잘라서 말 할 수는 없다. 오히려 잠재성이 매우 풍부하고, 양면적인 양상을 띠고 있는 어떤 것이라고 해야 할 것이다. 삼위일체가 하나님이고, 밝은 성격을 지니고 있기 때문에 제4의 요소는 그의 대극인 사탄, 즉 어두운 그림자라고 해야 한다. 여기서 우리는 어거스틴이 주장했으며, 기독교에서 전통적으로 그렇게 생각해 왔던 악에 관한 이론인 "선의 결핍"(privatio boni)에 관해서 융이 어떻게 생각하고 있는가 하는 점을 논의해야 한다. 융은 기독교에서 전통적으로 악은 본질로서 존재하지 않는다고 주장한 것을 받아들이지 않고, 악은 하나님 안에 선과 똑같이 존재한다고 주장하였다. 그러면서 그는 기독교가 하나님 안에서 선과 악을 분리시켰기 때문에 기독교 세계 속에서 수 세기 동안 인간의 정신 안에서 이와 비슷한 분열이 생기게 되었다고 주장하였다. 왜냐하면 사람들은 그의 존재에 있는 열등한 요소는 악이며, 그것이 악인 한 그것은 자신의 일부가 아니라 그의 밖에 존재해야 한다.54) 융은 왜 언제나 이렇게 인간의 내면

---

53) Breviaire romain(로마 교회 성무일도), Prime de dimanche.

적인 측면만 살펴보고 초월적인 측면은 살펴보지 못했을까? 그 이유는 그가 언제나 관심을 인간에게 두었고 인간에게서 그의 논의를 시작했지 하나님을 생각하지 않았기 때문이다. 융의 생각에 의하면 선과 악은 인간의 정신 속에서 분리되어 있기 때문에 하나님에게서도 마찬가지라는 것이다. 여기서 융은 하나님이 그 자신을 스스로 드러내시며, 인간의 영혼에 그의 진리를 계시하신다는 생각을 하지 못했던 것이 드러난다. 그래서 융은 삼위일체 교리 속에서 어두운 그림자의 원리 또는 물질적이며, 여성적인 원리가 빠져있는 삼위성을 볼 수밖에 없었던 것이다. 그래서 융은 한 편지에서 이렇게 말했다. "위에는 삼위일체 하나님, 즉 빛과 남성의 원리가 있으며, 아래에는 물질과 여성적인 원리가 있다. 그 둘 사이에 있는 하나님의 나라에는 이 둘의 중재자인 성자, 즉 중보자가 있다. 그런데 완전성과 성취는 삼위일체에 네 번째 원리가 도입될 때에만 이루어진다. 그래서 성모 마리아는 그녀의 물질적인 육체를 가지고 하나님 나라에 들어갔던 것이다(여기서 융은 성모 마리아가 죽지 않고 몽소승천한 가톨릭 교리를 언급하고 있는 것이다-역자 주). 이처럼 하늘의 왕과 왕비는 아들에 의해서 결합되는 것이다.55)

그러므로 이 네 번째 요소는 사탄이 될 수도 있고, 성모 마리아가 될 수도 있다. 즉 모든 원형상이 그렇듯이 여기서도 양가적(ambivalence)인 것이다. 그런데 대부분의 원형적인 것들 속에 있는 양가성은 남성적인 상징 속에서는 공기나 불 가운데 어느 하나로, 또한 여성적인 상징 속에서는 땅이나 물 가운데 어느 하나로 나타나는데 여기서는 이 양가성이 동시에 남성적인 원리(공기)인 사탄이나 여성적인 원리(땅)인 마리아로 나타난다. 그러므로 우리

---

54) R. Hostie, op, cit., p. 187.
55) V. White, Frei, Appendix, p. 251.

는 여기에 어떤 잘못이 있지 않은가 하고 생각한다. 그래서 좀 구분을 해야 할 것 같다. 다시 말해서 융이 말하는 자기와 사위성 및 삼위일체 개념에 어떤 혼동이 있지 않은가 하고 생각하는 것이다.

이 혼동은 어디서 오는 것일까? 이 혼동과 불명확함은 우리가 이 세 개념을 모두 그 개념들이 각각 서 있는 존재의 지평 위에 서게 할 때 사라진다. 그러기 위해서 우리는 무엇보다도 하나님을 초월적이며, 초자연적인 지평 위에서 파악해야 하고, 피조물들은 피조물에 맞는 지평 위에서 파악해야 한다. 이 점에 있어서 우리는 융이 이 후자를 내재적인 차원, 인간적인 차원, 우주적인 차원에서 밖에는 언급하지 않았다는 사실을 다시 강조해야 한다. 그래서 융은 그의 한 편지에서 이렇게 말하고 있다. "영혼의 과학으로서의 심리학은 그 주제를 거기에 맞게 한정시켜야 하고, 만약 심리학이 어떤 형이상학적인 주제나 신앙 또는 신앙에 관계되는 진술을 할 때 그 한계를 벗어나지 않도록 해야 한다"56)고 말했다.

이것이 융이 하나님과 하나님에 관한 교리를 이해하고자 할 때 설정했던 출발점이다. 이렇게 하면서 그는 초자연적인 것을 자연적인 차원으로 축소하여 해석했다. 하나님에 관해서 연구한 것이 아니라 사람들이 하나님이라고 생각하는 이미지에 관해서 연구했던 것이다. 그래서 그는 여러 종교의 교리에서 그 교리가 표방하는 정신적이며 상징적인 내용 위에 있는 것을 파악하려고 하기 보다는 그것을 단지 사람들이 "정신 구조에 대한 언술"로서만 생각했던 것이다. 여기에서 오해가 생겨나고 심각한 혼동이 생겨난다. 왜냐하면 기독교인들에게서 하나님은 단지 하나의 이

---

56) Ibid., p. 236.

미지가 아니라 하나의 실재이기 때문이다.

성찬식에서 임하는 하나님의 현존의 실재성은 하나의 상징에 불과한 것이 아니며, 기독교 교리 역시 인간의 정신 구조를 나타내는 것과 전혀 다른 성격의 것이다. 교리는 오히려 우리를 그 상징들을 통해서 하나님과 연합할 수 있도록 하는 진리인 것이다. 우리가 여기서 융이 기독교를 믿지 않았다고 불평할 수는 없는 일이다. 그러나 그가 기독교 신앙의 본질적인 부분들에 관해서 언급했기 때문에 그의 오해에 관해서 비판함으로써 그 오류를 바로 잡으려고 할 수는 있는 일이다. 이에 관해서 우리는 레오나르(P. A. Léonard)가 쓴 논문 한편을 참고하는 것이 좋을 것이다. 그 논문에서 레오나르는 모든 심리적인 사실은 그 사실의 대상이 되는 것들과 분리되어서 그 사실만을 연구할 수는 없는 노릇이라고 주장하였다. 오히려 그 사실과 대상 전체를 같이 연구해야 한다고 주장하였다.[57] 그러므로 어떤 종교나 신비주의와 관계되는 심리적인 사실은 그 체험의 초월적 대상인 하나님과 결코 분리시켜서 생각할 수 없는 것이다. 그래서 레오나르는 다음과 같이 말하고 있다. "모든 종교현상은 거기에 아무리 심리적인 측면이 강하게 나타나 있을지라도 하나님과 연관되어 있으며, 하나님을 연관시키지 않고서는 그것을 모두 언급할 수가 없다. 철학자가 철학자에 관한 언급을 통해서만 기술될 수 있는 것과 마찬가지로 신비주의 발달사도 신비주의자들의 체험을 통해서 밖에는 알려질 수 없는 것이다. 그런데 이 신비주의자들은 그들이 아무리 기독교인이 아니라고 할지라도 그들 나름대로 어쨌든 하나님을 함축적으로나마 증거하는 것이다."[58] 다시 융에게로 돌아가자면, 기독교 신앙에 관한 융의 근본적인 오류는 그가 비록 성

---

[57] P. A. Léonard, "Recherches phénomènologiques autour de l'exp?rience mystique" dans Supplement de la Vie Spirituelle(23). 1952. 11

실한 학자로서 종교에 관해서 어떤 선입관을 가지고 있지는 않았지만 그가 하나님을 알지 못했다는 사실에 있다. 여기에서 우리는 다시금 우리의 신앙을 통해서 우리가 하나님이 어떤 분이신가 하는 사실을 알고 있는 것이 정말 하나님의 은혜 때문에 가능한 것이라는 사실을 알게 된다. 왜냐하면 신앙이란 어떤 천재적인 인간의 노력에 의해서 얻어지는 것이 아니라 하나님의 사랑에 의해서 오는 것이기 때문이다.

악의 실재성에 관해서 융이 지적한 것은 옳은 말이다. 그러나 그가 악은 "선의 결핍"이라는 어거스틴의 학설에 관해서 비판한 것은 잘못된 것이다. 이 사실은 우리가 위에서 많이 언급했다. 또한 그가 사탄에 관해서 말을 한 것은 옳은 말이다. 그러나 그가 사탄이 예수 그리스도와 대적관계에 있다고 주장한 것은 옳은 말이 아니다. 왜냐하면 그가 예수 그리스도가 정말 누구인지 알지 못했고, 예수 그리스도가 삼위일체 안에서 성부와 하나라는 사실을 알지 못했기 때문이다. 그러나 우리는 예수 그리스도가 사탄과 반대편에 있는 것이 아니라 성부의 아들이며 사탄과는 구별되는 전혀 별개의 존재라는 사실을 잘 알고 있다. 마찬가지로 그가 사위성에 관해서 말을 한 것은 옳은 말이다. 그리고 우리는 앞으로 그 문제에 관해서 좀 더 언급할 것이다. 그러나 그가 삼위일체에 관해서 말한 것은 옳은 말이 아니다.

융에게 있어서 사위성이란 언제나 피조세계에 있어서 인간의 전일성(全一性)을 나타내는 원형이지, 하나님을 나타내는 것은 아니었다. 이 사실은 융도 잘 알고 있는 사실이었다. 그런데 그는 이 상징은 신을 나타내는 것은 아니라고 말한 적이 있다. 그래서 우리는 사위성이란 우주 속에서 신적인 것을 나타내는 어떤 표현

---

58) loc cit.

이지 하나님 자체를 나타내는 것은 아니라고 말해야 한다. 참으로 사위성이란 이 세상에 나타난 신의 모습이며, 신의 이 세상적인 실현의 상징인 것이다. 그러므로 우리는 사위성은 피조세계에 나타나는 하나님의 이미지이며, 피조물 안에서 나타나는 하나님의 이미지라고 생각해야지 하나님 자체라고 생각해서는 안 된다. 여기서 사위성이 종종 하나님 자체와 동일시되며, 내용물이 종종 내용 그 자체와 혼동되는 경우가 생겨난다. 그러나 우리는 언제나 구성물과 본질 자체를 구분해야 한다.

사위성의 상징과 자기의 상징이 많은 경우에 하나님의 상징과 동일시되는 이유도 거기에 있다. 융은 이 사실을 이미 알고 있어서 이 사실을 여러 차례 언급했다. 이 점은 우리에게 생소한 것이 아니다. 그래서 우리는 집단 무의식에서 생겨나는 상징과 초월적인 무의식에서 생겨나는 상징 사이의 유사성에 관해서 지적한 바 있으며, 집단무의식의 상징이 초월적인 무의식에 해당되는 상징을 불러일으키며, 초월적인 무의식의 상징이 집단무의식의 상징을 불러일으킨다는 사실을 언급한 바 있다.

그런데 문제는 사위성이 인간의 내면에 있는 하나님인데 반해서 삼위일체란 하나의 이미지도 아니고, 상징도 아니라 하나님의 본질(esse)이라는 사실에 있다. 그러므로 우리는 우리 내면에 존재하고 있으며, 자기(自己)로 상징되는 하나님의 이미지를 하나님 자체와 혼동하지 말아야 한다. 융의 약점은 바로 여기에 있다. 다시 말해서 융이 아무리 그 자신을 변호하고 있을지라도 그가 이 둘 사이를 종종 혼동하고 있는 것 같다는 데 있다. 우리가 생각하기에 자기는 바로 이 둘 사이의 경계선에 있다. 따라서 자기가 이 둘 사이에 어느 하나에 멈추는 경우 자기는 그 참된 의미를 상실하게 된다. 그러므로 우리는 이미지를 초월해야 한다. 사실 인간의 전일성은 그것이 우리들로 하여금 자연적인 존재에서 초자연적인 존재에로 초월하게 하지 않는 한 아무런 의미도 없다. 왜냐하면 전일성의 상징은 우리 안에 있는 하나님의 이미지라는 하나님 자신의 상징적인 표현이라는 사실을 일깨워주며, 우리들에게 하나의 상징으로부터 참다운 실체에로 이행하는 신적 체험을 가능하게 해주기 때문이다.

우리들이 삼위일체와 삼위성을 제대로 구분하기만 하면 우리는 쉽사리 그 두 개념은 모두 그 나름대로 의미가 있다는 사실을 알게 된다. 삼위일체란 그 자체가 완전한 것이며, 전일성을 이루고 있는 절대적인 개념이기 때문이다. 삼위일체는 그 속에 이 세상의 모든 창조를 포함하고 있으며, 이 세상에 있는 모든 상징들을 포함하고 있는 실체이다. 사위성이나 자기까지 모두 그 안에 포함하고 있는 것이다. 더 나아가서 삼위일체 속에는 성모 마리아 역시 전일적으로 통합되어 있는 것이다. 그러나 융은 삼위일체가 좀 더 온전해지려면 그 안에 물질적인 원리와 여성적인 원리를 통합하고 있어야 한다고 주장한다. 그러나 삼위일체가 그 자체로서 완전한 것이며, 하나의 통합을 이룬 것이라면 이제 더 통합해야 할 것이 무엇이라는 말인가? 이 문제에 관한 기독교적인 응답은 인간적인 관점에서 하나님의 전일성을 언급할 때 필연적으로 생겨나게 되는 심리학적인 투사의 문제를 초월하고 있다. 그래서 이에 대한 답변은 다른 많은 문제들과 마찬가지로 하나님의 구속(rédemption)에 대한 문제와 더불어서 이루어져야 한다. 하나님은 모든 피조계를 구원하시고자 한다. 그래서 하나님은 성자의 형태로 성령의 중재에 의해서 마리아 속에 성육하셨다.

사위성이 창조, 즉 성령에 의해서 이미 알려져 있던 이 땅(la terre)을 나타내고 있다면, 마리아는 대지인 성모(la Terre-Vierge), 즉 창조 이전의 대지를 나타낸다.[59] 그러므로 사위성은 모든 피조된 것들인 하늘의 땅, 천체, 천사들, 아담과 이브, 인류 등을 나타내고 있는 것이다. 따라서 사위성은 아직 창조되지 않았으며, 아직 알려지지 않은 대지인 성모(la Terre-Vierge)를 나타낼 수는 없는 것이다. 대지인 성모와 천지창조는 땅의 상징이 가지고 있는 두 개의 측면인 것이다.

타락한 천사인 사탄은 이 세상의 왕자이다. 그러나 그는 창조자가 아니다. 그는 그가 가지고 있는 천사적인 본성 때문에 지하적인 존재로 될 수는 없다. 언제나 공기(air)의 상징계에 속해 있어야 하는 것이다. 그는 악의 원리이며, 교사자(敎唆者)이며, 유혹자이다. 그러나 그는 피조물의 자발적인 참여가 없는 한 악을 만들어낼 수 없다. 교사는 물론 유혹할 수도 없다. 오직 죄많은 피조물이 그의 꼬임에 넘어갈 때에만 그로 하여금 죄를 짓게 할 수 있는 것이다. 그는 물질적인 요소로 되어 있지 않다. 영적인 요소로만 되어 있는 것이다. 그래서 그가 이 세상에서 악을 행할 때는 언제나 악을 제안하면서 악을 도모한다. 그러나 그의 영향력은 그가 아무 것도 실제로는 행할 수 없으며, 그가 꼬이는 대상의 동의가 없는 한 아무것도 할 수 없다는 점에서 한계가 있을 수밖에 없다. 인류라는 종(種)은 아담과 이브의 죄와 연대(連帶)되어 있다.60) 그런데 때 묻은 존재에게서는 깨끗한 것이 전혀 나올 수가 없다. 그래서 하나님은 인류라는 종을 구원하고, 회복시키기 위해서 대지인 성모를 통해서 다시 나게 하셨던 것이다. 성모 마리아는 때가 묻지 않은 여성 원리이며, "영의 그릇"이며, "거룩한 장미"이며, "새벽별"이고, "천사들의 여왕"인 것이다.61)

---

59) 대지인 성모(la Terre-Vierge)는 종종 2라는 숫자로 표상된다. 그런데 2는 달, 영혼, 여성, 여신, 여사제 등을 상징적으로 나타낸다. 그런데 4는 흔히 창조된 세계, 창조를 표상한다.
60) 융 심리학적으로 말하며, 모든 사람들이 죄와 연대되어 있다는 말은 모든 사람들이 집단무의식적인 하나님의 은혜 속에서 성인들과 연대되어 있다는 말과 유사한 것이다.

태모(Magna Mater)인 성 처녀에게로의 복귀는 성모 마리아 이전에도 모든 종교나 입사식(initiation)에서 이와 같은 성격의 구원을 상징 언어로 나타내기 위해서 많이 등장하고 있다. 기독교에서의 마리아는 이 신화들이 말하고 있는 것들을 완수하고 실현하기 위해서 이 세상에 왔던 것이다. 여기서 이 주제에 우리가 앞에서 살펴보았던 "밤의 항해"를 통한 정화 주제를 첨가시켜서 말한다면, "순결한 땅에로의 귀환 없이는 아무런 재생(再生)도 있을 수 없다"고 말할 수 있을 것이다. 또한 정신분석적인 측면에서 이 사실은 우리가 우주적인 어머니 안에서 다시 탄생하기 위해서는 우리가 자연의 어머니로부터 분리되어야 하는 것을 의미한다고 말할 수 있다. 한편 기독교적인 관점에서 이 사실을 말한다면 우리는 우리가 옛 사람을 벗어버리면 벗어버릴수록 더욱더 깨끗해질 수 있고 하나님을 더욱더 잘 받아들일 수 있으며, 하나님과 더욱더 하나가 되는 것이라고 주장할 수 있다. 사실 우리가 이미 언급했던 정화를 위한 시련들은 이 목적 외에 다른 어느 목적도 거기에 있을 수가 없다.

옛 사람의 죽음과 새 사람의 탄생, 그리고 밤의 항해는 모두 마리아 안에서, 마리아에 의해서 이루어진다. 그러므로 삼위일체에 마리아가 포함되어야 한다면 그것은 제4의 요소를 첨가시켜서 창조를 완성시키기 위한 것이 아니라, 창조 전체를 구원하기 위해서이다. 그러므로 융이 말하는 자기(自己)에 대한 개념을 가장 잘 이해하려면 우리는 자기란 "하나님의 은혜를 받기 위한 그릇"이라고 이해해야 한다. 잘 알고 있듯이 하나님은 그 자신을 사람들에게 인도하기 위해서 굳이 정신분석만을 필요로 하지 않는다. 우리가 하나님을 알려면 단지 종교의 길에 들어가기만 하

---

61) 성모 마리아에 대한 아름다운 연도(連禱)를 참조하라.

면 된다. 그러나 하나님에게로 이르는 길은 대단히 많이 있으며, 우리가 그 길들을 모두 다닐 수도 없다. 따라서 정신분석은 하나님에게로 이르는 많은 길 가운데 하나이며, 아직 진창 속에 빠져 있고, 하나님의 빛에서 멀리 떨어져 있는 사람들은 정신분석을 통해서 매우 유용하고 큰 도움을 받을 수 있는 것이다. 정신분석은 가장 어둡고, 가장 왜곡되어 있는 길들을 깨끗하게 치울 수 있다. 그러면서 그 길을 밝게 하고, 곧게 하며, 정화시켜서 하나님의 은혜를 받을 수 있게 하는 것이다. 왜냐하면 하나님의 은혜는 우리가 우리 옛 자아를 구성하고 있는 모든 껍질을 벗겨 버릴 때 작용하기 때문이다. 이 사실을 가리켜서 융은 다음과 같이 말하고 있다. "여기서 나는 신앙의 복된 측면에 관해서 말하고자 하는 것이 아니다. 오히려 나는 '우리에게서 빛이 소멸될 때 신비까지 사라져버리고 만다'는 사실을 말하고자 한다. 나는 그들에게서 하나님이 죽어버린 사람들에게 말하고자 한다. 그런 사람들 가운데 대부분은 아무런 출구도 없다."[62]

깨어져 있고, 분열되어 있으며, 중심이 되는 축에서 벗어나 있는 사람들에게 있어서 자기의 전일성 속에서 조화를 이루고, 그들의 삶에서 의미를 다시 발견하며, 새로운 인격의 중심 위에 에너지를 모으는 것은 그것이 비록 심리적이며, 자연적인 차원을 벗어나는 작업이 아닐지라도 그들에게 구원을 가져다 줄 수 있는 일이다. 그들이 일단 인간적으로 치유되면, 그들은 다시 인격발달 과정을 밟아갈 수 있으며, 하나님의 은혜를 받을 수 있다. 무엇보다도 그들은 그 은혜에 응답할 수 있게 되는 것이다. 이제 그들의 삶을 하나님 안에서 시작할 수 있게 되는 것이다. 그러므로 자기 안에서 이루어지는 대극의 통합은 그들로 하여금 신적

---

[62] C. C. Jung, Psychologie et Religion, p. 161.

인 통일을 이룰 수 있게 해준다.

  정신분석은 모든 기독교인들에게, 다시 말해서 초신자들이나 이미 그들의 삶을 하나님께 헌신한 사람들에게 똑같이 유용하고 구원적이라는 사실을 우리 경험은 말해 준다. 이렇게 좋은 방법이 있다면 성령은 왜 이 방법을 사용하시지 않겠는가? 우리에게 죄를 깨우쳐 주시고, 우리 병을 고쳐 주시며, 우리가 길에서 벗어났을 때 우리를 다시 올바른 길로 인도해 달라고 비는 그 성령이 말이다. 인간은 하나님의 형상대로 지으심을 받았다. 우리 안에서 이 형상을 재구성하고 있는 자기는 우리에게 우리 자신과 하나님 사이의 밀접한 관계를 깨닫게 해 준다. 그러나 이 사실을 알고 있는 것만으로는 충분하지가 않다. 오히려 우리들이 통합된 영혼을 가지고 우리 삶의 원초적인 원천으로 되돌아가며, 우리 창조주와 하나가 되어야 하는 것이다. "그 분은 당신 이름을 찬양할 수 있도록 내 영혼을 통합하여 주셨나이다"(시편 85편).

  기독교에서 말하는 전일성은 단순한 통일이 아니다. 오히려 우리 자신이 하나님과 하나가 되는 전체적인 통합을 의미한다. 이 통합은 절대적인 것이다. 우리 경험은 이것을 지울 수 없으며, 이 통합은 우리의 오성을 넘어가고 있다. 하나님과 관계되는 것이 모두 그렇듯이 이 통합은 우리가 우리 신앙을 가지고 파악해야만 제대로 알 수 있다. 심리학이 이 통합에 관해서 탐구하고자 한다면 심리학은 반드시 그 자신을 초월과 형이상학의 영역으로 이끌어 들여야 한다. 왜냐하면 그 체험의 대상이 되는 하나님을 생각하지 않고서 종교적인 사실을 연구한다는 것은 우리 몸의 심장을 도외시하고서 피의 순환에 관해서 연구하고, 허파를 생각하지 않고서 호흡현상을 연구하는 것과 같기 때문이다. 우리 신앙은 우리를 우리의 의식적인 지성이 애써서 설명하고자 하는 신비의 영역으로 단번에 데리고 간다. 우리는 정신분석에서 자기

(Self)란 그 도달 과정에 많은 노력과 어려움을 필요로 하는 개성화 과정의 궁극적인 종착점이라는 사실을 알게 되었다. 이것은 신앙생활에도 마찬가지다. 왜냐하면 우리 속의 "영적인 아이"(enfant spirituel)는 밤의 항해를 거치지 않고서는 태어나지 않기 때문이다. 하나님과의 합일 역시 우리가 어렵고 힘든 정화작업과 변형을 거치지 않는 한 결코 도달할 수 없는 것이다.

정신분석은 이렇게 그 궁극적인 종착점에 도달하려면 변형에 필요한 고난을 당해야 한다고 일러 주면서 우리들로 하여금 부활을 위해서 십자가의 고통이 필요하다는 사실을 일깨워 준다. 우리가 자연적인 상태에서 초자연적인 상태로 나아가고, 내재성에서 초월성으로 이행하며, 자기의 통합에서 하나님과의 합일에로 나아가려면 시련과 고난과 희생이 언제나 전제되어야 한다. 정신분석은 그 실현 과정에서 일정한 역할을 감당하고 있다. 정화와 변형의 상징인 십자가는 동시에 그 절정과 부활의 상징이기도 하다. 하나님과 모든 인류, 특별히 각자 한 사람 한 사람과 하나님과의 합일은 우리에게 그 전에 심리학적인 차원을 넘어서는 본질적인 자아 통합을 해야 한다고 촉구한다.

"언제나 내 안에 머물러 있어라. 그러면 나도 너희 안에 머물러 있겠다. 가지가 포도나무에 붙어있지 않으면 스스로 열매를 맺을 수 없는 것과 같이 너희도 내 안에 머물러 있지 않으면 열매를 맺을 수 없다"(요 15,4-5). 그래서 예수님은 수난을 받으시기 전, 하나님께 모든 사람들의 통합에 관해서 간절히 비셨다. "모든 사람이 하나 되게 하여 주십시오. 아버지, 아버지께서 내 안에서 나와 하나 되시고, 나 역시 아버지 안에서 하나인 것 같이 그들도 우리 안에서 하나가 되게 하여 주시옵소서"(요 17,21).

바울 역시 고린도 교회 사람들에게 "여러분들은 그리스도의 몸이며, 한 사람 한 사람은 그 지체입니다"라고 편지하였다. 그러므로 그리스도의 신비한 몸의 지체들은 모여서 교회를 이루고 있으며, 결혼한 부부가 서로에게 밀접하게 연관되어 있듯이 하나님께 밀접하게 연관되어 있다. 성서에서는 흔히 결혼의 결합을 그리스도와 교회의 결합과 비겨서 형상화하고 있다. 그래서 에베소서에서는 "남편들이여, 그대의 아내를 마치 그리스도가 교회를 사랑하는 것과 같이 사랑하시오"라고 권고하며, 결혼식에서는 "하나님께서는 당신의 거룩한 신비 속에서 혼인의 관계를 그리스도와 교회의 결합으로 미리 형상화하시면서 거룩하게 하셨습니다"라고 말한다.

기독교 사상에서 이러한 내면적인 통합은 언제나 금욕과 결부시켜서 말해져 왔으며, 많은 상징과 예화들을 통해서 형상화되어 왔다. 성찬식 역시 이런 사상을 요약해서 표현하는 것이다. 성찬식에서 모든 신자들은 빵과 포도주로 나타나는 그리스도의 피와 살을 같이 나누며 친교를 나누어 하나가 된다. 그래서 어거스틴은 이렇게 선포한다. "우리 주 예수 그리스도께서는 우리에게 그의 몸과 피를 주시면서 그 안에 대단히 많은 분열된 요소가 결국에는 통합된 모습으로 나타나는 물질들을 사용하고 계십니다. 그 가운데 하나가 많은 밀알들이 모여서 만들어진 밀가루이고, 다른 하나는 포도의 그 많은 알들이 모여서 만들어진 포도주입니다."[63] 안티옥의 이냐스(Ignace d' Antioche) 역시 "당신의 통합을 잘 간직하도록 하십시오. 그것은 커다란 재산입니다"라고 말하고 있으며, 성 시프리안(Saint Cyprien)은 하나님을 가리켜서 "우리를 통합시켜 주시는 주"라고 부른다. 《그리스도를 본받아》에도 "이 통합 속에서 모든 것을 찾으며, 이 통합을 위해서 모든 것을 하고, 이 통합 속에서 모든 것을 보는 사람은 안정된 마음을 갖고,

---

63) Saint Augustine, Homelie de Saint Augustine, Fete du Tres Saint-Sacrement.

하나님의 평화 속에서 지낼 수 있다"고 말한다.[64]

　죄인들로 이루어진 이 땅의 교회도 지금 이곳에서 한 개인과 마찬가지로 통합의 길에 나서야 한다. 그리스도의 몸의 지체가 된 모든 사람들은 그리스도의 온전한 몸이 하나가 되도록 힘써야 하는 것이다. 그리스도인 사이의 형제애는 우리가 이 통합을 이루는 데 많은 도움을 준다. 우리 모두는 물방울 하나가 바닷물에 녹아있는 것과 마찬가지로 하나님께 속해 있다. 이 통합의 길에서 교회는 인간적인 차원에서 밤의 항해를 해야 하고, 자기를 이루어야 하는 것이다. 나의 "작은 자아"가 죽고, 우주적이며 영적인 자아로 확장되어야 하는 것이다. 이러한 새로운 인격으로의 재생은 성서에서 옛 사람의 죽음과 하나님의 은총에 의해서 하나님 안에서 다시 태어나는 부활로 표상되었다. "예수께서 니고데모에게 이렇게 대답하셨다. '내가 진정으로 진정으로 너에게 말한다. 누구든지 위에서 나지 않은 사람은 하나님의 나라를 볼 수 없다.' 니고데모가 예수께 물었다. '사람이 늙은 뒤에 어떻게 다시 날 수 있습니까? 어머니 뱃속에 다시 들어갔다가 태어날 수야 없지 않습니까?' 예수께서 이렇게 대답하셨다. '내가 진정으로 진정으로 너에게 말한다. 누구든지 물과 성령으로 나지 않으면, 하나님 나라에 들어갈 수 없다. 육으로 난 것은 육이요, 영으로 난 것은 영이다. 너희가 다시 태어나야 한다고 내가 말한 것을 이상히 여기지 말아라. 바람은 불고 싶은 대로 분다. 너는 그 소리를 듣지만 어디에서 와서 어디로 가는지는 모른다. 성령으로 태어난 사람도 이와 같다.' 니고데모가 예수께 묻기를 '어떻게 이런 일이 있을 수 있습니까?' 하니 예수께서 대답하셨다. '네가 이스라엘 선생이면서 이런 것도 알지 못하느냐? 내가 진정으로 너에게

---

64) Thomas a Kempis, Imitation, livre I, iii, 2.

말한다. 우리는 우리가 아는 것을 말하고 우리가 본 것을 증언하는데 너희는 우리의 증언을 받아들이지 않는다'"(요 3,3-11).

  죄가 지배하는 곳에 하나님은 당신의 정결함을 가져다 놓으시고, 어둠이 깊은 곳 마다 빛이 비추어진다. 그 전까지 황폐했던 곳에 하나님의 현존이 함께 하시고 이제 영혼이 깃들일 수 있게 되는 것이다. "이렇게 본질적으로 긍정적이며, 신적인 역사, 그리고 이런 놀라운 재창조, 처음의 창조보다 더욱더 놀라운 창조의 주인은 오직 하나님밖에 없다."[65]

---

65) Paul-Marie de la Croix, op., p. 820.

제 9 장
상징으로부터 살아계신 하나님에게로

정신분석은 우리를 상징의 세계로 이끌면서 우리들에게 사물에 관한 더욱더 광범위하고 의미 깊은 이해를 가져다주며, 우리를 거룩성의 문턱으로 데려다 준다. 사실 풍부한 상징들로 가득 찬 집단 무의식을 체험해 본 사람이라면 누구든지 원형의 그 강력한 힘에 대해서 의심하지 않을 것이다. 그러나 융이 말하는 심리학적이고 상징적인 인식은 원형의 영역을 넘지 못하며, 우리를 하나님의 원천으로 데리고 가지도 못한다. 하지만 우리는 앞에서 우리가 얘기한 초월적인 무의식을 통해서 융보다 한 걸음 더 나아갈 수 있으리라 생각한다. 태초 이래 하나님은 그 자신을 그의 피조물들에게 알리려고 하셨으며, 그 피조물들을 구원하기 위해서 그에게 이끌어 오셨다. 그러나 창조 세계에 드려진 하나님의 모습은 죄 때문에 어두워졌으며, 어두워진 영혼과 일탈한 지성 속에서 점차 희미해져 갔다. 그래서 물질 속에 사로잡힌 창조 세계는 이제 성령의 계시에 접근하지도 못하게 되었다.

처음에 인간의 의식은 아직 우주로부터 분리되지 않았다. 그래서 무의식과 그 자신을 동일시했으며 무의식과 완전히 "신비적인 참여"(participation mystique) 상태를 이루며 무의식 속에 잠겨 있었다. 즉 육체 속에 들어간 영은 물질 속에 갇혀서 깊숙이 잠겨 있었던 것이다. 그런데 하나님은 우리 눈에 보이는 것을 가지고 눈에 보이지 않는 것들을 보여주시며 완전히 물질 속에 갇혀 있는 그의 피조물들에게 참을성 있고 교육적인 방법으로 말을 거셨다. 여기에 쓰인 것이 바로 상징이다. 상징은 물질과 영을 이어 주는 매개체였으며, 진리를 담고 있는 이미지였던 것이다. 오랫동안 사람에게서 상징은 실재 자체로 생각되어 왔다.

우주 속에 있는 모든 것은 하나님을 드러내 보여 준다. 즉 하나님을 보여 주는 징표나 상징으로 되는 것이다. 이 사실에 관해서 다니엘루 추기경은 다음과 같이 말한다. "우리는 우리 눈에 보이는 이 세상 전체를 하나님이 우리에게 이 세상에는 또 다른 세계가 있다고 일러주시는 신호 체계라고 생각해야 한다 … 우리는 이 신호(signe)들을 비인격적인 것으로만 생각해서는 안 된다. 왜냐하면 이 신호들은 단순한 하나의 신호 이상이기 때문이다. 우리에게 그것들을 보여 주시는 이는 어떤 분이시다. 그리고 하나님은 우리 모두에게 각자 알맞은 방식으로 이 신호들을 보내고 계시다 … 매우 자주 이 신호는 우리가 만나는 사람들을 통해서 온다."[66]

피조물이 물질 속에 갇혀 있을 때 그의 의식은 이 신호나 상징이 그에게 의미를 가지고 드러날 때 각성의 순간을 맞게 된다. 그러면서 그는 동물의 세계에서 벗어나게 되며 그에게는 단순히 물질적인 세계 이외에 또 다른 세계를 지향해 나가야 하는 임무가 있다는 사실을 깨닫게 된다. 이제 그에게서 하나님에 대한 추

---

[66] J. Danielou, Le Myst?re du Salut des Nations, ?d. du Seuil, pp. 34-35.

구가 생겨나는 것이다. 이러한 추구는 인간 생명의 본질이며, 모든 창조 세계의 목적이자 궁극적인 종착점인 것이다. 까마득한 옛날부터 우주 전체는 의식적으로나 무의식적으로 그의 창조주를 열망해 왔다. 왜냐하면 말씀이 육신이 되기 전부터 말씀은 하나님이었고, 우리 인간과 하나가 되고자 하였기 때문이다. 말씀이 그리스도 안에서 육화되기 전에도 하나님은 이 세상 속에서 예수님 안에서 육화될 준비를 해오셨다.

"말씀이 성육되어 이 세상에 오셨을 때 그것은 결코 돌연한 일이 아니었다. 마치 여태까지 이 세상은 그리스도 없이 지내왔으며, 이 순간에 그리스도가 갑자기 나타난 것은 아니라는 말이다. 오히려 태초부터 이 세상은 그리스도의 것이라고 해야 옳다 ⋯ 우리는 이 세상에 있는 이방인들도 하나님에게 버림받은 존재가 아니라는 사실을 잘 알고 있다."[67] 다니엘로 추기경의 말이다.

인류 역사에서 상징적인 모습들로 나타나는 여러 가지 다른 형태의 표상 가운데 숨겨져 있는 그 많은 외침들과 아우성은 얼마나 하나님을 찾고자 하는 인간의 이 욕망들을 드러내 주고 있는가? 선사시대부터 오늘에 이르기까지 우리는 어디서나 하나님에게로 다시 돌아가고자 하는 이 영원회기의 향수를 찾아볼 수 있다. 이집트나 그리스 종교는 물론 수많은 비의 종교에서 찾아볼 수 있는 그 내밀한 종교의식들은 바로 하나님과 하나가 되고자 하는 인간의 이 채울 수 없는 갈증을 말해 준다. 모든 사람들은 그의 생명의 원천에 도달하고자 한다. 그리고 그가 그 자신의 존재 의미를 각성하면 각성할수록 그의 열망은 더욱더 절실해진다. 그가 더욱더 많이 알면 많이 알게 될수록 그의 창조주를 더욱더 잘 사랑할 수 있으며, 그의 창조주에게로 더욱더 가까이 나

---

67) Ibid., p. 30.

아갈 수 있기 때문이다. 구약성서가 신약성서를 예시하고 있듯이 하나님은 고대세계에서부터 상징을 통해서 사람들에게 그리스도에게로 나아올 수 있는 길을 예비해 주셨다. 그래서 고대 종교들, 특히 비기독교적인 종교들도 이 유일한 진리의 싹을 내포하고 있으며, 이 종교들의 신화는 예수 그리스도가 계시하는 이 실재를 이미지를 통해서 나타내고 있다.

이 같은 사실들을 힐솝(Hilsop)은 다음과 같이 말한다. "신화는 우리 삶의 기초가 되는 원시 체험을 표현하려는 하나의 시도이다. 그것은 결코 과학 이전의 미숙한 표현법이 아니라 사람들이 실제로 체험했던 어떤 것을 이미지적인 언어로 바꾸어 나타내려는 시도인 것이다…그것은 우리들이 그 속에 참여해서 그 일원이 되고 하나가 되는 사건들을 드라마의 형태로 말하는 것이다. 우리는 신화 이야기를 들으면서 이 사실들을 알게 된다."68) 한편 뽈-마리드 라 크르와의 말을 들어보면 다음과 같다. "하나님과 우리가 새로운 연합 아래서 살게 하기 위하여 성서는 우리들에게 좀 더 완전한 희생을 요구하는데, 그 희생은 우리의 행동과 제도와 다른 많은 종류의 실제적인 희생을 포함하고 있다. 이 가운데는 과거에 우리가 지내왔던 희생제도 포함되는데 이것들은 구약성서에서 중심적인 역할을 해왔던 것들이다. 이 희생들 덕분에 우리는 더욱더 정결한 형태의 희생에 대한 개념과 구속(rédemption)의 개념에 가까이 도달할 수가 있다 … 그러나 우리가 하나님에게로 가까이 가려는 준비를 암중모색하고 있으며, 궁극적으로 수렴해 가야 할 지점을 찾으려 한다면 우리는 그리스도의 빛 아래서 그 지점을 찾지 않으면 안 될 것이다. 왜냐하면 그리스도야말로 우리를 위해서 희생하신 가장 완전한 희생물이

---

68) Jan Hilsop, *Supplément de la Vie Spirituelle*, novembre 1952.

며 동시에 사제로 나타나셨었기 때문이다. 그리스도 안에서는 그 전까지 숨겨져 있던 계시가 하나의 형태로 드러났고, 모든 예언이 이루어졌던 것이다."69)

하나님은 언제나 그의 자녀들에게 똑같은 상징을 사용하시며, 똑같은 것을 요구하신다. 즉 하나님을 따르려면 우리 자신이 죽어야 하며, 하나님의 말씀을 실현하기 위해서는 우리 자신을 정화시키는 시련을 견디어야 한다고 말씀하시는 것이다. 하나님은 또한 우리가 우리 십자가를 지고서 하나님을 따라야 하며, 하나님과 이웃을 사랑해야 한다고 말씀하시는 것이다.

이런 말씀은 언제나 새라는 상징을 통해서 우리에게 알려진다. 그것은 때때로 미네르바의 부엉이로 나타났고, 또 때로는 레다의 학으로 나타났으며, 기독교에서는 성령의 비둘기로 나타나기도 하셨다. 마찬가지로 땅과 물의 상징은 언제나 밤의 항해 단계를 의미한다. 그것은 오시리스를 탄생시키기 위한 바닷물과 관이 되었건, 코레를 낳기 우한 하데스였건, 예수 그리스도의 부활을 위한 나무 십자가와 무덤이 되었건 간에 말이다. 또한 희생은 언제나 보리나 포도와 연관지어져서 사용되었다. 그래서 이 희생은 그리스도의 몸과 피를 나타내는 빵과 포도주에서 완성되었다. 오시리스를 찾기 위한 이시스의 비통은 자기 신랑을 찾으려는 아가서의 그 애절한 몸부림의 전주이다. 모든 세상은 이렇게 상징을 통해서 하나님의 계시를 받으려고 준비해 왔던 것이다. 이 땅에 오신 하나님이신 그리스도는 사람들의 이토록 영원하고 영적인 언어를 모르지 않으셨다. 그래서 우리에게 이렇게 말씀하신다. "내 입에서 나오는 말에 귀를 기울이라. 나는 비유로 말을 한다. 나는 이 세상이 시작할 때부터 숨겨져 있던 비밀을 너희들에

---

69) Jan Hilsop, Suppl?ment de la Vie Spirituelle, novembre 1952.

게 말할 것이다"(사순절 다음 네 번째 주일 기도문). 성 삐에르 크리소로그 역시 그의 설교문에서 이렇게 말한다. "예수 그리스도께서는 그의 행적 속에서 하나님의 신비를 상징적으로 드러내셨으며, 눈에 보이지 않는 것들을 눈에 보이는 것들로 바꾸어 놓으셨습니다. 이것이 복음서가 우리들에게 보여 주고 있는 것입니다."70)

예수 그리스도는 이 세상이 창조된 이래 상징 속에서 선포되어왔던 것을 완수하기 위해서 이 땅에 오셨다. 그래서 예수 그리스도는 복음서에서 이렇게 말한 바 있다. "네가 율법이나 예언을 폐하러 온 줄로 생각하지 말라. 나는 그것들을 폐하러 온 것이 아니라 완성하러 왔다"(마 5, 13-19). 이 말씀은 기독교가 왜 고대 사회에서부터 알려져 왔던 모든 상징들을 간직하고 있는가 하는 사실을 잘 설명해 준다. 그러나 그리스도가 오기 전에 이 상징들이 그리스도의 도래를 예고하고, 준비하며, 어떤 의미에서는 선구자적인 역할을 수행했다고 한다면, 이제 그것들은 예수 그리스도의 성육과 더불어서 예수 그리스도에 의해서 실현되었으며, 계시되게 되었다. 그리하여 이제는 하나의 실현된 실재로서 우리들이 그것을 따르도록 우리를 초대하고 있다.

신화는 여러 가지 신호를 사용하면서 실재에 더욱더 가까이 다가가며, 신화를 예시하고 있다. 또한 신호는 신화를 선포하고 있는 예언보다 더욱 깊이 파묻혀 있으며, 더욱 고태적(古太的)인 특성을 지니고 있다. 그리스도는 여태까지의 신화적인 세계와 예언적인 세계가 그려왔던 것들의 궁극적인 종착점이다. 우리는 그리스도와 더불어서 역사적인 실재 속으로 들어갈 수 있다. 그런데 상징에서부터 실재에로의 변형과 이미지에서부터 생명으로의

---

70) Saint Pierre Chrysologue, *Homélie de Saint Pierre Chrysologue*(오순절 다음 제18째 주일 설교문).

변형은 마리아 안에서 이루어졌다. 상징적인 관점에서 볼 때 이집트 신화에서 오시리스로부터 호루스로 변형해 가는데 이시스 여신이 대단히 커다란 역할을 수행했듯이, 기독교에서는 마리아가 비슷한 역할을 수행하고 있다. 왜냐하면 이 두 여성은 모두 각각의 전통에서 태모의 역할을 하고 있기 때문이다. 물론 이 두 여성 사이에 차이점도 있다. 그것은 이시스가 사람들을 영적인 경지로 이끌어가는 입사식에서 음송되는 고태적이며 신화적인 형상인데 반해서, 마리아는 역사적으로 실재했던 인물이기 때문이다. 마리아나 이시스가 우리 꿈속에 나타난다면 그녀들은 서로 다른 인물이 아니다. 오히려 우리 정신 속에 깃들어 있던 어떤 같은 신호를 우리에게 보내는 것으로 생각해야 한다.

이시스가 말하고 있는 상징의 의미를 해석하기 위해서 우리는 고대 이집트 종교로까지 거슬러 올라가야 하는데, 이시스가 품고 있는 의미는 어쨌든 영적인 잉태(孕胎)나 영적인 전망 등과 관계되고 있다. 한편 마리아의 상징적인 의미를 해석하려면 우리는 기독교와 기독교 내에서의 마리아의 의미에 관해서 알 필요가 있는데, 이때의 의미는 우리에게 좀 더 가까이 있는 것이다. 그래서 그것은 신화 속에 담겨져 있는 것으로서만이 아니라, 우리의 삶 속에서 실제로 실현될 수 있는 어떤 영적인 의미로 여겨져야 한다.

예수 그리스도는 결코 하나의 상징에 불과한 존재가 아니다. 그는 이 땅에 살아있었고, 이 땅에서 활동했던 존재였다. 하나님이 태초 이래로 그의 피조물들에게 발전을 이루도록 촉구한 그 영성을 실현한 존재였던 것이다. 이제 계시의 날, 성육의 날은 온 우주에 다가왔다. 그러나 아직도 이 사실을 알지 못하고, 고대적인 종교관을 가지고서 무의식 속에서 메시아를 기다리고 있는 사람들이 많은 것이다. 어느 누구도 하나님의 최종적인 계시가 그의 독생자인 예수 그리스도에게서 나타났다는 사실을 부정할 수 없다. 그러므로 우리는 그를 받아들이고 그를 따라가야 하는 것이다. 물론 하나님은 그의 백성 한 사람 한 사람에게 그들의 언어를 통해서 그 자신을 계시하실 것이다. 그러나 하나님의 성육신은 영원한 것이며, 성령에 의해서 깨달은 사람들에게 영원한 영향을 미칠 것이다.

비의종교(秘儀宗敎)들이 아직도 상징적이며, 지적인 측면에 머무르고 있는 데 반해서, 그리스도는 참다운 생명을 가져다준다. 그는 하나의 이미지에 불과한 존재가 아닌 것이다. 하나님은 그를 통해서 다른 사람들이 따라 갈 수 있는 길을 보여 주셨다. 그는 결코 우리의 지성만이 발달하여 따라갈 수 있는 어떤 심리적인 발달 단계를 보여주고 있지 않다. 우리를 육체와 영혼의 위험한 분열로 이끌어 가지도 않는다. 오히려 우리 모두가 언제나 새롭게 되어서 그의 삶에 참여하기를 촉구하며 우리에게 더 높은 삶의 단계에 도달할 것을 촉구하고 있다. 그리스도는 우리 모두를 그의 품 안에 두고 있다. 그래서 우리 모두가 그의 뒤를 따르도록 한다.

하나님은 언제나 현존해 계신다. 그리고 우리의 응답을 기다리신다. 이것은 결코 환상이 아니다. 모든 종교체험자들이나 정신분석이 이 사실을 증언하고 있다. 그러므로 우리는 우리 존재 전체를 하나님께 바쳐야 한다. 모든 비의종교는 결국 예수 그리스도에게로 수렴된다. 그의 삶과 그의 죽음 속에 통합되는 것이다. 그의 수난과 십자가는 우리에게 길과 진리와 생명을 보여주며, 우리가 자연 종교를 버리고 그에게로 다가올 것을 촉구하고 있다.

그러나 신앙이 없이 어떻게 계시와 교리들을 받아들일 수 있는가? 어떻게 예수님이 사람이라면서 동시에 하나님이었다고 믿을 수 있는가? 우리에게 신앙이 없다면 기독교의 신비는 우리 지성의 영역에만 머물러 있고 만다. 그리하여 성서나 하나님의 말씀은 단지 역사적인 이야기에 불과하고, 시적인 영감이나 형이상학적인 궁구(窮究)에 지나지 않는 것이라고 생각하기 쉽다. 그렇다면 복음이 우파니샤드나 코란보다 더 나은 것이 무엇이겠는가? 예수님이 부처님보다 더 나은 것이 무엇이겠는가? 예수님이 하나의 화신(化神)에 불과하거나 위대한 신비가에 불과할 수도 있지 않은가? 우리가 그리스도의 말씀을 믿지 않는다면 우리는 왜 그에게 복종해야 하는가?

우리에게 믿음이 없다면 우리는 결코 하나님께로 다가갈 수 없다는 사실을 우리 체험을 통해서 알고 있다. 정말이지 우리 오성은 우리를 결코 하나님께로 데려다 주지 못한다. 우리 오성은 우리가 논쟁을 그만 두고, 지적인 이해를 포기해야 하는 지점에서 계속해서 논쟁하며, 이해하려고 애를 쓴다. 지성의 포기는 우리가 새로운 존재로 다시 태어나기 위한 필수 조건이다. 그러나 아마 우리가 가장 하기 어려운 자기희생인지도 모른다. 왜냐하면 우리 내면에 있는 가장 미묘한 심리기제 가운데 하나인 지적 교만이 우리를 논리의 그물망 속에 집어넣으며, 추리하는 습관이 있는 이성 속에 빠뜨리기 때문이다. 그러므로 우리는 아빌라의 성녀 테레사가 이 세상일에 관해서 모든 것을 알기를 포기했던 것과 마찬가지로, 하나님 안에서 기쁨을 누리기 위해서는 하나님의 길을 따라서 멀리 나아가 있어야 한다. 집회서는 우리에게 그런 지혜를 말하고 있다. "그대의 능력 범위를 넘어서는 것에 관해서는 파헤치지 말아라. 이 세상에 많은 사람들은 잘못된 추론 때문에 잘못된 길로 들어서버렸음이라"(잠 3, 20-23).

그렇다면 우리는 인간의 지성이란 그 자체가 잘못된 것이라고 결론지어야 하는가? 그러나 기독교에서는 이렇게 말하지 않는다. 왜냐하면 기독교에서는 우리가 환상 속에 있는 것은 우리 자신에 대한 명확한 인식이 없기 때문이라고 주장하면서 좀 더 명확한 인식을 가져야 할 것을 강조하기 때문이다. 잘못된 것은 지성이 아니다. 오히려 지성이 나아가는 방향이 잘못된 것이고, 지성이 행사되는 방식이 잘못된 것이다. 인간의 지성이란 성령의 선물이다. 지성이 하나님에게 그 원천을 두고 있기 때문에 우리 지성은 하나님으로부터 나와야 한다. 그러나 루시퍼의 범죄 이래로 인간 지성은 그의 길을 벗어나게 되었다. 그래서 사람들은 하나님과 같아지려는 유혹을 받게 되었으며, 그의 지성은 그 목적을 위해서 행사하려고 하게 되었다. 지성은 이제 그의 살아있는 활력원에서 잘려져서 원줄기에서 분리된 나뭇가지처럼 말라져버리고, 이리저리 거산하게 되었다. 지성은 아직도 무의식적으로나마 하나님의 그 충만성 속에서 살던 때의 향수를 간직하고 있으며, 여러 가지 방법을 통해서 무한자 하나님과 하나가 되려고 암중모색하고 있다.

우리가 여기서 지성(intelligence)이라고 말하는 것은 결코 인간의 지력(intellect)이나 이성(raison)을 말하는 것이 아니다. 혼동하지 말아야 한다. 지력이나 이성은 인간 지성의 왜곡된 형태로서 언제나 우리의 인식을 제한하고 있다. 언제나 문자 그대로의 인식을 제한하고 있다. 언제나 문자 그대로의 의미만을 파악하려 할 뿐, 그것을 넘어서는 진리를 파악하지 못하는 것이다. "글을 읽을 줄 모르는 사람은 어떤 책의 글씨가 매우 잘 쓰여 있을 경우 그 글씨를 쓴 필경사의 손재주만을 찬양하고, 글자가 잘 쓰여졌다고 찬탄한다. 정작 그 글이 담고 있는 의미는 알지 못하는 것이다. 그의 눈은 지금 그 글씨를 찬탄하고 있지만 그의 지성은 아무것도 이해하지 못하고 있는 것이다. 그러나 글을 아는 사람은 그 글씨의 아름다움을 찬양하면서도 동시에 그 글 속에서 지혜까지 읽을 수 있다. 글씨를 보기만 하는 것은 누구나가 다 할 수 있는 것이다. 그리스도의 이적을 본 사람들도 마찬가지다. 그 이적들이 의미하는 바가 무엇인지, 그리고 그에게 과연 무슨 일을 가져오려고 하는 것인지를 알지 못하는 사람은 그저 그 이적 사실만을 찬양한다. 그러나 또 다른 사람들은 그 이적 사실을 찬양하며 동시에 그 사실 속에 담겨져 있는 영을 따른다."[71]

여기에서 우리는 두 가지 종류의 인식 양태가 문제시 되는 것을 본다. 이해(comprendre)와 인식(connaître)이 그것이다. 그런데 이해는 인식이 아니다. 진리는 우리에게 인식되어야지 단순히 이해되기만 해서는 안 된다. 여기에서 우리의 지성이 중요하게 대두된다. 왜냐하면 지성이란 우리들로 하여금 하나님의 창조에 직접 참여하게 하여 하나님을 인식하게 하고, 하나님을 단지 이해만 해서 하나님을 우리의 어떤 목적을 채우기 위한 도구로 사용하지 못하게 하기 때문이다. 이 선물은 하나님으로부터 왔다. 그래서 우리는 이 선물을 발달시켜야 한다. 우리는 모두 하나님의 일꾼들이다. 복음서에 나오는 탈렌트의 비유는 이 사실을 상기시켜 준다. 뽈-마리 드 라크르와의 말을 다시 들어보자. "지혜는 우리가 하나님의 율법에 겸손하게 복종하는 태도를 의미한다고 지나간 우리 경험은 말해준다. 참으로 지혜는 그런 태도에서 출발한다. 그리고 언제나 돌아가는 곳도 그런 태도이다. 우리는 하나님의 밝은 빛 아래에서만 하나님을 알 수 있고, 우리 지혜의 그 넓은 영역 속에 하나님의 지혜의 보화들을 넘겨받을 수 있다. 우리 지혜는 우리가 이 지혜를 더욱 더 갈고 닦아야 한다는 사실을 의심하지 않는다. 우리가 우리 자신의 깊은 곳에서 체험한 것들을 이해하고, 인식하고자 하는 그 깊은 갈증이 잘못된 것이 아니라는 사실을 우리는 잘 알고 있다. 우리 속에 지성을 집어 넣

---

[71] Saint Augustin, Hom?lie de Saint Augustin, 오순절 다음 제15번째 주 설교.

으셔서 그런 작업을 하게 하시는 이가 하나님 아니신가? 그렇다면 그가 우리에게 어떤 것이 선이고, 어떤 것이 악인가 하는 사실까지 분별하도록 하시는 것이 아닌가? 그러므로 그가 선한 욕망을 따르느냐 아니면 악한 욕망을 따르느냐 하는 것은 그 사람 자신에게 달린 것이다."72)

성서에도 이와 관련되어 있는 구절들이 많이 있다. 성서에서는 먼저 "지혜의 근원은 지극히 높은 곳에 계신 하나님의 말씀이다"(집 1, 5)라고 말하며, "하나님은 그의 지혜로 땅을 만드시고, 그의 명철로 하늘을 견고하게 하셨습니다"(잠 3, 19)라고 덧붙인다. 따라서 우리 마음속에서 지혜로운 생각이 떠오르면 우리는 지성을 가지고 그 지혜를 지켜야 한다. 그래서 잠언 3장 13절에서는 "지혜를 찾는 사람은 복이 있고, 지성을 얻는 사람은 복이 있다"고 말한다. 집회서에서는 이 사실을 좀 더 길게 설명한다. "지혜로운 자들은 옛 성현들의 지혜를 탐구하고, 예언을 연구하는 데 자기 시간을 바친다. 그는 유명한 사람들의 말을 보전하고 비유의 깊은 뜻을 파고든다. 그는 격언의 숨은 뜻을 연구하고, 난해한 비유를 푸는 데 흥미를 느낀다. 그는 벼슬에 올라 군주들을 섬기고, 통치자들 사이에서 중책을 맡는다. 외국을 두루 여행하며 인간 사회의 좋은 것과 나쁜 것을 체험으로 안다. 아침에 일어나면 마음을 모아 창조주이신 주님께 생각을 돌리고 지극히 높으신 분에게 온 마음을 바친다. 입을 열면 기도요, 자기 죄의 용서를 빈다. 위대하신 주님께서 뜻하신다면 그는 깨우침의 영검을 충만히 받을 것이다. 그때 그는 지혜의 말씀을 두루 전할 것이며 주님께 감사 기도를 올릴 것이다. 그는 공정한 판단력과 올바른 지식을 얻을 것이며 주님의 신비를 명상할 것이다"(집 39, 1-7).

---

72) Paul-Marie de la Croix, op. cit., pp. 667-8.

이렇게 인간의 지성은 하나님을 아는 데 필요불가결한 것이다. 그러므로 하나님이 우리의 이해를 초월해 계시기 때문에 우리가 알 수 없다고 생각하면서 하나님을 알려고 노력하지도 않는 것은 우리 지성을 우리의 지능과 혼동하는 꼴이 된다. 또한 그 지성을 지능의 범주 속에 제한시키는 것이기도 하다. 우리 지능은 종종 하나님을 어떤 추상적인 존재로 바꿔놓거나, 그들에게 좋아 보이는 어떤 철학적이며 과학적이고 정신적인 이데올로기로 대치시켜 놓고 그것이 하나님의 실재에 참여하지 못하게 한다. 이런 행동들은 우리 지성을 축소시키고, 우리의 겸손을 왜곡시키는 것이다. 진정한 겸손이란 우리 지성을 하나님께 맡기고, 하나님을 전적으로 의지하는 데서 이루어진다. 성 이냐시오 로욜라가 그리 했듯이 우리 자신을 전적으로 하나님께 바치는 것이다. "주님, 나의 모든 자유 의지를 받아주시옵소서. 나의 기억과 나의 지성과 나의 의지 전체를 받아주시옵소서. 나에게 속한 모든 것과 나에게 있는 모든 것은 당신으로부터 온 것이옵니다. 나는 이것들 모두를 당신께 드리며, 당신의지 아래 놓습니다. 나에게 당신의 사랑과 당신의 은혜를 주시옵소서. 그리하면 나는 부요해질 것이며, 다른 어느 것도 필요로 하지 않을 것입니다." 로욜라의 고백이다.

우리 지능은 성육하신 하나님을 신인동성동형론적인 것과 혼동해서 자꾸만 하나님을 파헤치려고 한다. 지능의 그런 기능은 우리 삶에 많은 도움을 가져다주기는 하지만 하나님과의 관계에서는 그렇지 않다. 하나님은 결코 어떤 추상적인 존재가 아니다. 더구나 어떤 우주적인 힘이 신인동형동성론적(anthropomorphique)으로 나타난 것도 아니다. 오히려 인격적인 존재이며, 살아계신 분이시다. 하나님의 현존은 어디에서나 나타난다. 우리 속에 계신 것은 하나님의 형상이 아니라 하나님 자체이시다. 그러므로 하나님께 드리는 기도는 우리가 하나님과 나누는 대화이며, 우리 영혼과 하나님 사이에서 이루어지는 "사랑의 나눔"이다.

우리 지성에는 지적인 특성과 직관적인 특성과 감각적인 특성이 충만해 있기 때문에 우리 신앙에 걸림돌이 되기는커녕 우리 신앙을 북돋워 줄 수 있는 도구가 된다. 사람들은 우리 신앙의 발달과정에서 이루어지는 영적인 탄생의 의미를 잘 모르고 있으며, 그 실행 방법에 관해서도 잘 모르고 있기 때문에 그것을 종종 어떤 통속적인 종교성과 혼동하고 있는데 영적 탄생이란 결코 그런 것이 아니다. 영적 탄생이란 오히려 우리가 성숙해야만 도달할 수 있는 것이며, 우리에게 주어져 있는 모든 하나님의 선물들을 사용하여 개성을 이루어야만 도달할 수 있는 것이다. 영적인 탄생을 통해서 어린이가 된다는 것은 우리가 다시 유아성에 빠지게 되는 것을 의미하지 않는다. 오히려 모든 피조물들이 그의 창조주에게 전적인 신뢰를 바치고, 복종하는 것을 의미한다. 우리는 모두 "하나님의 자녀"들이다. 그러나 하나님의 자녀는 성숙한 사람들만이 될 수 있는 것이다. 그래서 베르나노스는 이렇게 말하고 있다. "이런 영혼의 단순성과 하나님께 대한 신뢰에 찬 자기 포기를 … 다시 발견하고, 다시 얻기 위해서 우리는 우리 삶 전체를 하나님께 바친다. 우리는 어린아이가 되어야만 이런 선물을 얻을 수 있다. 우리가 일단 어린이의 상태에서 벗어나면 우리는 여간해서는 다시 그 상태에 들어갈 수가 없다. 많은 시련을 거쳐야만 이런 상태에 도달할 수 있는 것이다. 그러나 우리가 그 상태에 도달하기만 하면 우리는 하나님으로부터 이 귀중한 선물들을 받을 수가 있다. 이것은 마치 밤의 끄트머리에서 우리가 또 다른 오로라를 볼 수 있는 것과 같은 것이다."[73]

---

73) G. Bernanos, *Dialogues des Carmélites*.

마찬가지로 하늘나라가 약속되어 있다고 하는 "마음이 가난한 사람들"은 결코 무지한 사람이나 바보가 아니다. 오히려 그들은 지성이 어디에 원천을 두고 있는가 하는 사실을 잘 알고 있는 사람들이며, 그의 지성을 가지고 하나님께 다시 돌아가려고 하는 사람들이다. 다시 말해서 그들의 겸손과 사랑과 인식을 통해서 하나님 나라에 도달하려고 하는 사람들이지 어리석은 사람들이 아니라는 말이다. 융은 그가 1948년 1월 13일에 보낸 편지 속에서 그가 결코 인간의 지능과 신앙을 혼동하지 않고 있다고 강조한다. 이 편지 속에서 우리는 또한 신앙에 대한 융의 주장까지도 읽어 볼 수가 있다. "나는 결코 도그마를 소홀하게 생각하지 않습니다. 내가 보기에 도그마는 대단히 권위 있는 것입니다. 그러나 나는 도그마를 이해하고 싶습니다. 왜냐하면 불행하게도 나는 내가 이해하지 못하는 것은 믿지 못하기 때문입니다 … 신앙이란 은혜의 선물입니다. 신앙이 은혜의 선물인 한 나는 아무리 노력할지라도 그것을 만들어낼 수는 없습니다."[74]

　정말이지 우리는 은혜의 선물을 만들어낼 수가 없다. 그러나 그 선물을 받으려고 노력할 수는 있다. 심리학은 다른 과학들과 마찬가지로 그 연구 대상만을 연구하는 것이 아니다. 심리학 연구의 대상은 인간 정신 전체이다. 그런데 인간 정신에는 인간적인 측면만 있는 것이 아니라 신적인 측면까지도 포함되어 있다. 인간적인 측면을 인간의 유기체적이며, 생리적이고, 지적인 측면들과 분리시켜서 생각할 수 없듯이, 신적인 측면은 하나님과 분리시켜서 생각할 수 없다. 따라서 인간의 정신과 그 정신현상들에 관한 연구가 온전해지려면 우리는 이 두 가지 관점을 동시에 다루어야 한다. 인간의 정신을 연구한다고 해서 인간 정신에 깃

---

[74] V. White, op. cit., p. 261.

들어 있는 신적인 측면을 제외해 버리고 연구한다면 그것은 결코 온전한 연구가 될 수 없다. 따라서 종교적인 특성을 내포하고 있는 정신적 사실은 인간 정신의 내재적인 관점에서만 연구할 때 불충분한 것이 되고 마는 것이다. 우리가 동양 종교 현상에 대해서 이해하려면 그 동양 종교를 그대로 받아들이지 않는다고 할지라도 동양 종교에 관해서 많이 알고 있어야 한다. 다시 말해서 아트만이나 도(道), 그리고 쿤다리니나 시바 등에 관해서 알고 있어야만 그것에 의해서 일어나는 정신 현상에 관해서 이해할 수 있는 것이다. 기독교에 있어서도 마찬가지이다. 기독교에도 기독교의 지나간 여러 세기 동안에 형성된 기독교 나름대로의 개념들이 있으며, 교리가 있다. 그러므로 기독교적인 심리체험을 해석하려면 기독교 교리에 관한 존중이 먼저 필요하다. 결코 그 교리를 그대로 받아들여야 한다는 것을 의미하지 않는다. 오히려 기독교인들의 정신을 이해하기 위해서 최소한 그들의 입장을 받아들여야 하는 것이다.

 신앙이란 단순한 개인적 신뢰만을 의미하지 않는다. 융은 그가 기독교의 도그마가 가지고 있는 권위를 인정한다고 했다. 그러나 그가 기독교 도그마의 내용까지 받아들인 것 같지 않다. 기독교에서 말하는 선의 결핍(privatio boni)으로서의 악—이것이 기독교 교리까지는 되지 않지만—은 결코 악을 모두 없애버리는 것은 아니다. 또한 삼위일체 개념은 불완전한 삼위성과 동일시 될 수도 없다. 마찬가지로 예수님은 그 대적자인 사탄과 같은 하나님의 아들에 불과한 존재가 아니다. 오히려 하나님과 같은 본성을 가지고 있는 하나님의 독생자이다. 그러나 융은 이런 사실은 인정하지 않고 있다.

 다시 말해 보자. 심리학은 모든 종교현상을 단지 인간적인 차원에서만 연구할 수가 없다. 오히려 인간적인 차원에 신적인 차원을 통합시키고, 그것이 동양 종교가 되었건 서양 종교가 되었건 간에 그 종교가 그 동안 형성시켜 놓은 교리나 개념들을 존중하는 가운데서 연구해야 한다. 이것은 과학자들이 그들의 연구를 할 때 과학적이며 생리적인 자료들을 존중하는 것과 마찬가지이다. 신학은 다른 모든 과학과 마찬가지로 신학 나름대로의 개념들이 있다. 따라서 우리가 신학의 영역에 들어가려면 우리는 신학의 언어를 배우고 받아들여야 한다. 이것은 신앙 고백과는 다른 차원의 것이다. 마치 언어학자가 어떤 언어를 연구할 때 그 언어의 일반문법과 구문법 및 어휘들을 먼저 배워야 하는 것과 같은 일이다. 신앙이 없이 분석된다면 예수님의 말씀은 그 본질이 상실되어버리고, 망각되기 쉬우며, 다른 목적으로까지 해석될 수가 있다. 얼마나 많은 소종파들에서 예수님의 말씀을 다른 기독교 교파들을 저주하기 위해서 사용하고 있는가?

  동양종교와 고대 비의종교에 일가견이 있는 사람들과 정신분석에 정통해 있는 사람들은 요기들이 수행하고 있는 엄격한 금욕수련과 신비적인 시련 및 밤의 항해와 같은 고난을 그 수련자들의 옛 자아가 죽어야 하는 희생으로서 그 필요성을 인정하고 용납하기까지 한다. 그러나 그들은 기독교에서 희생과 관계되는 말이 나오기만 하면 그리스도의 수난과 십자가에 관해서 심한 반발을 보인다. 그들은 영적인 재생과 새로운 존재에 관해서 말을 하지만 기독교의 금욕은 참을 수 없는 것이다. 그러나 엄밀하게 말해서 금욕이 전혀 없다고 한다면 우리 옛 사람의 죽음과 새 사람의 탄생은 전혀 불가능하다. 그 사람들은 상징을 지적으로 받아들이며, 이해하고, 상징이 그들의 존재 속에서 살아있어야 한다고 믿고 있지만 그들이 실제로 어떤 것을 희생해야 한다는 말이 나오면 그의 자아가 다시 튀어나와서 그들의 권리를 주장하고자 한다. 하지만 우리가 참다운 그리스도인이 되려면 어떤 지적인 것과 상징만 가지고서는 충분하지 않다. 예수님은 우리가 부활하기 위해서는 우리 자신을 부정하고, 그를 따르며, 십자가 위에서 죽어야 한다고 우리를 초대했다.

정말 예수님이 우리 영혼에 그의 말씀을 계시하시면 그 말씀은 우리에게 참다운 진리와 빛과 생명이 된다. 이때 우리 지성은 더 이상 하나님의 말씀을 가지고 논박하지 않게 되며, 그 말씀을 실현시키려고 한다. 이렇게 해서 우리 의지를 하나님의 의지에 굴복시키는 것은 언제나 우리에게 일종의 금욕이 된다. 우리가 앞에서도 살펴보았듯이 정신분석은 어떤 의미에서 기독교의 금욕과 같은 것이다. 금욕이란 우리에게서 영혼의 존재가 인정되지 않고, 우리 존재가 통합되지 않는 한 있을 수가 없다. 우리는 금욕을 수행하지 못하고 우리 육체의 욕망에 따라서 살아가고 있는 것이다. 그래서 마유(Mailloux)는 "신경증 환자들은 치유되지 않는 한 진정한 금욕을 수행할 수가 없다. 절름발이가 경주를 할 수 없는 것과 마찬가지로 신경증 환자는 그들의 덕을 쌓기 위해서 수련할 수 없는 것이다."[75]

금욕이 없이는 성숙이 있을 수 없다. 정신분석은 우리로 하여금 대극들을 통합시키고, 우리 영혼을 재구성하게 함으로써 성숙과정을 돕는다. 또한 정신분석은 우리들에게 금욕의 의미를 좀 더 깊이 이해하게 함으로써 우리가 금욕을 받아들이게 하며, 우리 정신이 좀 더 만개하게 하기 위해서 금욕수련에 더 힘쓰게 해 준다. 왜냐하면 정신분석과 금욕수련은 다른 것이 아니라 그 출발점은 다르지만 모두 우리 정신발달을 위한 과정이기 때문이다. 그런 의미에서 다음 성경구절은 우리들에게 어떤 깨달음을 준다.

"주님의 길을 준비하여라. 그 길을 평탄케 하여라"(막 1, 3).

---

[75] N. Mailloux, L'Asc?se et l'homme contemporain, p. 341.

역자 후기

　1960년대 말부터 세계 신학계에서는 영성(spirituality)에 대한 탐구가 활발하게 전개되고 있다. 쮜리히의 분석심리학자 C. G. 융이 신학계에서 주목받기 시작한 것도 그 무렵이다. 사실 융의 심리학은 그가 정신분석학의 창시자인 S. 프로이트의 수제자이며 프로이트가 그를 그의 후계자로 공식 지명하기도 했지만 프로이트의 사상과는 너무 다른 면이 많다. 프로이트의 정신분석학이 명료하고, 분석적이라면 융의 분석심리학은 때때로 모순되는 듯하며, 통합적이다. 따라서 프로이트의 정신분석학은 많은 이들에게 어떤 정신현상을 분석할 수 있는 명료한 도구(道具)를 제공할 수 있지만, 융의 분석 심리학은 그렇게 하기보다는 그 정신현상 앞에서 "주의 깊게 고려하고, 관찰하게" 한다. 골치 아픈 것을 싫어하고 대단히 실용적인 가치를 우선시하는 현대 과학기술 사회에서는 융의 분석심리학이 매력을 주지 못하는 것이다.
　이 두 거인(巨人)의 사상이 그렇게 다른 이유는 그들이 서로 다른 심리학적 유형(psychological type)의 사람이었기 때문이다. 융이 내향적 사고형으로서 객관적 대상 가운데서 나타나는 주관적 의미를 파악하려고 했으며, 무의식의 원천에서부터 사고하고자 했다면, 프로이트는 내향적 감정형으로서 매우 분화된 감정을 가지고, 내적인 기준에 의해서 사물을 판단하지만 때때로 객관적인 사실을 나타내는 자료에 압도되어 그것들을 모두 몇 가지 되지 않는 개념을 가지고 설명하려고 했기 때문이다. 융은 그 자신이 그의 설명이 때때로 모호하다는 사실을 알고 있었다. 그러나 그는 인간의 정신현상, 인간의 영혼은 본래 그런 것으로서 명료하게 설명될 수 없는 것이라고 주장하였다.

프로이트의 사상과 융의 사상이 근본적으로 다른 이유는 또 하나 있다. 그것은 프로이트가 원인론적(原因論的) 입장에서 어떤 정신현상이 "왜 생겨났는가?"하는 점에 관심을 가지고 그 현상에 접근해 갔다면, 융은 목적론적(目的論的) 입장에서 "그 현상은 무엇을 이루고자 하는 것인가?"하는 점에 초점을 맞추어서 그것에 접근해 갔기 때문이다. 즉 어떤 사람의 꿈이나 노이로제 증상을 접근하는 데 있어서 프로이트는 그 꿈이나 증상은 그의 내면에 있는 어떤 숨겨진 욕망이 원인이 되어서 그런 현상이 생겨났다고 주장하면서 그 원인을 찾아가는 데 반해서, 융은 그 현상이란 어떤 것을 지향(志向)해 가는 것이라고 주장하면서 그것의 실현을 고찰해 가는 것이다.

1960년대 말 이후 융의 심리학이 주목받기 시작한 이유는 그의 사상이 새로운 시대의 영성(spirituality)을 추구하는 시대정신과 깊은 관계가 있다. 2차대전 이후의 전화복구 다음에 펼쳐지는 새 시대, 제3의 물결이라고 하는 정보혁명 또는 기술혁명의 새 시대는 산업혁명 이후의 산업사회적 영성과는 또 다른 영성을 추구하기 때문이다. 그런데 외부현상이 단순명료화 될수록 인간의 무의식은 더욱더 복잡해지기 마련이다. 컴퓨터 게임에 많이 나타나는 미로(迷路)나 요즘 어린이들을 사로잡는 요괴인간은 이런 현대인들의 무의식 세계를 비춰주는 거울이다. 이런 세계는 프로이트의 명료한 설명으로는 결코 담을 수 없는 것이다. 그래서 현대 사회에 들어와서 융의 집단무의식(inconscient collectif) 개념이 주목받는다. 왜냐하면 집단무의식은 본래 요괴들의 세계, 귀신과 도깨비의 세계가 될 수 있기 때문이다.

이 책 속에서 프랑스의 분석심리학자 에르나 반 드 빙켈은 기독교의 영성을 C. G. 융의 분석심리학을 가지고 해석하고 있다. 특히 기독교 영성수련에서 대단히 중요시되는 금욕수련과 정신의 분석 사이를 비교, 고찰하고 있는 것이다. 융에게 있어서 정신분석의 목적은 본래 치료에만 있지 않다. 오히려 인간 정신 속에 있는 수많은 대극적 요소들을 통합하여 온전한 인격을 이루는 데 그 궁극적인 목적이 있다.

반 드 빙켈은 개성화(융 분석의 궁극적 목표)과정에 있어서 "밤의 항해"단계가 대단히 중요한 단계라고 주장한다. 사람들이 그들의 무의식 속에 깊이 들어가서 무의식의 모호한 힘들을 경험하고, 그 힘들을 극복하여 영혼을 정화(淨化)시키는 것이 매우 중요하다고 주장하는 것이다. 이것은 기독교의 금욕수행에 있어서도 마찬가지다. 금욕수행이란 본래 사람들이 그들의 허물과 죄, 욕망 등을 초극(超克)하려고 모든 감각적인 것들을 절제하는 것이기 때문이다. 금욕수행자들은 금욕을 통하여 그의 모든 욕망과 죄로부터 벗어난다. 그의 영혼이 정화되는 것이다. 이제는 그의 정신 속에서 그를 분열시키고 있던 욕망의 충돌, 대극의 충돌은 사라지고 만다. 통합되는 것이다. 그리하여 반 드 빙켈은 "밤의 항해"에 초점을 맞춰서 융의 개성화과정과 기독교 영성의 금욕수련을 비교, 고찰하는 것이다.

현대 세계는 새로운 영성을 갈구하고 있다. 이 세상의 물질적이며, 실용적이기만 하고, 외부지향적인 세계관에서 벗어나 우리에게 근본적인 의미를 주고, 삶의 보람을 주며, 급변하는 시대 풍조에 휩쓸리지 않고 영원히 존재하는 어떤 세계를 추구하는 것이다. 기독교 영성이 기독교 신비주의자들의 내면세계에 들어가서 그런 세계를 조명(照明)하고 있다면, 융은 사람들의 꿈분석과 신화분석, 설화분석을 통해서 인간의 삶에 궁극적인 힘과 의미를 주는 것이 무엇인가 하는 점을 파헤치고 있는 것이다. 기독교 영성과 분석심리학이 겉으로 보기에는 전혀 다른 분야 같이 보이지만 그 둘이 궁극적으로 추구하는 것은 결국 같은 지향점인 것이다. 에르나 반 드 빙켈이 책 속에서 이 두 다른 분야의 학문이 어떻게 이것을 추구하고 있는지 보여 주고 있다.

　현대 사회에서 교회는 그 위치가 점점 변두리로 밀려가고 있다. 이제는 교회가 그 전처럼 사람들의 삶에 활력을 주고, 궁극적인 의미를 주지 못하는 것이다. 기껏해야 사람들의 복을 빌어주고, 헛된 환상을 심어 주면서 명맥을 유지해 가는 것이다. 그러나 현재 기독교가 이러고만 있다면 그것은 기독교가 기독교의 참다운 보고(寶庫)를 알지 못하기 때문이다. 에스겔이 환상에서 보았던 것처럼 마른 뼈에 생기를 불어 넣고, 끊어진 힘줄을 다시 이어줄 수 있는 생명의 원천이 기독교 내부에 있는지 알지 못하기 때문이다. 그러나 기독교의 위대한 영성가들은 에스겔이 환상에서 보았던 그 삶을 실제로 살았으며, 아무리 극한적인 상황에서도 그것을 이겨낼 수 있었다. 그 이유는 그들이 이 원천에서 생수를 받아 마셨기 때문이다.

　예수님은 어떤 사람이 어떤 땅 속에 보화가 묻혀 있는 것을 발견했다면 그는 그의 모든 재화를 팔아서 그 밭을 사며, 값진 진주 하나를 발견한다면 그가 가진 모든 것을 팔아서라도 그 진주를 산다고 말씀하셨다. 기독교의 영성은 현재 침체되어 있는 듯한 기독교회를 다시 살릴 수 있는 땅 속에 묻혀 있는 보화이고, 융의 분석 심리학은 이 영성을 현대적인 언어로 설명해 주고, 그것을 파낼 수 있는 귀중한 삽이라고 생각한다. 아무쪼록 현대 기술문명의 눈부신 발달 앞에서 어찌할 바를 알지 못하고, 망연자실해 있는 기독교회가 분석심리학이라고 하는 새로운 도구를 가지고 그들의 내면 깊숙한 곳에서 하나님의 현존을 만날 수 있게 되기를 바란다.

2010. 6.
봉담에서
김성민

한국심리치료연구소 총서

한국심리치료연구소는 한국심리치료 분야의 질적 향상을 위해서 이 분야의 고전 및 최신 서적들을 우리말로 번역 출판하고 있다. 본 연구소는 순수 심리치료 분야와 기독교 신앙과 관련된 심리치료 분야의 책들을 출판하며, 순수 심리치료 분야의 책들은 대상관계이론과 자기심리학을 포함한 현대 정신분석이론들과 융 심리학에 관한 서적이다.

순수 심리치료 분야

놀이와 현실
Playing and Reality
by D. W. Winnicott / 이재훈

울타리와 공간
Boundary & Space
by D. Wallbridge
& M. Davis / 이재훈

유아의 심리적 탄생
Psychological Birth
of the Human Infant
by M. Mahler & F. Pine / 이재훈

꿈상징 사전
Dictionary of Dream Symbols
by Eric Ackroyd / 김병준

그림놀이를 통한 어린이 심리치료
Therapeutic Consultation
in Child Psychiatry
by D. W. Winnicott / 이재훈

자기의 분석
The Analysis of the Self
by Heinz Kohut / 이재훈

편집증과 심리치료
Psychotherapy
& the Paranoid Process
by W. W. Meissner / 이재훈

멜라니 클라인
Melanie Klein
by Hanna Segal / 이재훈

정신분석학적 대상관계이론
Object Relations
in Psychoanalytic Theories
by J. Greenberg & S. Mitchell / 이재훈

프로이트 이후
Freud & Beyond
by S. Mitchell & M. Black
/ 이재훈 · 이해리 공역

성숙과정과 촉진적 환경
Maturational Processes
& Facilitating Environment
by D. W. Winnicott / 이재훈

참자기
The Search for the Real Self
by J.F. Masterson / 임혜련

내면세계와 외부현실
Internal World & External Reality
by Otto Kernberg / 이재훈

자폐아동을 위한 심리치료
The Protective Shell in Children and
Adult by Frances Tustin / 이재훈 외

박탈과 비행
Deprivation & Delinquency
by D. W. Winnicott / 이재훈 외

교육, 허무주의, 생존
Education, Nihilism, Survival
by D. Holbrook / 이재훈 외

대상관계 개인치료 I · II
Object Relations Individual Therapy
by Jill Savege Scharff & David E.
Scharff / 이재훈 · 김석도 공역

정신분석 용어사전
Psychoanalytic Terms and Concepts
Ed. by Moore and Fine / 이재훈 외

하인즈 코헛과 자기심리학
H. Kohut and the Psychology of the
Self
by Allen M. Siegel / 권명수

성격에 관한 정신분석학적 연구
Psychoanalytic Studies of the
Personality by Roanld Fairbairn / 이재훈

대상관계 이론과 임상적 정신분석
Object Relations
& Clinical Psychoanalysis
by Otto Kernberg / 이재훈

순수 심리치료 분야

나의 이성, 나의 감성
My Head and My Heart by De Gregorio, Jorge /김미겸

환자에게서 배우기
Learning from the Patient by Patrick J. Casement/김석도

의례의 과정
The Ritual Process by Victor Turner/ 박근원

대상관계이론과 정신병리학
Object Relations Theories and Psychopathology by Frank Summers /이재훈

정신분석학 주요개념
Psychoanalysis : The Major Concepts, by Moore & Fine/이재훈

대상관계 단기치료
Object Relations Brief Therapy by Michael Stadter/이재훈 • 김도애

임상적 클라인
Clinical Klein by R. D. Hinshelwood/이재훈

살아있는 동반자
Live Company by Anne Alvalez /이재훈 외

대상관계 가족치료
Object Relations Family Therapy by Jill Savege Scharff & David E. Scharff/이재훈

대상관계 집단치료
Object Relations, the Self and the Group by Charles Ashbach & Victor L. Shermer/이재훈

스토리텔링을 통한 어린이 심리치료
Using storytelling as a therapeutic tool with children by Sunderland Margot/이재훈 외

자폐아동과 정신분석
Autismes De L'enfance by Roger Perrson & Denys Ribas/권정아 • 안석

초보자를 위한 대상관계 심리치료
The Primer of Object Relations Therapy by Jill & David Scharff/오규훈 • 이재훈

인격장애와 성도착에서 의공격성
Aggression and Perversions in Personality Disorders/이재훈 • 박동원

대상관계 단기부부치료
Short Term Object Relations Couple Therapy by James Donovan /이재훈 • 임영철

왜 정신분석인가?
Une Psychanalyse Pourquoi? by Roger Perron/표원경

애도
Mourning, Spirituality and Psychic Change by Susan Kavaler-Adler/이재훈

독이 든 양분
Toxic Nourishment by Michael Eigen/이재훈

무의식으로부터의 불꽃
Flames From The Unknown by Michael Eigen/이준호

정신분석학 주요개념 II
Psychoanalysis : The Major Concepts, by Moore & Fine/이재훈

대상의 그림자
The Shadow of the Object by Christopher Bollas/이재훈 외

환기적 대상
The Evocative Object by Christopher Bollas/이재훈

끝없는 질문
The Infinite Question by Christopher Bollas/이재훈

기독교 신앙과 관련된 심리치료 분야

종교와 무의식
Religion & Unconscious
by Ann & Barry Ulanov / 이재훈

희망의 목회상담
Hope in the Pastoral Care
& Counseling
by Andrew Lester / 신현복

살아있는 인간문서
The Living Human Document
by Charles Gerkin / 안석모

인간의 관계경험과 하나님경험
Human Relationship
& the Experience of God
by Michael St. Clair / 이재훈

신데렐라와 그 자매들
Cinderella and Her Sisters
by Ann & Barry Ulanov / 이재훈

현대정신분석학과 종교
Contemporary Psychoanalysis
& Religion
by James Jones / 유영권

살아있는 신의 탄생
The Birth of the Living God
by Ana-Maria Rizzuto / 이재훈

인간의 욕망과 기독교 복음
Les Evangiles au risque
de la Psychanalyse
by Françoise Dolto / 김성민

신학과 목회상담
Theology & Pastoral Counseling
by Debohra Hunsinger
/ 이재훈 · 신현복

성서와 정신
The Bible and the Psyche
by E. Edinger / 이재훈

목회와 성
Ministry and Sexuality
by G. L. Rediger / 유희동

상한 마음의 치유
Healing Wounded Emotions
by M. H. Padovani 외 / 김성민 외

예수님의 마음으로 생활하기
Living From the Heart Jesus Gave You
by James. G. Friesen 외 / 정동섭

신경증의 치료와 기독교 신앙
Ministry and Sexuality
by G.L.Rediger / 김성민

전환기의 종교와 심리학
Religion and Psychology in Transition
by James Johns / 이재훈

영성과 심리치료
Spirituality and Psychotherapy
by Ann Belford Ulanov / 이재훈

치유의 상상력
The Healing Imagination
by Ann Belford Ulanov / 이재훈

외상, 심리치료 그리고 목회신학
/ 김정선

그리스도인의 원형
The Christian Archetype
by Edward F. Edinger / 이재훈

앞으로 출간될 책

소아정신의학에서 정신분석학으로
Through Paediatrics to Psychoanalysis
by D. W. Winnicott

감정이 중요해
Feeling Matters by Michael Eigen